社会意識からみた日本

New dimensions of social identification and consciousness

階層意識の新次元

数土直紀　編

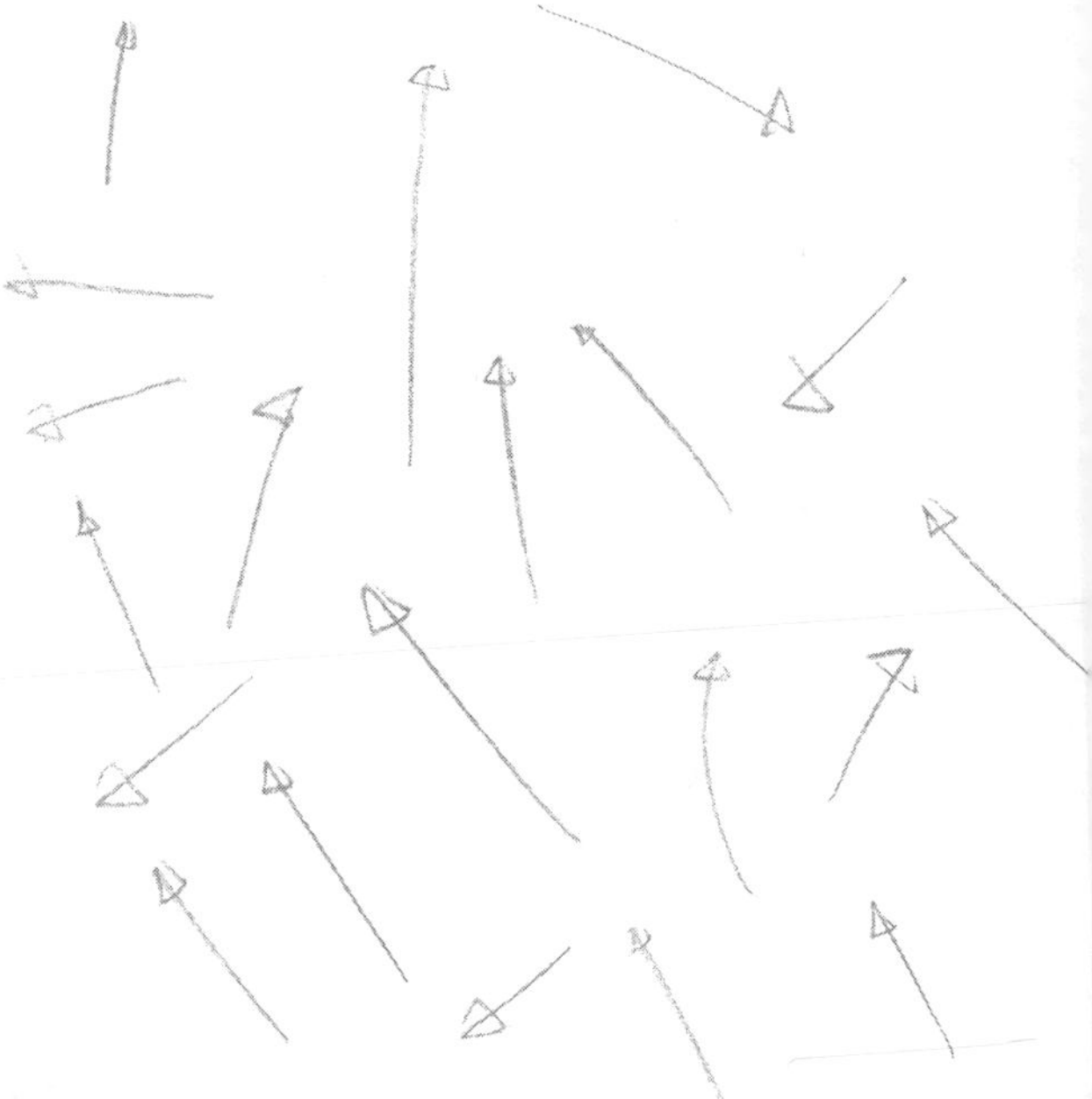

有斐閣

目次

第Ⅱ部　社会階層と現代社会の意識のあり方

序章　現代日本の階層意識の解明に向けて

格差社会はなぜ現れた?

一九八〇年代から二〇一〇年代にかけて日本社会は大きく変動したが、そのような大規模な社会変動は私たちの生活を変えただけでなく、私たちの社会意識も大きく変えた。現代の日本社会においては、私たちの社会に潜むさまざまな社会的な格差について無関心でいることはできない。今多くの人たちが社会的な格差について語り、そして議論している。私たちは、このように格差に対する鋭敏な意識をもった社会を、いいかえれば格差社会を生きている。

格差社会において問題にされている格差は、所得の格差にとどまらない。そこでは、職業や学歴などの地位達成に関わる機会の格差も問題とされているし、あるいは地位達成をめぐる意欲の格差や、生きていくための希望の格差などが問題にされている。実に多岐にわたって、格差が議論されてきたのである。

しかしこのような格差社会としての日本は、過去数十年前から今のようなかたちで存在していたわけではない。つい数十年前の日本社会では、（所属する社会階層が異なるにもかかわらず）多くの人びとが自分たちを「中（流）」だと自認する総中流社会だと思われていたのである。

しかしこのような変化は、なぜ、そしてどのようにして起きたのだろうか。

一つ考えられる理由としては、人びとの意識は正確に社会的な現実を反映しており、かつては平等な社会であった日本が次第に変質し、実際に不平等な社会になったからだというものである。この場合には、人びとの意識の変化を明らかにすることと社会的な現実の変化を明らかにすることは、ほとんど等しいものになる。

もちろん、その可能性を否定することはできない。しかし、それは本書が歩む道ではない。本書で注目したのは、より自律的な人びとの意識変化のダイナミズムの方なのである。直観的にいえば、社会的現実が変化したから人びとの階層意識が変化したのではなく、人びとの意識そのものが大きく変動し、そしてその変動によって、社会の各所に不平等を見出す格差社会の登場が促されたのではないかと考えている。したがって、そのような変化を明らかにするためには、ただ単に実態を記述するだけでなく、人びとの社会意識そのものに焦点を当てた研究を行うことが必要になる。つまり本書は、社会階層と人びとの社会意識との関わりを明らかにすることで、いいかえれば階層意識という次元に注目することで、過去数十年の日本社会の変化を明らかにすることを目的にしている。

SSPプロジェクト

本書では、格差社会の時代に対応する新しい階層意識論を明らかにするうえで、ある共通の土台をもっている。それは、大阪大学の吉川徹を代表とするＳＳＰ（Stratification and Social Psychology）プロジェクトである。このプロジェクトは二〇一一年から開始されたプロジェクトであり、階層意識に関心をもつ数十人の社会学者が参加する一大研究プロジェクトである。SSPプロジェクトは二〇一五年現在も継続中であり、年内には第一回SSP調査（「階層と社会意識全国調査」）を実施することになっている。

ちなみに、SSPプロジェクトの詳細についてはウェブサイト（章末を参照）を確認してほしいのだが、SSPプロジェクトではすでに（試行的なウェブ調査も含めて）階層意識に関連する全国調査を数度にわたって行っており、調査データの蓄積も進んでいる。そして、本書で用いられる調査データは、そのほとんどがこのSSPプロジェクトによるものなのである。

また本書は、SSPプロジェクト以外にも、間接的にSSM（Social Stratification and Social Mobility）プロジェクトの恩恵も受けている。

SSMとは一〇年に一度実施される「社会階層と社会移動全国調査」に関連するプロジェクトの総称であり、SSMは日本社会に関する信頼のできる全国データを多くの研究者に提供してきた。SSMは、その名前からわかるように、主として社会移動に焦点を当てた全国調査となっており、必ずしも階層意識に焦点を当てた全国調査とはなっていない。しかしSSMは、人びとの社会移動を調べるだけでなく、人びとの社会意識をも継続して調べてきた全国調査でもある。したがって、SSM調査によって得られたデータを活用し、そしてそこにSSPプロジェクトによって得られたデータを加えることで、私たちは総中流社会から格差社会という大きな変化のなかで人びとの意識がどのように変化してきたのかを明らかにすることができる。

本書の内容は、必ずしもSSPプロジェクトのすべてを代表するわけではないが、しかし共同研究としてのSSPプロジェクトの最初の成果でもある。[1] 本書に収録されている論考をみればわかるように、人びとの階層意識の変化は、社会の変化を必ずしも単純には反映していない。そこには階層意識それ自身の自律的で複雑なダイナミズムがあり、だからこそ総中流社会から格差社会の変化はただ単純に〝格差の拡大〟という社会的事実によっては説明することができないのである。いいかえれば、私たちの社会を深いレベルで理解するためには、人びとの社会意識に注目する必要があり、そしてその変化を知る必要がある。このことを前提にし、とくに人びとの意識と社会階層が交わるところに注目することで、私たちが目指す階層意識の新次元が立ち現れる。

理念的実在としての社会

ここで、私たちが総中流社会から格差社会への変化を研究するにあたって、とくに階層意識に注目する理由を明らかにすることにしよう。

一般に社会調査は、通常であればわからないような社会の実態を明らかにするために行うと考えられている。いいかえれば、それは社会調査の意義を、社会的な事実を明らかにすることに求めているということである。しかし、私たちにはわからないような社会的な事実を明らかにすることが社会調査の意義だとするならば、それは社会意識を明らかにする調査は二次的な意味しかもたないことをも意味するようにみえてしまう。というのも、もし自分の考えていることは自分がいちばんよく知っているのだとするなら、わざわざ調査などしなくても、人びとは自分たちが社会について意識していること、すなわち社会意識というものをすでに熟知しているはずだからである。しかも、人びとが社会について意識していることは、社会に関する正確な情報であったり、あるいは知識にもとづいたものであったりするわけでもない。それらは、人びとの単なる主観にしかすぎないので、客観的な事実と比較すると、さまざまな誤りを含んでいる可能性もある。

このように考えてしまうと、現実の社会に関する客観的な事実を明らかにしようとする実態調査の方が、人びとの社会に対する主観的な想いを明らかにしようとする意識調査よりも価値が高いことになってしまうだろう。しかしそのような意見は、社会に対する決定的な思い違いをしているといわざるをえない。

そもそも社会とは何であるのだろうか。たしかに社会には、生産や消費といった具体的な活動や、そのために利用される資源といった事物によって生成され、維持される側面がある。しかしそれと同時に、社会は人びとの想いによって生成され、維持されている側面もあることを忘れてはいけない。社会は、盛山和夫（一九九五）がいうところの理念的実在でもあるのだ。そして社会のこのような側面を明らかにするためには、生産や消費といった活動や、その活動のために利用される資源といったものだけに注目するのではなく、人びとが社会をどう意識しているのか、このことにも注目せざるをえない。いやむしろ理念的実在がとりわけ社会の核となる性質だとするならば、社会に関する客観的な事実を明らかにすること以上に、社会に関係する人びとのさまざまな意識を明らかにすることの方が大切になっていく。

社会の変化を明らかにする

また、先に「自分の考えていることは自分がよく知っているのだから、調査するまでもない」と述べたけれども、このことも自明の事実だとはいえない。

「自分の考えていることは自分がよく知っている」という言い方は、人の意識はいわば外部環境からは自立した一個の内面を形成しており、自分が何をどう考えるかはただ自分だけが決めていることを暗に前提としている。しかし実際は、私たちの意識は外部環境から独立しているわけではなく、外部環境からさまざまな影響を受けたうえでさまざまな社会的な問題に対する考えを定め、そしてさまざまな感情を抱くことになる。そして私たちは、そうした外部環境からの影響を十分に熟知しているわけではない。

もちろん、意識と環境の関係は簡単ではないし、環境が意識に影響を与えているだけでなく、意識が環境に影響を与えていることもあるだろう。しかしいずれにしても、人びとの意識の集まりが社会を生成・維持している一方で、そうした意識がいったいどのようにして形成されてきたのかを、私たちが十分によく知っているわけではないのだ。だからこそ、社会のありようとその変化を明らかにするためには、人びとの社会意識に注目した信頼のできる科学的な調査が必要とされる。

私たちは、しばしば過去を懐かしみ、過去と現在を比較して、「時代は変わった。昔の人は～～だったけれども、今の人は～～になってしまった」などというように嘆息をもらしたりする。もちろん、そのような懐古にまったく意味がないわけではないが、しかし信頼できる実証的なデータを欠いたままそのような言説が生産されるのだとするならば、それはいわば単なる印象論にとどまってしまうだろう。人びとの意識の変化に関する言説を、単なる印象論にとどめるのではなく、十分に科学的な議論に高めるためには、やはり（人びとの意識に関する）実証的なデータが必要になり、そしてさらにはそうしたデータを正しく分析することが必要になる。本書が共通の土台にしているSSPプロジェクトは、そのような実証的なデータを提供するものであり、そして本書は提供されたデータの厳密な分析を試みるものである。

本書がとくに注目するのは、総中流社会から格差社会にかけての変化であった。一九八〇年代は一億総中流が依然として人びとの意識をとらえていた時期であり、そして二〇〇〇年代以降は格差社会が人びとの意識をとらえていた時期であった。たしかに人びとの意識は大きく変化した（ようにみえる）のだが、しかし実際のところ人びとの意識の何が大きく変化したのだろうか。あるいは、総中流から格差社会という見かけ上の大きな変化が存在したにもかかわらず、それでも人びとの意識に変わらない部分があったとするならば、それはいったい何なのだろうか。本書では、階層帰属意識、階層イメージ、政治意識、職業倫理、市民活動などに注目し、過去数十年の間に日本社会において生じた人びとの意識の変化を明らかにする。もしかすると、明らかにされる日本社会の姿は、私たちがなんとなくイメージとして抱いていたものとはかなり異なっているかもしれない。しかしそれこそが、私たちが社会について意識してきたことであるし、もし私たちが（人びとの意識によって構成されているところの）社会を知りたいと考えるならばきちんと向き合う必要のある社会的事実なのである。

本書の構成

それでは、ここで本書全体の見取り図について簡単に述べることにしよう。本書は二部構成になっており、第Ⅰ部では階層（帰属）意識について論じている章が配置されており、第Ⅱ部では狭い意味での階層に限定されない社会意識一般について論じている章が配置されている。

第Ⅰ部では、いわば総中流から格差社会にいたる人びとの意識の変化を、直接的に問題にしているといえる。もし一九八〇年代から二〇一〇年代にかけての変化を、総中流から格差社会への変化と要約するならば、その変化を論じるためには、このような人びとの階層（帰属）意識を直接的に問題にすることが必要になる。

一方、第Ⅱ部では、政治や、職業倫理や、市民活動など、直接的には階層と関連をもたないけれども、間接的には階層と関連をもっていると考えられる社会意識・活動を問題として扱っている。こうした意識・活動が社会階層とどのような関連をもち、そしてその関連の仕方がどのように変化したのか、このことを明らかにすることで一九八〇年代から二〇一〇年代にかけての広い意味での階層意識の変化を明らかにすることができる。

第Ⅰ部について

まず第1章では、階層帰属意識が戦後から現在にかけてどのように変化してきたのかを扱っている。とくに、戦後日本社会のある一時期を特徴づけてきた総中流という意識がどのような背景をもとにして成立し、そしてそれがどのように変化していったのかについて、階級帰属意識との違い、あるいは階層帰属意識の測定法などにも注目しながら、多面的に明らかにしている。実は回答分布だけに注視するならば、「一億総中流」が喧伝されていた時期の階層帰属意識と、「格差社会」が問題にされるようになった時期の階層帰属意識との間に大きな違いは存在しない。しかし、どのような人が自分を「下」だと思い、どのような人が自分を「中」だと思っているのかに注目すると、大きな違いが存在する。ここでは、回答分布には現れないその変化を、「静かな変容」として紹介している。

次に第2章では、階層帰属意識を問われて「中」と回答する人びとの多様性と、時代によって「中」というカテゴリーが意味してきたことの変化を問題にしている。社会階層を大きく五つに分けたとき、「上」「中の上」「中の下」「下の上」「下の下」のなかで多くの人が自身の所属階層として「中の下」を選択したとしても、同じような社会経済的状態の人びとが「中の下」という回答を共有しているわけではない。たしかに、主観的な所属階層は「中の下」と同じであっても、「中の下」と回答した人には実に多様な人びとが含まれている。そしてそれは、人びとがいい加減に自身の所属階層を判断しているからではなく、そうなってしまう理由がたしかに存在するのである。

そして第3章では、社会調査を実施する方法の違い、すなわち調査モードの違いが階層帰属意識の回答分布に与える影響を問題として議論している。私たちは、階層帰属意識にかぎらず、同じ質問文かつ同じ選択肢で尋ねて、時期によって回答分布が異なったとき、それは人びとの意識が変化したことを意味していると考える。だから、戦後直後に比べて「下の上」「下の下」と回答する人の割合が減り、そして「中の上」「中の下」と回答する人の割合が増えれば、それは人びとの階層帰属意識が上方にシフトしたからだと考える。しかし第3章では、そのような回答分布の違いが、調査員の有無などといった調査モードの違いによってもたらされている可能性の高いことが指摘されている。

第Ⅰ部の最後となる第4章では、階層帰属意識ではなく、階層イメージについて論じられている。実は、階層帰属意識ではなく階層イメージに注目すると、一九八五年から二〇一〇年にかけて階層帰属意識の回答分布から観察することのできなかった大きな変化を見出すことができる。いいかえれば、総中流から格差社会にかけての階層意識の変化とは、自身の所属階層に関する階層帰属意識の変化というよりは、個人が社会に対してもつ階層イメージの変化だったのである。

第Ⅱ部について

第Ⅱ部では社会意識一般が扱われているが、第5章ではそのなかでもとくに政治に関連する意識が扱われている。かつては、高学歴化が進めば、人びとの反権威主義的な態度が強まり、また政治的な認知能力も高まることで、政治エリートに対抗しうる自律した市民層が形成されると考えられてきた。しかし第5章の分析によって明らかにされることは、「五五年体制」が崩壊した一九九〇年代から現在にかけて、高学歴化が急激に進んだにもかかわらず、反権威主義的な態度はむしろ弱まっているし、また政治的な認知能力もほとんど変化していないことである。第5章では、その理由として急激に高学歴化が進行したために高等学歴の大衆化が進み、反権威主義的な態度を強める効果が薄れてしまったことを指摘している。そして、教育の効果が薄れてしまったために、今度は出身家庭の経済状況が政治意識に対して影響力をもつようになっている。

次に第6章では、仕事に関連する意識、とりわけ労働倫理に関する意識が対象として取り上げられている。かつての日本社会は、高い労働倫理と、地位の上下を問わない勤勉性によって特徴づけられてきた。そして、そのような高い労働倫理と勤勉性は、終身雇用に代表される日本的な雇用慣行によって担保されてきたと信じられてきた。そして、もしそうなのだとすれば、日本的雇用慣行の弱まりとともに日本人の勤労意欲も低下してきたことが予想される。しかし第6章の分析で示されていることは、一九五〇年代生まれから一九七〇年代生まれにかけてたしかに労働倫理が弱まっているけれども、一九八〇年代生まれではむしろ強まっていること、その一方で一九八〇年代生まれではそれまでの世代では見出すことのできなかった「労働倫理の階層性」を観察できるようになったことである。

そして第7章では、市民活動と社会階層との関係と、その変容が主題として取り上げられている。私たちの社会における市民活動の意味は、二つの大きな震災に代表される忘れがたい社会体験を通じて、一九八〇年代から現在まで大きく変容してきた。しかし、第7章で明らかにされていることに従うならば、その変化は私たちが想定するようなものとはかなり異なっている。第7章の分析で示されていることは、まず市民活動の参加率は一九八〇年代から現在にかけてさほど大きくは変化していないということである。そして、(市民活動の担い手の階層性が弱まったという)「階層不偏化命題」は、市民活動が社会階層を超えた広がりをもつようになったことを意味するのではなく、高い階層にある人が市民活動に参加しにくくなったことの反映であったということである。そしてこのような市民活動の変容は、単に行動レベルだけの変化ではなかった。第7章では、市民活動に影響を与えていると想定できる向社会性についても分析を行い、こうした変容が実は意識レベルにおいても生じていることを指摘している。

最後に第8章では、学歴が階層意識に及ぼす影響について丁寧に分析されている。第8章の冒頭で述べられているように、一部の例外を除けば、過去数十年の間で階層構造が人びとの社会意識に与えてきた影響力の大きさは低下してきているといえる。しかし、そのような影響力の低下のなかで、学歴が人びとの社会意識に及ぼす影響力は、経済的地位が及ぼす影響力と並んで相対的に強まってきている。しかしなぜ学歴は私たちの社会意識にそのような強い影響力をもつようになったのだろうか。第8章は、この問いに対して実証的に答えを与えようとするものである。そこで明らかにされているメカニズムは決して単純なものではなく、場面によって少しずつ異なったものになっている。しかし、にもかかわらず、そうした多面的な作用が学歴という一つの社会的地位のうえで交わってしまうことに、現代日本社会の特徴があったといえるのである。

現代社会を理解するために

本章では、なぜあえて社会調査データを用いて人びとの意識を研究するのか、その意義と目的について議論した。そのうえで、本書の具体的な構成を紹介し、本書が目指している「階層意識の新次元」の解明がどのようなものであるかを明らかにした。もちろん、本章が試みたことは概要の紹介でしかないので、真の意味でその試みを理解するためには、実際に各章を読み進んでいただくほかないだろう。

社会調査データの分析にもとづいた文章は決して読みやすいものではないが、しかしそこで述べられていることは、根拠なく社会の姿を断定する印象論とは一線を画するものである。その内容を正しく理解することができれば、私たちの社会意識に対する理解が深まるし、そして私たちが過去数十年の間に経験してきた社会の変化を、自分たちの目線で理解することができるようになる。願わくは一人でも多くの人に本書を手に取ってもらい、私たちの社会が過去数十年の間に体験してきた変化がいったい何であったのか、そのことに思いを馳せてほしいと思う。

追　記

本書で用いられている社会調査データは、特別に言及があるものを除き、すべてＳＳＰプロジェクト(http://ssp.hus.osaka-u.ac.jp/) によって許可を得たものである。[2]

1　単著による成果については、すでに吉川（二〇一四）や数土（二〇一三）があり、さらには若手研究者を中心に論文や学会発表が多数なされている。

2　本書に掲載した図表のうち、特に出所表記のないものは、ＳＳＰあるいはＳＳＭの調査データより作成したものである。

第I部

主観のなかの社会階層

Part 1

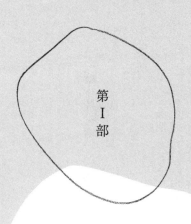

第1章　階層帰属意識からみた戦後日本
——総中流社会から格差社会へ

1　「総中流社会」の起源

この人は誰？

私は戦後の復興期にあたる一九五二年に、東京で生まれました。一九五五年に双子の姉と一緒に本格的にデビュー。デビュー直後から一〇代の頃（一九六〇年代）は、姉の人気が圧倒的でした。私は姉に比べて地味でおとなしかったので、青春時代は全然もてませんでした。でも、二〇歳を過ぎた頃（一九七〇年代はじめ）から次第に皆さんが注目してくれるようになって、遅ればせながら二〇代後半（一九七〇年代後半）で有名になることができました。

三〇代（一九八〇年代）は人気の絶頂期。自分で言うのもおこがましいですけど、日本人なら知らない人はいない国民的大スターだったんじゃないでしょうか。この頃の私の印象が強い人、いまだに多いみたいですね。その一方で、私の人気が高くなるにつれて、姉の人気はどんどん下がっていきました。

一九八〇年代には、姉はすっかり過去の人になって、表舞台から声がかかることはほとんどなくなりました。「姉の時代は終わった」なんて心ないことを公言する人も多くて、私も心を痛めていました。時代の流れというのは、本当に残酷なものですね。

四〇代（一九九〇年代）になると、私の人気も次第に衰えはじめましたね。五〇代（二〇〇〇年代）になってからは、「落ちぶれっぷりがすごい」って逆に注目されたこともありました（笑）。自分では、全然そんなふうに思ってないですけど。

今、六〇代半ばになっても、皆さんの目にとまる機会はまだそれなりにあると思います。でも、話題になることはさすがに減ったでしょうか。今は一部の熱心なマニアの皆さんが注目してくださってるみたいですけどね（笑）。時代の変化のせいか、姉にも再び注目が集まるようになってきたみたいで、私もうれしいです。まあ、それなりに元気で頑張っていますよ。

このプロフィールが誰のものか、おわかりになるだろうか。女優？　歌手？　こんな人いた？

実はこれは実在の人物のプロフィールではない。本章のテーマである「階層帰属意識」の歴史を擬人化したものである。[1] 文中に登場する「姉」も同様で、こちらは「階級帰属意識」と呼ばれる。

階層帰属意識と戦後日本社会

かつて日本は「総中流社会」と呼ばれていた。しかし、二〇一五年現在、日本を「総中流社会」と呼ぶ人はもはやほとんどいないだろう。二〇〇〇年代半ばに登場した「格差社会」という名称が、今やすっかりおなじみのものになったからだ。

総中流という言葉が人びとの間に定着したのは、一九七〇年代後半である。そして、日本社会が総中流化したことの有力な証拠とされたのが、社会調査や世論調査で質問される「階層帰属意識」の回答だった。

階層帰属意識の質問文にはいくつかのバリエーションがあるが、次の二つが代表的である。

かりに現在の日本の社会全体を、5つの層に分けるとすれば、あなた自身は、このどれに入ると思いますか。
[上、中の上、中の下、下の上、下の下]
（「社会階層と社会移動全国調査」）

お宅の生活の程度は、世間一般からみて、どうですか。この中から1つお答えください。
[上、中の上、中の中、中の下、下]
（内閣府「国民生活に関する世論調査」）

「国民生活に関する世論調査（以下、国民世論調査）」における階層帰属意識の過去五五年間にわたる変化をまとめたものが、図1-1である。一九六〇年代に、「中」と回答する人の比率、すなわち「中の上」「中の中」「中の下」の合計比率が上昇し、一九七〇年代初頭には九割に達したことがわかる。この「中」回答が圧倒的多数を占めるという事実が、日本人の大多数は中流に属することを示す証拠として注目され、総中流という社会認識が広く共有されたのである。

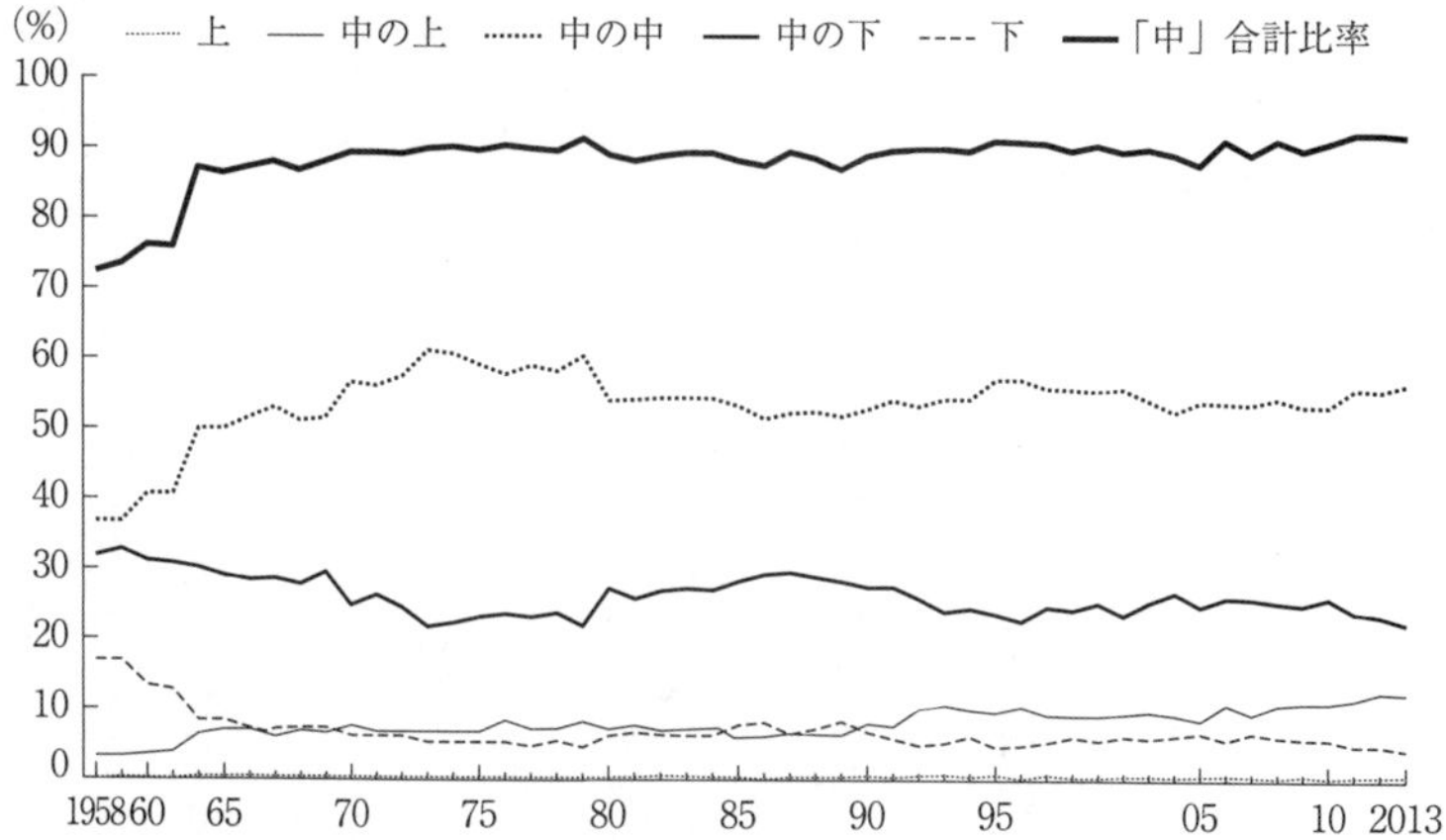

（注） 1962, 63, 98, 2000 年についてはデータが存在しない。
（出所） 総務省「国民生活に関する世論調査」（1958〜2013 年）より作成。

図 1-1 階層帰属意識（生活程度）の変化

しかし、冷静に考えてみると、この結果から日本を総中流社会とみなすことには、いろいろと無理があると感じる読者もいるのではないだろうか。たとえば、階層帰属意識の選択肢は「上・中・下」であって「上流・中流・下流」ではない。「中」という回答を、そのまま「中流」と読み替えてよいのだろうか。また、「中の上」「中の中」「中の下」という選択肢を一括りに「中」としてしまうことは妥当なのだろうか。さらに、階層帰属意識はあくまで自己評価であって、客観評価ではない。「自分はイケてる」と思っている人が客観的に見てイケてるとはかぎらないように、自分の暮らしを「上」と思っている人が、客観的に「上」レベルの生活をしているとはかぎらない。そんないい加減な回答を信頼していいのだろうか。

さらに奇妙なのは、一九七〇年代以降現在まで、階層帰属意識の分布が大きく変化していないという事実である。「中」回答が多いことが総中流の証であるなら、日本は今なお総中流社会のはずである。「中」比率がほとんど変化していないにもかかわらず、なぜ人びとは「格差社会」という言葉を受け入れるようになったのだろうか。あるいは逆に、なぜかつての人びとは、「中」回答が多いことを根拠に、社会が総中流だと納得することができたのだろうか。

こうした幾多の疑問がつきまとうとはいえ、「総中流」が人口に膾炙《かいしゃ》した一九七〇年代以降、階層帰属意識は日本社会における不平等を語るうえで重要な役割を果たしてきた。この章では、一九五〇年代から現在までの約六〇年間の階層帰属意識の時代的な変化と、それぞれの時代において展開された不平等や中流意識をめぐる議論をたどりながら、日本社会における不平等を考えるうえで、階層帰属意識がどのような役割を果たしてきたのか、どのような意味をもつのかを検討したい。

2 階層帰属意識とは何か

社会階層と社会階級、そして帰属意識

階層帰属意識の「階層」とは、社会階層のことを指す。では、社会階層とは何か。それは社会における不平等の構造のこと、より具体的には、職業・収入・学歴・ライフスタイルなどにもとづいて人びとを複数のグループに分類したとき、それらのグループ間に存在する社会的地位や経済的な豊かさなどの序列構造のことである。

社会階層に注目して社会を分析する立場のことを「社会階層論」と呼ぶ。社会階層論では、階層間の

序列構造を社会における不平等の構造そのものとみなすのと同時に、他のさまざまな不平等を作り出す母体と考える。そして社会階層はグラデーションのように連続的に変化するもの、つまり量的変数や順序変数のようにイメージされる。これが社会階層論の基本的な世界観である。

階層帰属意識の質問では、社会階層のどこに自分が所属していると思うかを人びとに尋ねる。社会階層は連続的なイメージでとらえられるが、その数や名称について厳密に定められているわけではないので、質問の選択肢にもいくつかのタイプがある。階層帰属意識の選択肢としては「上・中・下」を細分化した五段階の選択肢が使われることが多いが、「上流・中流・下流」と「流」をつけたもの、あるいは一から一〇までの単なる数値が用いられる場合もある。

社会階層とよく似た概念に「社会階級」がある。社会階級に注目して社会を分析する立場のことを「社会階級論」と呼ぶ。社会階級と社会階層の大きな違いは、人びとをグループ化する方法にある。社会階級論では、階級は互いに明確に区別できる、性質の異なる比較的少数のグループとして定義される。階層が量的変数だとすれば、階級は質的変数である。また、階級間には深刻な利害対立が存在すると理論的に想定されることが多い。古典的なマルクス主義における資本家階級・中産階級・労働者階級の三階級図式は、そうした見方の典型である。自分がどの社会階級に所属すると思うかについての自己認識のことを「階級帰属意識」と呼ぶ。日本では多くの場合、マルクス主義的三階級図式が、階級帰属意識の選択肢として用いられてきた。[2]

このように、階層帰属意識と階級帰属意識は、ともに「社会のなかで、自分はどのグループに所属すると思うか」を回答者に尋ねる点で共通している。では、こうした質問はいつから、何のために使われるようになったのだろうか。

階層帰属意識の起源とその設計思想

階層帰属意識と階級帰属意識の項目は、一九五〇年代の日本の社会調査に同時に導入された、いわば双子の質問である。一九五〇年代前半に行われたいくつかの社会調査における試行を経たのち、一九五五年の第一回「社会階層と社会移動全国調査」（ＳＳＭ調査）において、現在まで使用されているのとほぼ同じ質問形式が確立された。

これら二つの質問は、一九三〇年代ごろからアメリカの世論調査や社会調査で使われていたクラス・アイデンティフィケーション（Class Identification: 直訳すると「階級帰属意識」だが、日本の階級帰属意識とは内容が異なるので、区別のため片仮名のままとする）を共通の祖先としている。当時の日本の社会階層研究者たちがアメリカ流のクラス・アイデンティフィケーションに独自のアレンジを加え、日本向けに仕立て直した質問が階層帰属意識と階級帰属意識である（階層帰属意識・階級帰属意識の導入の詳しい経緯については、神林〈二〇一〇a〉を参照）。

では、当時の研究者たちが二つの帰属意識を社会調査に導入した理由は何だったのか。筆者の見解では、その理由は二つあったと考えられる。

第一の理由は、帰属意識が人びとの意識や行為（とくに政治意識や政治行動）に影響を与え、さらには社会のあり方に影響を与えると考えられるからである。二〇一一年にアメリカで発生したウォール街占拠運動では「私たちは九九％だ（We are the 99%）」がスローガンとなった。このスローガンは、自分が社会階層上のどこに位置するのかという認識が人びとの政治的な意見や行動に影響を与えるとともに、人びとを結束させる社会的なアイデンティティになりうることを雄弁に物語っている。

この例からも明らかなように、経済的に苦しい生活を送っている人は、そのような生活をもたらす社会のあり方や政府の政策を批判する傾向がある。他方、経済的な豊かさを謳歌している人たちは、その逆になる。ここで豊かさや貧しさには、客観的な状態だけでなく、人びとの主観が関わってくるという点に注意してほしい。客観的に見て恵まれた立場にある人でも、「自分はもっと豊かになれるはずだ」と思えば、その人は政治に不満をもち、何らかの行動を起こすかもしれない。逆に客観的に貧しい状態にある人でも、「今の状態はそんなに悪くない」と思っていれば、政治に積極的に関わろうとしないかもしれない。つまり、客観的な不平等の状態とは別に、主観的な社会経済的地位（帰属意識）が人びとの意識や行為を規定すると考えることができる。それゆえ、階層・階級帰属意識を知ることが重要なのである。[3]

第二の理由として、当時の日本社会と社会階層研究がおかれていた状況が考えられる。一九五〇年代頃の社会階層研究では、アメリカは社会経済的なグループの境界が曖昧で流動性の高い階層的な社会、ヨーロッパ諸国はグループ分けが明確で閉鎖的な階級社会とイメージされていた。では、敗戦にともない政治・経済両面での大改革を経験した日本は、アメリカ型階層社会とヨーロッパ型階級社会のどちらに近いのか。これは当時の社会階層研究者が取り組むべき最重要課題の一つであった。この問題関心の一部として、帰属意識についても、グループ間の区別が明確な階級構造をイメージする階級帰属意識と、グループ間の区別が緩やかで曖昧な「階層」構造をイメージする階層帰属意識の二つを区別し、その両方を測定する必要があったと考えられる。さらに、この時期は実証的な社会階層研究の立ち上げ期にあたり、日本のみならず世界的にも、「どのようにすれば社会階層・社会階級を適切に測定できるか」についての標準的な方法が確立されていなかった。このため、当時の研究者は社会階層・社会階級を実証的に扱うためのさまざまな方法を提唱し、試行錯誤を繰り返していた。そのなかには、客観的な社会経済的変数と、階層帰属意識や階級帰属意識のような主観的な変数を合成するというアイディアも含まれていた（日本社会学会調査委員会編 一九五八、尾高 一九六一［一九九五］）。階層帰属意識や階級帰属意識は、そのための道具として導入された側面もある。

「中」と「中流」はどう違うか

内閣府が一九四八年以降実施している国民世論調査では、一九五四年から階層帰属意識（生活程度）についての質問が行われている（ただし、最初の数回は質問文や選択肢の内容が一貫せず、第1節で紹介した質問に近いかたちになったのは一九五八年以降）。

すでに述べたように、一九七〇年代には、国民世論調査における階層帰属意識の質問における「中」回答の多さが、日本が総中流社会であることの有力な証拠とみなされた。しかし、国民世論調査の階層帰属意識の選択肢は、初期から一貫して「上・中・下」式で、「流」はついていなかった。したがって、「中」回答にすぎないものを「中流」意識と同一視するのは厳密には問題がある。

その一方で、初期のＳＳＭ調査では、「上流」「中流の上」のように「流」のついた選択肢が使用されていた。一九五五年のＳＳＭ調査で、階層帰属意識を質問する際に、「上（上流階層）、中の上（中流階層の上のほう）、中の下（中流階層の下のほう）……」という選択肢が記されたカードを回答者に提示していたのである。尾高邦雄（一九六七［二〇〇八］）によれば、一九六五年の同調査でも同様の方式が採用されていた。単なる「上、中の上、中の下……」が選択肢として示されるようになったのは一九七五年以降のSSM調査で、以来その方式が現在まで継続されている。

では、選択肢を「中」とするのと「中流」とするのとでは何が違うのだろうか。戦後初期の日本の社会階層研究を牽引した尾高と安田三郎は、この問題について以下のような興味深い証言を残している。

尾高は、自身の調査経験を振り返って次のように述べている。「わたくしがこれまでに参加した調査から得た経験によると、（中略）『中流階級』とか『中流階層』とかいうことばをきいたときには、主として人びとが占めている社会的な地位の高さ、人びとに与えられている社会的な尊敬の度合、プレスティージ（威信）の大きさなどと結びつけて判断する傾向がある」（尾高 一九六一［一九九五］：二〇七）。安田も同様に、「流」をつけた選択肢は「プレスティージュの差を伴った生活様式の差を表す」（安田 一九六七［二〇〇八］：二四二）と述べている。

一方、選択肢に「流」がない場合はどうか。選択肢を単に「上・中・下」とすると「生活程度を意味することになってしまって、プレスティージュのニュアンスはきわめて薄くなっている」（安田 一九六七［二〇〇八］：二四二）。ここでの「生活程度」の意味は明確ではないが、おそらく経済的な豊かさと強く結びついた生活水準をイメージしていると考えられる。国民世論調査における階層帰属意識の質問に「流」がつかないのは、こうした経験則にもとづくものなのだろう。

このように、選択肢に「流」がつく場合、それは単なる生活の豊かさにとどまらず、ライフスタイルや社会的地位に関する人びとの評価やイメージを含む。一方、「流」がなければ、それは単なる生活の豊かさを意味する。このことは、いわゆる「成金」を例に考えればわかりやすいだろう。成金は経済的には豊かなため、生活水準は「上」に位置づけられる。しかし、そのライフスタイルやふるまいは、いわゆる「上流」に属する人びとの一般的なイメージとは異なる。このため世間の人びとの多くは、成金が上流階級に属するとは考えない。これが尾高や安田が想定した「上流」と「上」の違いなのだろう。

以上のように、社会階層研究の先駆者たちは階層帰属意識の「流」の有無をめぐって慎重な検討を行っていた。ところが一九七〇年代以降、こうした「流」の有無をめぐる議論は十分に顧みられることがなくなり、その差異を無視した読み替えが広く行われるようになっていく（なお、階層帰属意識と調査法の関係については、他にも注意すべき問題がある。詳しくは、吉川〈二〇一二〉および本書の第3章を参照）。

3 階層帰属意識の時代的変化（1）——高度経済成長期

戦後日本の階層帰属意識は、図1-1からわかるように、①「下」回答が減少し「中」回答が増大していく上方シフトの局面（一九五〇年代から六〇年代）、②意識の分布に大きな変化がみられない安定局面（一九七〇年代以降）、の二つの時期に区分することができる。ここではまず、第一の局面について、当時の社会状況などをふまえつつ説明しよう。

国家目標としての中流社会——一九五〇年代

表 1-1　階層帰属意識の分布（1935〜2010 年，SSM 調査＋SSP 調査）

	(1935)	(1945)	1955	1965	1975	1985	1995	2005	2010（年）
上	2.1	.7	.2	.3	1.2	1.9	1.4	.6	.9
中の上	18.5	10.6	7.1	12.1	23.4	24.0	25.5	16.8	23.8
中の下	32.2	28.8	34.8	42.7	53.0	47.4	46.8	38.4	47.7
下の上	26.9	32.3	37.7	32.2	16.7	17.5	15.9	25.5	18.9
下の下	16.3	25.2	18.6	8.8	3.9	5.9	5.8	7.7	5.8
わからない	3.9	2.3	1.6	3.9	1.8	3.3	4.7	11.0	2.8
% の基数	1,232	1,232	2,014	2,077	2,724	2,473	2,490	2,660	772

（注）1. 1955 年から 2005 年（SSM 調査）は 20 歳から 69 歳の男性の回答。
2. 2010 年（SSP 調査）は 25 歳から 60 歳の男性の回答。
3. 2005 年 SSM 調査の階層帰属意識の結果は，他の時点の調査と調査法が異なるため分布が変化している。
4. 1935 年と 1945 年の階層帰属意識は，1955 年 SSM 調査において質問されている（「昭和 10 年頃」と「戦争直後」）。これらについては橋本（2009）に準じ，1935 年時点で 15 歳以上（1955 年時点で 35 歳以上）の回答者に限定して分析した。

図1-1の左端である一九五八年の階層帰属意識の分布は、「中」回答の合計比率が七二％、「下」の比率が一七％である。この結果だけをみると、「中」と回答する人は一九五〇年代後半からかなり存在しているので、当時の人びとの生活はそう悪くなかったように思える。一九五八年は、映画『ＡＬＷＡＹＳ 三丁目の夕日』の舞台となった年でもある。あの映画のイメージも、そうした印象を支持するかもしれない。

しかし、別のデータをみると印象が違ってくる。表1-1はＳＳＭ調査およびＳＳＰ調査における階層帰属意識の変化をまとめたものである。

一九五五年の階層帰属意識の分布をみると、「下」と回答した人の合計比率は五六・三％で過半数を超えている。この結果にもとづくならば、当時の日本は「下流社会」だったといえる。

一九五五年の時点で終戦から一〇年が経過しており、この翌年（一九五六年）の『経済白書』には、「もはや『戦後』ではない」の有名なフレーズが登場する。しかし、戦後の困窮状態からある程度は脱したとはいえ、人びとの生活はまだ十分に豊かとはいえなかった。表1-1には、参考として一九五五年のSSM調査で質問された「昭和一〇年頃（一九三五年頃）」と「戦争直後（一九四五年夏）」の階層帰属意識の分布も掲載した。一九五五年時点の階層帰属意識は、戦争直後よりはいくらか改善しているものの、戦前の水準には回復していないことがわかる。

その四年後、一九五九年の国会において「日本を中産階級の国家にしなければならぬ」という議論（「中産階級育成論」）が行われた。こうした議論が国会で行われたということは、「日本はまだ中産階級の国ではない」という認識がふつうであったことを意味している。

なぜ政治家たちは、日本を中産階級の国にしようと考えたのか。当時の『朝日新聞』のコラムは、次のように解説している。「国にとって中産階級が大事なことは、当たり前である。健全な中産階級の多い国ほど議会政治もうまくいっている。金持ちと貧乏人だけから成り立っているような、いわゆる後進国だと、議会政治はうまくいかない」（『朝日新聞』一九五九年一一月一日〈夕刊〉一面）。つまり、中産階級を増やすことが政治や社会の安定につながるという論理である。このような社会観は一九世紀のイギリスを起源とするが（石川 一九八二）、当時の日本の政治状況は安定からはほど遠く、三井三池炭鉱争議や六〇年安保闘争など、激しい労働運動・政治運動が繰り広げられていた。国会における中産階級育成論は、こうした社会状況を反映していたのである。中流が多数を占める社会は、この時点では夢物語にすぎなかった。

高度経済成長と階級的リアリティの衰退——一九六〇年代

一九六〇年に池田勇人内閣が「所得倍増計画」を発表し、日本は本格的な高度経済成長期へと足を踏み入れていく。図1-1および表1-1から明らかなように、この時期に階層帰属意識は着実に上昇している。

とはいえ、この時期、階層帰属意識は学術的にも社会的にもほとんど注目を集めることがなかった。先に引用した『朝日新聞』のコラムで「階級」が使われていたことからわかるように、当時は社会や政治を語る言葉として「階層」よりも「階級」の方がはるかにポピュラーだった。

「階級」という言葉が好んで使われた理由は、政治や学問の世界においてマルクス主義の影響力が絶大であったからにほかならない。政治面では社会主義的・共産主義的な革新政党がかなりの支持を集め、労働運動や学生運動が活発であった。学術研究においても、一九六〇年代末頃までは階級意識研究が全盛で、階層帰属意識にはほとんど関心が払われなかった。

ところが、高度経済成長が進むにつれ、「階級」は次第にリアリティを失っていく。かつてのマルクス主義者たちは、資本主義経済の進展にともなって中産階級が没落し、資本家階級と労働者階級に二極化すること、そして資本家の搾取によって労働者階級が窮乏化することを予言した。しかし実際には、労働者階級に分類される多くの人びとは、高度経済成長のおかげで以前では考えられないような豊かな生活を送ることができるようになった。これによって、戦前の日本社会を色濃く支配し、戦後も残存していた階級社会的なリアリティはかなり払拭された。ここで「階級社会」とは、「労働者階級の子には学歴はいらない」「ブルジョワ階級のやつらはわれわれを搾取している」「ここは君たち貧乏人の住む街ではない」「君は中産階級なんだからそんな大衆車に乗っていてはだめだよ」といった言説が「実際にしばしば表明され、かつ多くの人に妥当なものとみなされる」社会のことである（盛山二〇〇〇［二〇〇二］：二三二）。

こうした言説は、高度経済成長の進行にともなって徐々にリアリティを失なっていった。さらに、社会主義的な労働運動や学生運動が、過激な主張と運動を繰り広げたにもかかわらず十分な成果をあげることができずに自滅していったことも、マルクス主義への信頼を失墜させる要因となった。

このようにして、高度経済成長の進展とともに階級社会的なリアリティやマルクス主義は次第に退潮していった。[4] そして、これと入れ替わるように、「中」意識の多さや「中流社会」が人びとの関心を集めていく。

4 階層帰属意識の時代的変化（2）――総中流社会から格差社会へ

総中流社会の誕生――一九七〇年代

一九七三年、国民世論調査における「中」比率は九〇％に達した（図1-1）。一九七五年のSSM調査でも、中比率は八〇％に近い値になっている（表1-1）。

「中流意識」あるいは「総中流」といった言葉は一九七〇年代はじめには登場していたが、広く使われるようになったのは一九七〇年代後半である。一九七七年、東京大学教授の村上泰亮が『朝日新聞』紙上で「新中間階層という巨大で均一な中間層が日本社会に登場した」と主張する論説を発表した（村上一九七七）。この主張の妥当性をめぐって展開されたのが「新中間層論争（新中間大衆論争）」と呼ばれる論争である（第2章参照）。この論争が注目を集めたこと，論争に参加した論者の一人である岸本重陳が，翌年に出版した『「中流」の幻想』（岸本 一九七八）において中流意識の問題を大きく扱ったこと，さらに同年の『現代用語の基礎知識』（自由国民社）に「中流意識」という項目が初めて登場したことなどを通じて，「中流意識」や「総中流」といった言葉が広く認知されるようになったと考えられる。

ただし，総中流につきまとうイメージにはいろいろと怪しげな部分が多い。社会調査によって確認できるのは，「階層帰属意識を質問したとき『中』と回答する人が多い」という事実にすぎない。しかし，この「『中』回答が多い」が，「みんな中流意識をもっている」と解釈され（＝「中」と「中流」の混同），そのことが「みんな中流の生活をしている」という実態を示すと誤解される（＝意識と実態の混同）。さらにこのことが「みんな中流だから，みんな同じくらいだ」と解釈され（＝誤解された実態の単純化），最終的には「日本は平等な社会だ」というイメージに行きつく（＝誤解された実態のさらなる単純化）。

事実としては，当時の日本社会は完全な平等状態にあったわけではない。所得の不平等度は高度経済成長期にある程度低下したが，一九七〇年代でも不平等が完全に消滅したわけではなかった（大竹 二〇〇五，橋本 二〇〇九）。特定の職業への就きやすさや教育達成についても同様で，以前よりも格差が縮小したとはいえ，明らかな階層間の不平等が存在した（原・盛山 一九九九）。

とはいえ，この時期に「総中流」を実感させるような材料がそれなりに存在したこともまた事実である。たとえば，かつては誰の目にも明らかだった貧困層は，高度経済成長期に大きく減少した。労働力の地方から都会への移動や，産業化の進展（第一次産業従事者の減少と第二次産業・第三次産業従事者の増大）は，「親よりもいい仕事につけた」「親よりも社会的に高い地位になれた」といった個人の体感レベルでの社会移動（上昇移動）の増加をもたらした（佐藤嘉倫 二〇〇〇）。さらに、耐久消費財の普及が人びとの生活水準を大きく上昇させた。たとえば、かつては人びとの憧れの的であった「三種の神器」（電気冷蔵庫、電気洗濯機、テレビ）は、一九七〇年代に普及率が九割に達した。

このように、一九七〇年代には社会の中流化あるいは平等化を信じさせるだけの経済的・物質的基盤が人びとの周りに存在した。怪しげな論理の飛躍や曲解が存在するにもかかわらず、中意識と総中流と社会の平等とが一つのイメージに重なるのは、この意味で自然な結果だったのかもしれない。

時代を象徴する言葉としての「総中流」

一九五〇年代の解説のなかで、『経済白書』の「もはや『戦後』ではない」について触れた。このフレーズを、日本が敗戦のダメージからすみやかに回復したことの勝利宣言のように理解している人が少なくない。しかし、このフレーズは「日本経済は敗戦から急速に回復できたが、それは『戦後』という特殊な状況のおかげであった。もはや『戦後』ではないのだから、我々は新たな成長戦略を模索しなければならない」という、日本経済の今後についての危機感を表明する文脈のなかに埋め込まれている（経済企画庁 一九五六）。

このように、ある言葉やフレーズが本来の文脈とは異なったかたちで広まり、それが象徴的な意味をもつことは、決して珍しくない。もう一つ例をあげよう。福沢諭吉『学問のすゝめ』は「天は人の上に人を造らず人の下に人を造らず」で有名である。しかし、これは厳密には誤りで、原文は「天は人の上に人を造らず人の下に人を造らずと言えり」となっている（福沢 一八七二［一九四二］：一一）。文末の人を造らず」は、四民平等が達成された明治時代を象徴する平等宣言のようにみえる。しかし「言えり」がつくと、「人は平等だと言われているけれど、実際は違う」という覚めた現実認識を感じさせる。そして「そのような社会だからこそ、学問（教育）が重要な役割を果たすのだ」というのが、『学問のすゝめ』における福沢の主張にほかならない。ではなぜ、「言えり」がつかない不正確な引用が広まっているのだろうか。これはあくまでも筆者の推測にすぎないが、「言えり」のつかないフレーズが喚起する平等主義のイメージが、いわゆる戦後民主主義的な価値観と親和性が高かったことが主な原因ではないかと思われる。

人びとは、自分自身や社会について「こうあってほしい」という期待や欲望を抱いている。勝利宣言としての「もはや『戦後』ではない」や、平等宣言としての「天は人の上に人を造らず」が広まったのは、「日本はそうあってほしい」「そのような社会であるはずだ」という多くの人びとの期待や願望の反映なのかもしれない。そして、そうした象徴的なイメージを人びとが受け入れるとき、それと矛盾する都合の悪い情報や事実は、往々にして無視されてしまう。人には「自分の見たいものを見る」という傾向がある。

総中流をめぐる問題も、まさにそうである。すでに確認したように、階層帰属意識の「中」は中流を必ずしも意味しない。また、「中」意識の多さが総中流や平等社会イメージへとつながっていく連想の回路には論理の飛躍が数多く存在し、事実としても不平等が完全に消滅したわけではない。それでも「総中流」が広く受け入れられたのは、それを真実だと思わせるだけの生活向上感が高度経済成長によってもたらされたことに加えて、誰もが豊かに暮らすことができる社会と、自分もその一員であることを強く望む人びとの期待や自尊心が背後に存在していたからかもしれない。

表 1-2　暮らし向きと階層帰属意識の関連（SSM 1975，単位：%）

	「上」＋「中の上」	中の下	「下の上」＋「下の下」	計	
豊　か	62.5	31.4	6.1	100.0	(344)
ふつう	21.2	60.4	18.4	100.0	(1,992)
貧しい	7.8	37.7	54.5	100.0	(308)
全　体	25.0	54.0	21.0	100.0	(2,644)

「中」ならみんな同じ？

階層帰属意識の分析では、「中の上」「中の中」「中の下」の各カテゴリーは、同じ「中」グループに属するものとして合計される。しかし、実際にデータを分析してみると、「中」の下位カテゴリーの性質は同じではない。

このことを、簡単に確認してみよう。**表1-2**は暮らし向き意識と階層帰属意識をクロス集計したものである。暮らし向き意識は「現在のあなたのお宅のくらしむきは、次の五つに分けるとすれば、どれにあたるでしょうか。非常に豊か、やや豊か、ふつう、やや貧しい、非常に貧しい」という質問で測定される（表1-2では二つの意識とも三カテゴリーに簡略化してある）。

暮らし向きを「豊か」と回答した人の場合、六割以上が帰属階層を「中の上」もしくは「上」と回答している。「ふつう」と回答した人の約六割は、帰属階層を「中の下」と答えている。そして「貧しい」と回答した人は、半数以上が帰属階層を「下」と回答している。単純化すれば、階層帰属意識における「上」と「中の上」は「豊か」、「中の下」は「ふつう」、「下」は「貧しい」を意味すると考えることができる（直井 一九七九）。国民世論調査でも同様の傾向があることが確認されている（神林二〇一〇b、二〇一二）。

このように、カテゴリーのラベルが「中」だからといって、それらを安易に合併して同一視することは、人びとの意識と生活の実態を無視することにつながる。このことはかなり早い時期から指摘されていたし（尾高 一九六〇）、一九七〇年代以降の総中流をめぐる議論のなかでも、「中」カテゴリーの安易な同一視を戒める専門家の意見は決して少なくなかった。にもかかわらず、そうした知識が普及せず、「中」カテゴリーの合併がそれほど不自然にみえなかったことに、当時の「時代の空気」が反映されているると考えるべきだろうか。

総中流への懐疑――一九八〇年代

一九八〇年代は、戦後日本の社会経済的な不平等の変化の転換点にあたる。高度経済成長期を通じて減少してきたさまざまな不平等が、一九八〇年代以降ゆるやかな拡大に転じるからである（大竹 二〇〇五、橋本 二〇〇九）。ただし、こうした不平等の変化は後になって確認されたものが多く、八〇年代当時はその実態は必ずしも十分に認識されていなかった。

「総中流」は一九八〇年代にいたって日本社会を語る際の枕詞のようになったが、だからといってすべての人がそれを何の疑いもなく受け入れていたわけではない。総中流はその登場の直後からさまざまな批判にさらされており、この状況は一九八〇年代においても変わらなかった（総中流批判の詳細については神林〈二〇一二〉を参照）。

そうしたなかでとくに重要なのは、日本社会が新たなかたちで階層分化しつつあるという主張が、一九八〇年代半ば以降にマーケティング関係者を中心に相次いでなされたことである。表1–3は、ユーキャン新語・流行語大賞を受賞した言葉のなかから、格差や経済問題に関する言葉を抜粋してまとめたものである。一九八四年の「㊎・ビ」（渡辺ほか 一九八四）、一九八五年の「分衆」（博報堂生活総合研究所編 一九八五）は、こうした新たな階層化を指摘する言葉である（このほか、藤岡〈一九八四〔一九八七〕〉と小沢〈一九八五〉も、総中流社会の新たな階層化について重要な指摘を行っている）。

図1–2は一九八九年の『朝日ジャーナル』（一九九二年に廃刊）に掲載された「国民の階層イメージの推移」である。これは社会階層に関する特集記事に登場するイラストで、近未来に「中」が減少して「下」が増えることが予想されており、総中流への懐疑と将来への不安をのぞかせている。

中流の幻想ゲーム

このように、一九八〇年代には総中流に懐疑的・批判的な意見は決して少なくなかった。それにもかかわらず、日本社会が総中流であるという通念は完全に否定されないまま、メディアに登場し続けていた。この時期の総中流をめぐる議論の構造を、今田高俊は「中流の幻想ゲーム」と呼んだ。

中流意識をめぐる議論は二重の幻想のうえに成り立っている。まず第一は、中流の認識論争である。これは、たんなる「中」意識でしかないものを、認識する側で勝手に「中流階級」意識に置き換えて議論を立てる幻想のことである。第二は、そうした認識幻想にもとづいて、今度は、人びとが抱いている中流意識はみせかけの幻想にすぎないと批判する現実幻想である。

表 1-3 「ユーキャン新語・流行語大賞」の変遷（1984～2013 年）

年	格差・経済関連	金賞・大賞
1984	㊎㋪	オシンドローム（新金），㊎㋪（流金）
1985	分衆	イッキ！イッキ！（流金），分衆（新金）
1986	150 円台	究極（新金），新人類（流金）
1987		マルサ（新金），懲りない○○（流金）
1988	シーマ（現象）	ペレストロイカ（新金），今宵はここまでにいたしとうござりまする（流金）
1989	DODA／デューダ（する）	セクシャル・ハラスメント（新金），オバタリアン（流金）
1990	バブル経済	ファジィ（新金），ちびまる子ちゃん（流金）
1991	損失補塡	…じゃあ～りませんか
1992	カード破産，複合不況	きんさん・ぎんさん
1993	規制緩和，清貧，2500 円スーツ	J リーグ
1994	同情するならカネをくれ，価格破壊，契約スチュワーデス，就職氷河期	すったもんだがありました，イチロー，同情するならカネをくれ
1995		無党派，NOMO，がんばろう KOBE
1996		自分で自分をほめたい，友愛／排除の論理，メークドラマ
1997	日本版ビッグ・バン	失楽園（する）
1998	貸し渋り，日本列島総不況	ハマの大魔神，凡人・軍人・変人，だっちゅーの
1999		雑草魂，ブッチホン，リベンジ
2000	IT 革命	おっはー，IT 革命
2001	米百俵・聖域なき改革・恐れず怯まず捉われず・骨太の方針・ワイドショー内閣・改革の「痛み」	（同左）
2002	貸し剝がし	タマちゃん，W 杯（中津江村）
2003	コメ泥棒，年収 300 万円	毒まんじゅう，なんでだろう～，マニフェスト
2004	新規参入	チョー気持ちいい
2005	富裕層	小泉劇場，想定内（外）
2006	格差社会	イナバウアー，品格
2007	ネットカフェ難民	（宮崎を）どげんかせんといかん，ハニカミ王子
2008	名ばかり管理職，蟹工船	アラフォー，グ～！
2009	派遣切り	政権交代
2010	無縁社会	ゲゲゲの
2011		なでしこジャパン
2012		ワイルドだろぉ
2013	アベノミクス，ブラック企業	今でしょ!，お・も・て・な・し，じぇじぇじぇ，倍返し

（注）「新金」は「新語部門金賞」，「流金」は「流行語部門金賞」を意味する。大賞の創設は 1991 年以降。

（出所）「ユーキャン新語流行語大賞」ウェブサイト（http://singo.jiyu.co.jp/）より作成。

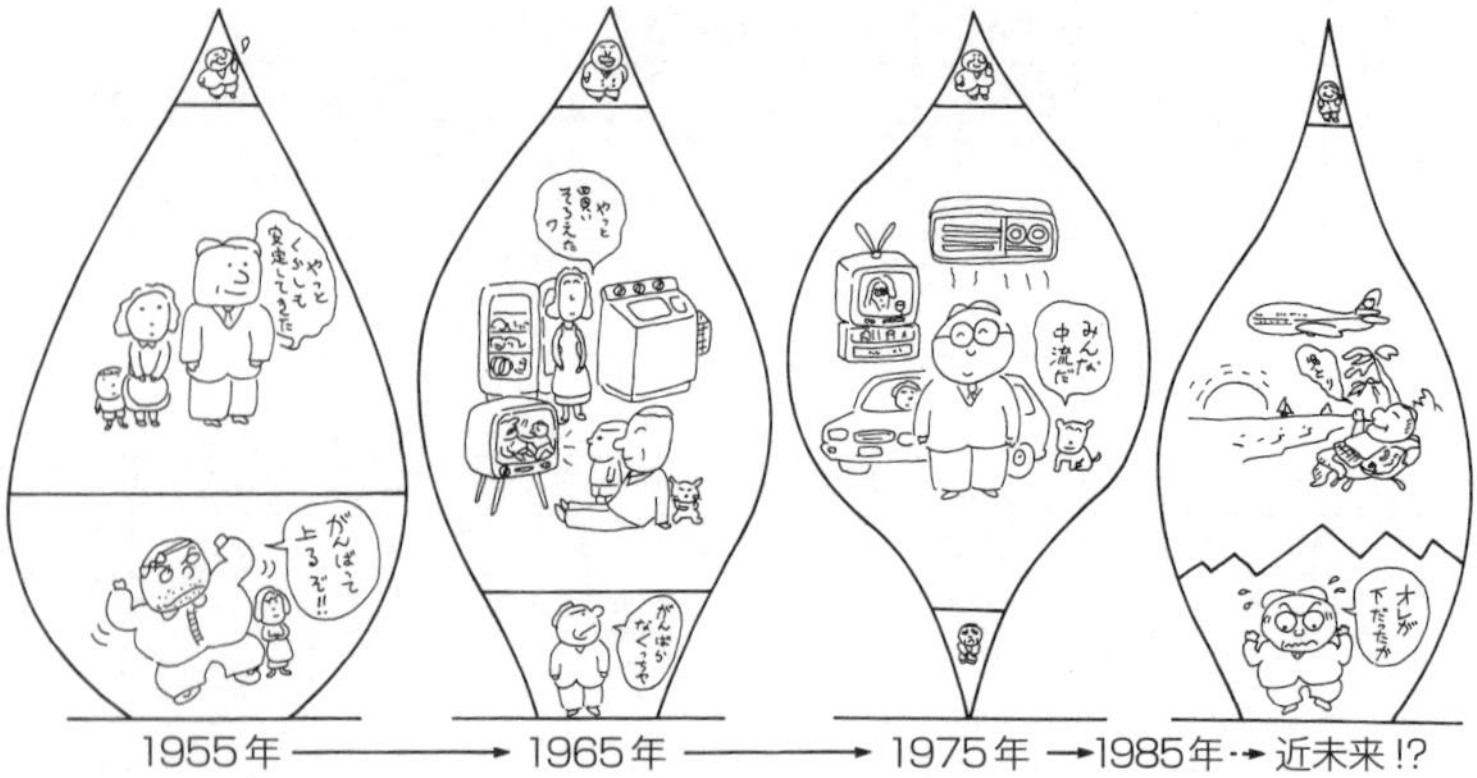

（出所）『朝日ジャーナル』1989年4月7日号。

図1–2　1989年の未来予想――総中流から格差社会へ

（中略）世間の人びとは、もともと幻想だと分かっていて、わざとこのゲームに乗る（あるいは乗った振りをする）。そこには、なんらかの社会的機能があるというしかない。
　中流の幻想ゲームは、生活水準の上昇による豊かさ実感、および生活機会が平等に開かれているか否か、を確認しあうゲームである。その証拠に、中流論争のさいには、きまって中流の条件とは何かが問題になる。それは、目標値としての豊かさを、みんなで確認しあう作業である。またこのゲームは、人びとのあいだに潜在化している不満をはきだし、闘わせることで、それを解消するという神話作用をもつ。（今田　一九八九：二二六–二二七）

　一九五〇年代からみると、隔世の感の論評である。多くの人が中流となり、中流をめぐる議論を闘わせることを通じて人びとの社会に対する不満が解消される。かつての中産階級育成論が夢見た政治と社会の安定は、一九五〇年代の人びとが想像していたものとは少し違ったかたちになったのかもしれないが、この時期には現実のものとなったのである。こうした社会的機能を有していたからこそ、総中流イメージはしぶとく生き残り続けたのかもしれない。

バブル崩壊から失われた一〇年へ——一九九〇年代

一九九一年はバブル経済が崩壊した年とされる。バブル崩壊によって急激に何かが変化したわけではないが、その影響はタイムラグをともないつつ長期的に巨大なものとなった。いわゆる「失われた一〇年」である。表1-3を見ても、一九九〇年以降次第に不景気な言葉が増えていくのがわかる。また、表1-3には含まれていないが、一九九〇年代後半には中高年の「リストラ」が広く社会的な関心を集め、九〇年代を象徴する言葉の一つとなった。

景気の低迷が一向に改善しないなか、一九九〇年代末に格差社会論の先駆と呼ぶべき二冊の書籍が登場する。橘木俊詔『日本の経済格差』(一九九八)と佐藤俊樹『不平等社会日本』(二〇〇〇)である。前者はタイトルのとおり経済的不平等について論じたもので、日本がそれまでの通念とは異なり、所得不平等度の高い社会であることを指摘した。後者は、親子間での職業の移動(社会移動)における機会の不平等を主に扱っており、「エリートの子はエリートになりやすく、非エリートの子はエリートになりにくい」という社会移動の閉鎖性の高まりを指摘した(ここでの「エリート」とは雇用の安定性と賃金が高い被雇用ホワイトカラー上層を指す)。また、この本のサブタイトルが「さよなら総中流」であったことも注目に値する。

この二冊については後にデータや分析の問題点が指摘されたものの、不平等についての社会的な関心を喚起したという点で重要な役割を果たした。二〇〇〇年代に入り、橘木や佐藤の主張の妥当性を検証する作業を通じて、日本社会における不平等の実態が広く知られるようになっていったのである。

格差社会の到来——二〇〇〇年代

二〇〇〇年代前半の日本社会を語るうえで欠かすことができないのが、小泉純一郎首相の存在である。郵政民営化をはじめとする構造改革路線を打ち出し、改革の「痛み」に耐えることを国民に対し率直に要請する小泉首相の政治姿勢に人びとは大きな期待を寄せた。「米百俵」「聖域なき改革」「骨太の方針」「改革の『痛み』」といった小泉語録が二〇〇一年の「新語・流行語大賞」に選ばれたことも、その証左だろう（表1-3）。

構造改革路線が功を奏したのか、日本経済は二〇〇二年二月から二〇〇八年二月まで、七三カ月にわたる景気拡大を果たす。これは、高度経済成長期の「いざなぎ景気」（五七カ月）を超え、戦後最長の好況期とされる。しかしこの好況期は、人びとの期待を裏切るものだった。この時期、企業業績はたしかに好調だったが、非正規雇用労働者の数は増加し続け、その影響もあって労働者の平均賃金はむしろ低下した。「景気がよくなれば雇用と収入が改善する」というそれまでの常識をくつがえす「好況」に、少なからぬ人びとが失望した。そのため、二〇〇〇年代後半の「格差社会」論のなかで、小泉首相は格差拡大の主犯と目されるようになる。

しかし、小泉首相が不平等拡大の原因であるとの主張は必ずしも正しくない。不平等に関するさまざまな指標、たとえばジニ係数、非正規雇用労働者比率、生活保護世帯数などは小泉政権以前から同じようなペースで上昇しており、小泉政権の時期に不平等が急激に拡大したわけではない（神永 二〇〇九）。すでに述べたように、不平等は一九八〇年代からゆるやかに拡大していた。人びとが遅ればせながらそのことに気づいてパニックに陥ったというのが、二〇〇〇年代の不平等認識の特徴だろう。そうしたなかで生まれた言葉の一つが「格差社会」である。

格差社会論ブームと下流社会

二〇〇五年を境として、「格差社会」という言葉が急速にメディアで注目を集めるようになる。この言葉は二〇〇六年の「新語・流行語大賞」を受賞したが（表1-3）、これ以降も不平等に関する新語が毎年のようにノミネートされている。表1-3に登場した言葉以外にも、ヒルズ族、勝ち組・負け組、非正規雇用、貧困、ワーキングプア、年越し派遣村などが話題になり、二〇〇〇年代の後半は不平等に関する話題がメディア上で途切れることなく取り上げられる状態が続いた。

階層帰属意識との関連で注目すべきは、三浦展の『下流社会』（三浦 二〇〇五）である。ここでの「下流」とは階層帰属意識の「中の下」と「下」を統合したグループのことで、この層は「コミュニケーション能力、生活能力、働く意欲、学ぶ意欲、消費意欲、つまり総じて人生への意欲が低い」（三浦 二〇〇五：七）とされる。三浦はこの下流層に注目しつつ、総中流社会が「上」「中」「下」の線引きが明確な、階級的な社会へと分裂していく社会像を提示した。このイメージは、図1-2における近未来の階層イメージに近いものといえる。

こうした不平等化の進展への危機感も追い風になり、二〇〇九年には民主党政権が誕生する。民主党政権は不平等の改善に積極的な姿勢を示したものの、残念ながら十分な成果をあげることはできなかった。その民主党政権の最後の担い手となった野田佳彦首相は、「分厚い中間層の復活」というフレーズを好んで使っていた。中産階級育成論から半世紀がたち、総中流社会だったはずの日本において、中間層の拡大がふたたび国家目標として論じられる時代が到来したのである。

変わらない階層帰属意識？

ここまで確認したように、一九八〇年代以降に社会経済的な不平等度は上昇し、メディアでは不平等度の高まりが繰り返し指摘されてきた。たとえば貧困率に注目すると、一九八五年には一二％だった相対的貧困率が、二〇〇九年には一六％に上昇している（厚生労働省 二〇一二）。したがって素朴に考えれば、貧しい人が増えた分だけ階層帰属意識を「下」と回答する人が多くなるはずである。

それにもかかわらず、階層帰属意識の分布はほとんど変化していない（図1-1）。図1-2の階層イメージや『下流社会』は、近い将来に中流層が減少して下流層が増大することを予想した。メディアにおいても一九九〇年代以降、「中流崩壊」という言葉がしばしば使われていた。しかし、階層帰属意識に関するかぎり、二〇一四年時点ではそのような兆候はみられない。

社会の不平等化が進展しているのに、階層帰属意識の分布が変化しないのはなぜだろうか。高度経済成長期に社会の変化と共振し「総中流」の象徴となった階層帰属意識は、もはやその役割を終え、時代に合わない無用の長物となってしまったのだろうか。ところが、実はそうでもないのである。

5　階層帰属意識の時代的変化（3）――潜在する変化

階層帰属意識の「静かな変容」

階層帰属意識が「変化していない」というのは、回答の分布に注目した場合の話にすぎない。それとは異なる側面で、階層帰属意識にはある重大な変化が生じていた。その変化とは、階層帰属意識と社会経済的変数（具体的には世帯収入、学歴、職業）の関連の変化である。

一般に、世帯収入が高い人ほど階層帰属意識を高く回答する傾向がある。学歴や職業についても同様である。こうした変数間の関連は、相関係数や回帰分析といった統計手法を用いることで把握できる。**表1-4**は、一九五五年から二〇〇五年までのＳＳＭ調査データと、二〇一〇年のＳＳＰ調査（以下、SSP-I 2010）のデータにおける階層帰属意識に対する年齢・学歴・職業・世帯収入の影響を、重回帰分析という手法で分析したものである。

表1-4にはさまざまな数値が掲載されているが、統計分析に詳しくない読者は「決定係数」という部分に注目してほしい。決定係数は、年齢・学歴・職業・世帯収入の四つの要因が階層帰属意識に与える総合的な影響力を表す数値で、要因の影響力が強いほど数値が大きくなることを示す（理論上の最小値は0、最大値は1）。この分析の場合、社会経済的地位の高い人ほど階層帰属意識を高く答え、社会経済的地位の低い人ほど階層帰属意識を低く答えるという傾向が強くなるほど、決定係数の値は大きくなる。その決定係数の値は、一九五五年から一九七五年にかけて低下し、その後上昇に転じていることが

表 1-4　階層帰属意識の重回帰分析（1955〜2010 年）

	1955	1965	1975	1985	1995	2005	2010(年)
年　齢	.034	−.017	.024	−.007	−.005	−.006	.055
教育年数	.149***	.161***	.068*	.054	.117***	.161***	.230***
職業威信スコア	.115***	.151***	.071**	.032	.092***	.103**	.198***
世帯収入	.279***	.137***	.143***	.259***	.285***	.277***	.117**
決定係数(R^2)	.173***	.107***	.044***	.084***	.141***	.167***	.168***
N	1,468	1,530	2,028	1,568	1,462	1,139	634

数値：標準化偏回帰係数（β）　　***：$p<.001$, **：$p<.01$, *：$p<.05$

（注）25 歳から 60 歳の男性有職者のみ。職業威信スコアは 1985 年までが 1975 年版スコア，1995 年以降は 1995 年版スコア。1975 年は A 票，1985 年は男性 A 票と男性 B 票の合併データ，1995 年は A 票と B 票の合併データ。

わかる。

一九五五年から一九七五年は、階層帰属意識の「中」回答が増加する時期にあたる（表1-1）。この時期に決定係数が低下しているということは、多くの人が自分の社会経済的地位の高低とは関係なく階層帰属意識を回答する傾向が強まっていったことを意味する。この傾向は一九七五年でピークを迎え、決定係数は戦後もっとも低い値になっている。簡単にいえば、一九七五年の人びとは、自分の客観的な社会経済的地位とはほとんど関係なく帰属階層を答えていた（多くの人が「中」と答えていた）のである。

ところが一九七五年以降、階層帰属意識の分布は大きく変化しないにもかかわらず、決定係数は上昇していく。このことは、人びとが次第に自分の客観的な社会経済的地位の高低と対応した階層帰属を回答するようになったことを意味する。このことを最初に指摘した吉川徹は、この変化を、階層帰属意識の「静かな変容」と呼んだ（吉川 一九九九[5]）。

「静かな変容」をもたらした変化

なぜ、一九七五年以降に階層帰属意識と社会経済的変数の関連が強まったのだろうか。実態に即していうと、この変化は、客観的な階層が低い人が自分の帰属階層を以前よりも低く回答し、客観的な階層が高い人が帰属階層を以前よりも高く回答するようになった結果として生じている（佐藤 二〇〇八、神林 二〇一〇b）。

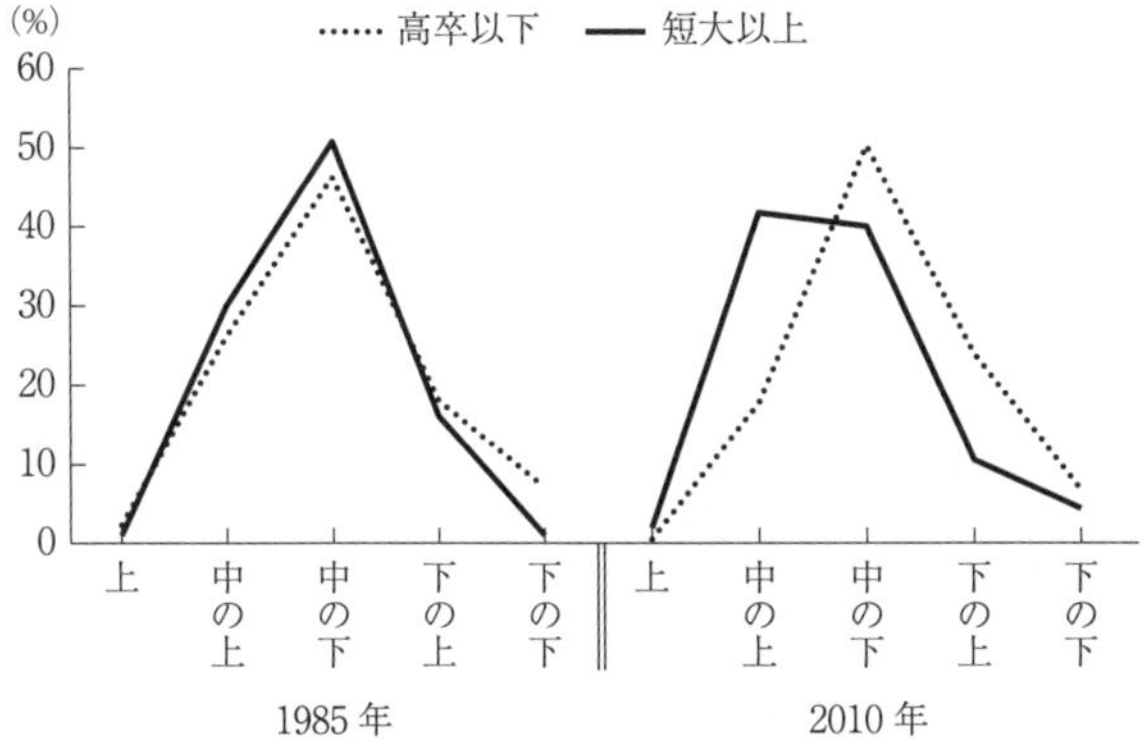

図 1-3　学歴別階層帰属意識の変化

このことを簡単に確認しよう。図1-3は一九八五年のSSM調査データとSSP-I2010データの両方で調査対象となっている一九五〇年から一九六五年生まれの男性の階層帰属意識を、学歴別に比較したものである。

一九八五年では、低学歴層（高卒以下）と高学歴層（短大以上）の階層帰属意識の分布に大きな差はない。しかし、二〇一〇年では低学歴層の階層帰属意識が全般的に下方にシフトし、一方で高学歴層の階層帰属意識が上方にシフトしていることがわかる。つまり、学歴による階層帰属意識の分極化が生じている（詳細は省略するが、職業や収入についても同様の傾向が存在する）。そして、高階層の上方シフトと低階層の下方シフトという反対方向の変化が相殺するので、社会全体としては階層帰属意識の分布は変化しない（なお、図1-3は同一世代の階層帰属意識が二五年の間にどのように変化したかを分析したものだが、この傾向は世代を考慮しない分析でも確認できる）。

ではなぜ、低階層の人はより低く、高階層の人はより高く階層帰属意識を回答するようになったのだろうか。このことについての完全な答えはまだ得られていないが、①一九八〇年代以降、日本経済は低経済成長期に入り、社会や経済の変化がゆるやかになったこと、②それによって社会的な不平等に関する正しい知識や情報を人びとが蓄積・共有しやすくなったこと、の二点が、人びとが自分自身の階層上の位置を正しく判断するようになった基本的な要因と考えられる（数土〈二〇一〇〉および本書の第4章を参照）。

6 格差社会のなかの階層帰属意識

総中流と下流社会の根底にあるもの

一九七〇年代に「総中流」が人びとの間に広まったのは、高度経済成長による生活水準の上昇と、階層帰属意識における「中」比率の増加が絶妙に重なりあった結果であった。総中流をベースとする社会観のすべてが根拠のない幻想だというわけではないが、客観的な事実が示す以上の過剰な解釈や思い込みがまとわりついていたことも、また事実である。

このように問題をはらんだ認識であっても、それがいったん定着してしまうと、人びとの思考の準拠枠となり、その影響は長く続く。生活水準の上昇や社会の平等化と並行して「中」回答が増えたことを根拠に、階層帰属意識は社会の豊かさの変化を忠実に反映する意識とみなされるようになった。このことから、社会が不平等化して貧しい人が増えれば、それにともなって「中」回答が減少して「下」回答が増えるはずだという予測が得られる。図1-2の階層イメージの変化や三浦の『下流社会』の議論は、そうした思考にもとづくものであった。

しかし、現実に起こったことは少々異なる。日本社会が不平等化しても、階層帰属意識の分布は大きく変化せず、社会経済的変数との関連のみ強まっていく「静かな変容」が生じたのである。すでに説明したように、「静かな変容」は高階層の人が帰属階層をより高く答え、低階層の人が帰属階層をより低く回答する、回答傾向の両極化と呼ぶべき変化によって作り出されていた。この意味で、階層帰属意識は今なお日本社会の重要な変化をとらえている。

したがって、格差社会の時代に至っても階層帰属意識の「中」回答が多いことは、階層帰属意識が役に立たないとか、時代遅れになったことを意味しない。時代遅れになったのは「社会が変化すれば、階層帰属意識の分布も変わるはずだ」という、総中流の時代に形成された認識枠組みの方である。その枠組みを捨てて新たな見方を獲得できれば、階層帰属意識は今なお日本社会についての重要な情報を私たちにもたらしてくれる。

階層意識研究の新たな課題

二〇〇〇年代後半に盛り上がった格差社会論ブームも、最近は一息ついた感がある。日本社会に無視しえない深刻な不平等の数々が存在することは、もはや誰の目にも明らかになった。階層帰属意識の分布は変化していないが、総中流の時代には存在しなかった（あるいは無視されていた）不平等の証拠は十分すぎるほどに揃っている。その意味で、日本社会は総中流社会から格差社会に移行したといえる。

この状況のなかで、私たちは何を探求すべきなのか。意識にかかわる問題としては、とくに次の問いが重要だろう。階層帰属意識と社会経済的変数の関連の強化が、人びとが不平等の実態と自分自身の位置について正確な知識をもつようになったことによって生じているとすれば、そのことはどのような社会的帰結をもたらすのだろうか。人びとが不平等の実態を正しく理解することが利他主義や助け合いの精神の促進につながり、日本は互恵的で平等的な社会へと変化していくのだろうか。それとも、階層の高い人びとはさらなる地位の上昇を目指して、あるいは現在の地位を失うまいと自己利益の追求に走り、その一方で階層の低い人びとは地位や豊かさをめぐる競争から締め出されたり自発的に降りたりすることで、社会経済的な地位の面でも意識の面でも分断された階級的な社会が出現するのだろうか。この二つの可能性のなかで、人びとの意識や行為はどのように変化していくのだろうか（本書の第Ⅱ部が扱っている諸問題は、この問題を考えるうえで重要な手がかりとなるだろう）。

社会経済的な不平等と人びとの意識のあり方の関係について、個々の事実を丁寧に確認したうえで、そうした事実がどのような社会的帰結をもたらすのかを予測すること、これが現代の階層意識研究の課題である。

1　ここでは階層帰属意識の誕生を一九五二年とした。筆者の知るかぎりでは、この年に東京で行われた調査が、日本の社会調査において階層帰属意識を用いた最初の例である。この調査の詳細については安田（一九五三）を参照。

2　階級帰属意識は以下のような質問で測定される。「かりに現在の日本の社会全体を3つの階級にわけるとすれば、あなたご自身は、このどれに属するとお考えですか。［資本家階級　中産階級　労働者階級］」（「社会階層と社会移動全国調査」）。

3　こうしたアイディアは、K・マルクスの即自的階級と対自的階級に関する議論に端を発する（マルクス 一八四七＝一九五六）。また、一九四〇年代末に出版されたR・センタースの『階級意識』（センタース 一九四九＝一九五八）は、マルクスのアイディアを受け継ぎつつ、アメリカ社会におけるクラス・アイデンティフィケーションを実証的に検討した研究として、当時の日本の社会階層研究者に少なからぬ影響を与えた。

4　階級帰属意識の研究は一九七〇年代以降下火になり、ついには「その分析価値の消失」が宣告されるにいたった（三隅 一九九〇）。

5　非常に興味深いことに、アメリカでは階層（階級）帰属意識に対する社会経済的変数の影響は時代的に大きな変化がない（Kikkawa and Fujihara 2012）。

コラム①　「日本人の国民性調査」にみる階層帰属意識

統計数理研究所では一九五三（昭和二八）年より五年に一度、「日本人の国民性調査」（以下「国民性調査」とする）を実施している。継続社会調査として、同じ調査方法、同じ質問項目による調査を継続している。二〇一三年は調査の開始以来ちょうど六〇年目の節目に当たり、秋にはその第一三回目の全国調査が行われた。

この調査は、戦後六〇年ほどの間に日本人の意識がどのように変わったかを跡づける貴重な資料としてさまざまに活用されている。たとえば、**図1**は「#4.10　他人の子供を養子にするか」という質問項目（#番号は、同調査の調査項目に付された整理番号）の一九五三年以来の回答の推移を示している。質問内容は「子供がないときは、たとえ血のつながりがない他人の子供でも、養子にもらって家をつがせた方がよいと思いますか、それとも、つがせる必要はないと思いますか？」というものであり、調査開始当初は「つがせる」という意見が七割超の多数派であったが、その後支持を減らし、一九九三年（第九次全国調査）以降は二割前後で推移している。戦後の長い時間をかけて、伝統的な家制度に対する日本人の考え方が大きく変化していった様子がうかがわれる。

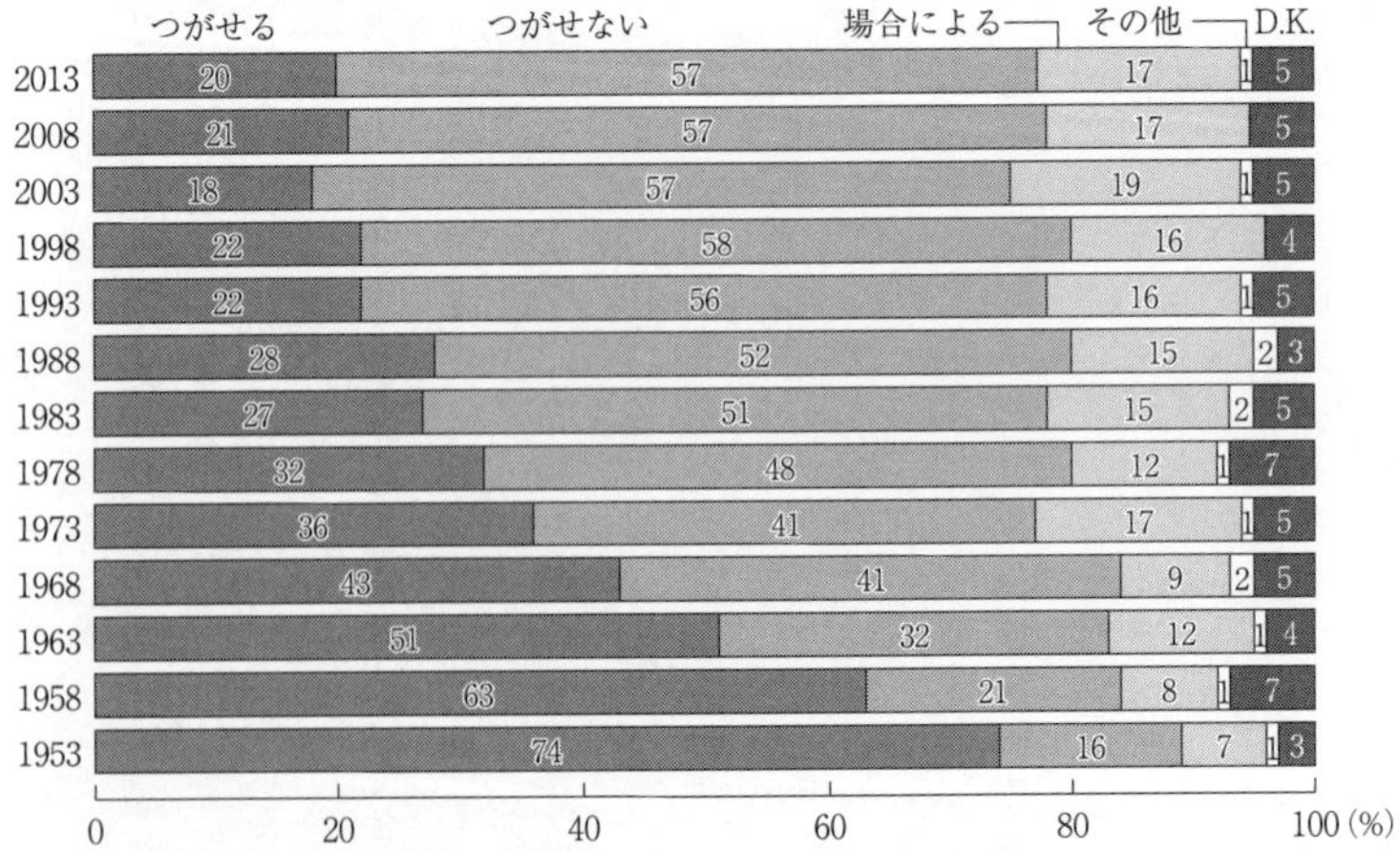

図1　“他人の子供を養子にするか”に対する回答の推移

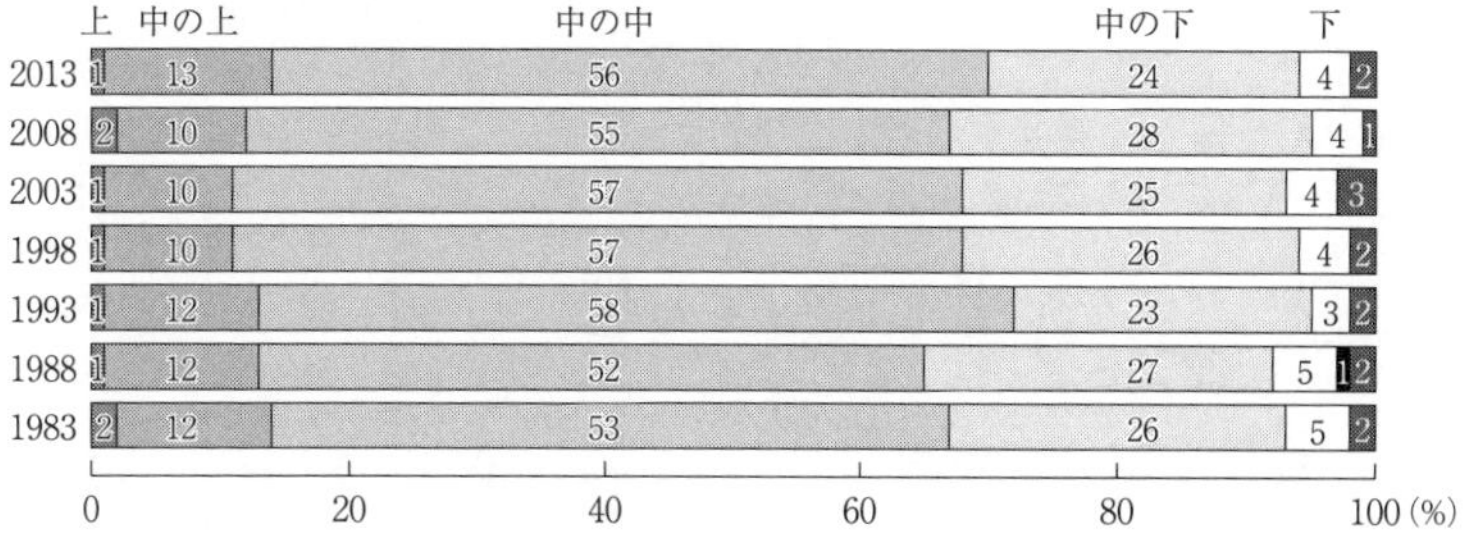

図 2　“帰属階層”に対する 1983 年以来の回答の推移

国民性調査の最大の成果は、このように長期にわたって同一の質問項目による日本人の意見の変化を描いてきたことにあるが、他方、同じ内容の調査を続けるだけでは社会の急激な変化にともなう新しい意識の動向を記述することができなくなる。こうした問題に対応するために、一九七三年からは調査票を二本立てにし、片方の調査票では従来からの継続項目を中心に編成し、もう一方の調査票には、新規の項目を採用して新たな観点から日本人の意見を追う努力を続けている。

その一環として、一九八三年の第七次全国調査からは、本書のテーマでもある「#1.8　帰属階層」という項目を取り上げて第一三次調査まで継続的に利用している。ただし、この項目は、本書内の多くの論文が扱った「SSM調査」型の質問ではなく、選択肢のなかに「中の中」というカテゴリが含まれる設定となっているので、分布を直接比較することはできない。

図2は、一九八三年以来の分布の推移を示している。各年ともに真ん中の「中の中」という回答が五割以上、一九九三年以降は五五％以上と過半の回答を占めており、その変化も全体としては小さい。統計数理研究所の中村隆によるコウホート分析の結果でも、この項目の意見変化には、コウホート効果や時代効果、年齢効果などがあまり認められない、変化の小さい安定的な調査項目であることが示される。そのなかにあって、一九九八～二〇〇八年あたりで、「上」＋「中の上」の回答が少なめで二〇一三年にやや回復傾向らしいことはわかる。

本書の各章のように、この項目に対する説明要因の変化や、その推移についてより積極的な分析を行うと、国民性調査の帰属階層にも、より魅力的なストーリーがあぶり出されるのだろうか？　興味深い検討課題となるはずである。

第2章　「中」と答える人たち

——「中」意識の構造

1　階層帰属意識を当ててみよう

突然だが、次にあげる三名の階層帰属意識がわかるだろうか。

Aさん　私は四〇代前半の男性です。結婚はしており、子どももいますよ。妻は専業主婦をしていますね。自宅は関東地方のベッドタウンにあります。最近建てた一戸建てですから、食器洗い機やシャワートイレといった最新の設備がありますよ。また、インターネットの回線にも接続できますから、買いものや調べものをするときなんかに役に立っています。学歴の話ですが、大学は文学部で社会学を学びました。卒業後、従業員数が一〇〇〇名を超える有名大企業に正社員として就職しまして、現在は営業の仕事をしています。年収は五七〇万円くらいでしょうか。

Bさん　私は四〇代なかば、女性です。結婚して子どもがいます。いまはようやく子どもが大きくなったので、夫と共働きになりました。自宅は一戸建てで、関東地方のベッドタウンにあるんです。家事の手間を省くために、食器洗い機は持っています。ネット回線はあるんですけど、ほとんど子どもが使ってますね。学校は、公立の普通科高校を卒業しました。その後、従業員数が三〇〇人くらいの会社に正社員として入社して、いまは経理の仕事をしています。夫とあわせると、うちの年収は六六〇万円くらいだと思います。

Cさん　私は四〇代後半の男性です。結婚はしており、子どももおります。妻は専業主婦です。自宅は一戸建てで、ある県の県庁所在地にあります。家は一〇年くらい前に建てましたし、食器洗い機やシャワートイレのような最新の設備はありません。インターネット回線も引いておりません。県内の工業高校を卒業した後は、地元の工場に正社員として就職しました。従業員は私を入れて一〇人程度の工場です。現在もそこで金属加工の仕事をしております。年収は五〇〇万円くらいです。

この三人の社会経済的地位、すなわち、学歴、仕事の内容、年収額は異なるし、ライフスタイルも異なっている。そのような三人に階層帰属意識を尋ねたら、どのような回答が得られるだろうか。社会経済的地位やライフスタイルの違いを反映して、三者三様の回答をするだろうか。それとも、社会経済的地位やライフスタイルの違いにもかかわらず、三名とも「中」と答えるのだろうか。その答えは、本章を読み進めていくなかで明らかになる。

2 「中」と答えるのはどんな人？

「格差社会」と呼ばれるようになった現在の日本でさえ、多くの人は自分自身の社会階層上の位置づけを「中」だと回答する。たとえば、本書が分析対象の一つとしているSSP-I 2010でも、約七割が階層帰属意識に対し「中の上」もしくは「中の下」と回答していた。さらに、調査対象者の約半数は「中の下」と答えている。「勝ち組・負け組」というかたちで表現されるように、「格差社会」という言葉には、人びとが上層と下層という二つの層に分かたれてしまうというイメージがある。そのような言葉で日本社会を表現したとしても、そして、多くの人がその表現を受け入れたとしても、日本人の多くは自身を世間の「中」だと位置づけるのだ。なぜ、彼ら・彼女らは自分を世間の「中」だと位置づけるのだろうか。どのような人が自分のことを「中」だと考えるのだろうか。

新中間大衆論争と「中」意識

どのような人が「中」と答えるのか、ということを解明するヒントを得るために、一九七〇年代後半に行われた「新中間大衆論争」での議論をみてみよう。

新中間大衆論争は一九七七年の五月から八月にかけて『朝日新聞』の夕刊上で行われた論争であり、その争点は高度経済成長によって日本の階層構造がどのように変化したのかということであった。この論争の構図はおおよそ次のとおりである。経済学者の村上泰亮が高度経済成長によってライフスタイルも社会意識も同じような新中間大衆という新たな階層が出現したと主張した（村上 一九七七、一九八四）。さらに、村上はこの新中間大衆が今までの社会階層のほとんどを含む巨大な階層であり、この階層と区別されるような社会階層は存在しないと議論したのだ。

このような村上の大胆な主張に対し、マルクス経済学者の岸本重陳、社会学者の富永健一、政治学者の高畠通敏が反論を試みた。岸本は、新中間大衆は一見すると同じような人たちなのだが、その内部をよくみてみると、資本家と労働者という所得の面でも権力の面でも大きく異なる二つの階級が実は存在していると反論した（岸本 一九七七、一九七八）。富永は、当時の日本の階層構造は学歴・職業・収入が同じような人びとから構成されているのではなく、学歴や職業上の地位は高いが収入は低いといったような地位の要素の間に非一貫性がある（つまり、地位要素に一貫性がない）人たちから構成されていると主張した（富永 一九七七）。高畠は、新中間大衆の政治意識は同じようなものではなく、現実の利害対立（たとえば、中高年層対若年層というような世代間対立）を反映するかたちで違いがあると指摘した（高畠 一九七七）。

このように新中間大衆論争は日本の階層構造の変化に関するものなのだが、その論争の内容を検討すると、個人の社会経済的地位と「中」意識の対応関係について二つの対照的な考え方が導き出される。第一の考えは、学歴・職業・収入ではなく、人びとのライフスタイルが似たようなものになったことが「中」意識を生み出すというものである。第二の考えは、地位の非一貫性が「中」意識を生み出すというものである。

第一の考えは、村上の議論から導かれるものである。村上の新中間大衆論の根拠の一つは、当時の日本国民の多くが自分の属する階層を「中」と答えていたということであった。日本人の多くが主観のうえで「中」という同じ階層に属しているのは、高度経済成長により人びとの生活水準が上昇し、学歴・職業・収入によらず、皆が同じようなライフスタイルをもつにいたったからだ、と考えたのである。この議論をもとに、社会経済的地位と「中」意識の関係を述べると次のようになる。社会のなかのライフスタイルが似たようなものになった場合、標準的なライフスタイルを送っている個人は、学歴・職業・収入によらず、「中」意識をもつ。

　第二の考え[1]は、富永の議論から導かれるものである。富永は高度経済成長によって生じたのは、人びとのライフスタイルが同じようなものになったことではなく、社会全体で地位が一貫しない人が増えたことだと考えた。[2]高度経済成長により専門職やホワイトカラー職に就く人が増えると同時に、親と同じ職業に必ずしも就く必要がなくなり、能力に応じて賃金が決まるようになった。その結果、学歴や職業的地位は高いが収入は低いとか、学歴や職業的地位は低いが収入は高いというような、地位の要素が一貫しない人が増えた。地位の非一貫性の増大という観点からみると、「中」意識の増加は次のようなかたちで説明できる。社会全体で地位の非一貫性が増大することで、地位の要素が一貫しない個人が増加する。地位の要素が一貫しないことで各地位要素単独の効果が相殺されるので、多くの個人は自身を中間階層と位置づける。さらに、決定的な下層や上層が少なくなることから、自身が中間階層であるという感覚が強くなる。その結果、「中」意識は増加する。以上の議論をもとに、社会経済的地位と「中」意識の関係を述べると次のようになる。地位の要素の間に一貫性がない個人は、一貫性がある個人に比べ、「中」意識をもちやすい。

地位の非一貫性と「中」意識

新中間大衆論争を確認するなかで、社会経済的地位と「中」意識の関係についての二つの仮説を紹介した。第一の仮説は「ライフスタイル仮説」と呼べるもので、社会のなかで標準的なライフスタイルを送る人は、学歴・職業・収入といった社会経済的地位によらず、「中」意識をもちやすいというものである。第二の仮説は「地位の非一貫性仮説」と呼べるもので、地位に一貫性がない人は、一貫性がある人に比べ、「中」意識をもちやすいというものである。以降では、SSP-I2010を用いて、この二つの仮説のうち、どちらが経験的に正しいのかを検証する。この作業を通じて、どのような人が「中」意識をもつのかを解明したい。なお、仮説の検証にあたっては、階層帰属意識を尋ねる質問に対し、「中の下」と答えた人を「中」意識をもつ人として扱う。

「ライフスタイル仮説」を検証するにせよ、「地位の非一貫性仮説」を検証するにせよ、回答者の地位の一貫性・非一貫性を測定する必要がある。そこで、林雄亮の多元的階層分類（林 二〇〇八）を使用することで、回答者の地位の一貫性および非一貫性を把握した。林の多元的階層分類は次のような手順で作成した。まず、学歴・職業・所得を以下の基準で二つに分類（H／L）する。なお、所得については世帯の経済的な余裕を反映するために、等価可処分所得[3]を用いた。

- 学歴：H＝高専・短大進学以上／L＝高校卒業以下
- 職業：H＝専門・管理・事務／L＝販売・熟練・半熟練・非熟練・農業
- 所得：H＝中央値の五〇％以上[4]／L＝中央値の五〇％未満

表2-1　多元的階層分類（SSP-I 2010）

地位パターン			初期パターン			最終パターン		
学歴	職業	所得		%	基数		%	基数
H	H	H	グループ1	25.3	308	上層一貫	26.2	308
H	H	L	グループ2	0.8	10		—	—
H	L	H	グループ3	10.5	127	非一貫A	10.8	127
H	L	L	グループ4	0.4	5		—	—
L	H	H	グループ5	21.3	259	非一貫B	22.0	259
L	H	L	グループ6	1.9	23		—	—
L	L	H	グループ7	34.6	420	非一貫C	35.7	420
L	L	L	グループ8	5.2	63	下層一貫	5.4	63
			合計	100.0	1,215	合計	100	1,177

次に、学歴・職業・所得それぞれのカテゴリーを組み合わせて、階層分類を作成した。[5] 以上のような手続きで（SSP-I 2010から）多元的階層分類を作成したところ、**表2-1**のようになった。学歴・職業・所得ともに二カテゴリーなので、論理的には階層分類は八カテゴリーとなる。しかし、該当する回答者が少ないカテゴリーもあるので、林（二〇〇八）と同様に、以降の分析では表2-1のグループ2、4、6は除外する。

最終パターンをみてみると、回答者の約七割が学歴・職業・所得という地位要素が一貫していない。内訳をみると、学歴・所得は高いものの職業的地位は低いという「非一貫A」が一〇・八%、職業的地位・所得は高いものの学歴は低いという「非一貫B」が二二・二%、所得は高いものの学歴・職業的地位が低いという「非一貫C」が三五・七%いる。また、地位要素が一貫している回答者は約三割おり、一貫して高い人（上層一貫）は二六・二%、一貫して低い人（下層一貫）は五・四%いる。

多元的階層分類の各カテゴリーと階層帰属意識の関係を分析したところ、**図2-1**のような結果が得られた。なお、階層帰属意

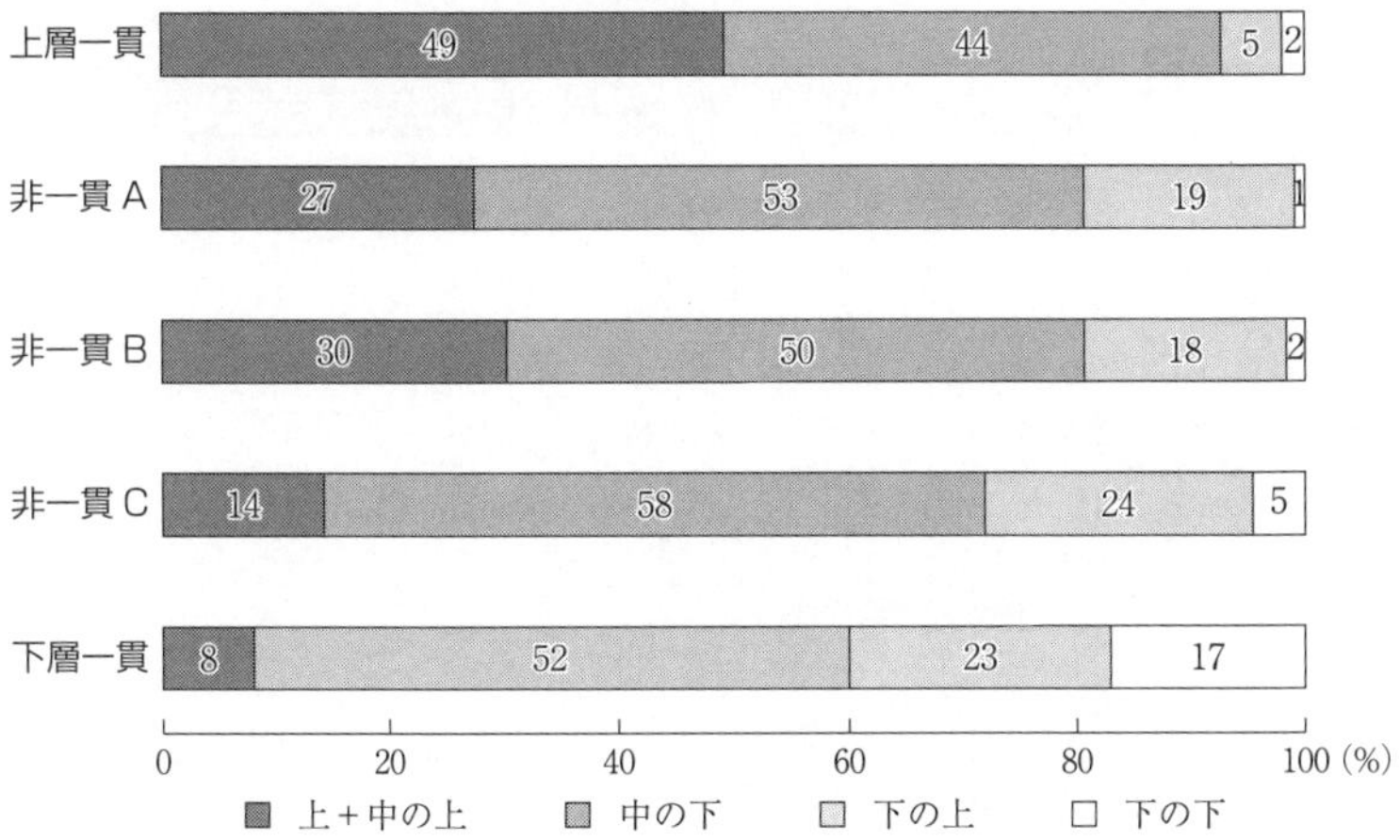

図 2-1　多元的階層分類と階層帰属意識の関係

識で「上」と回答した人の割合は一％未満なので、「上」と「中の上」という二つのカテゴリーを合併して分析を行う。

多元的階層分類と階層帰属意識の関係についての分析結果をまとめると、次のようになる。

①「中」意識の異質性　すべての階層カテゴリーで四～六割の人が「中の下」と答えている。つまり、どの階層カテゴリーであっても、半数近くの回答者は「中」意識をもっているのだ。

②地位の一貫性の効果　学歴・職業・所得が一貫して高い人（上層一貫）は、他のカテゴリーに比べ、「上」もしくは「中の上」と回答する割合が高い。学歴・職業・所得が一貫して低い人（下層一貫）は、他のカテゴリーに比べ、「下の下」と回答する割合が高い。つまり、地位に一貫性がある個人は、階層帰属意識の両端のカテゴリーを選択しやすいことがわかる。ちなみに、地位要素が一貫して高い人が「中の上」を選択しやすいことからもわかるように、日本社会において「中の上」は主観

表 2-2　多元的階層分類と保有財産の関係

	上層一貫	非一貫A	非一貫B	非一貫C	下層一貫
持ち家（一戸建て）	62	70	75	73	59
子ども部屋	63	66	75	71	49
乗用車	87	95	91	92	83
食器洗い機	37	37	31	27	10
インターネット回線	90	82	82	67	35
犬や猫などのペット	25	28	38	38	24
文学全集・図鑑	34	24	25	22	10
世帯収入の中央値（万円）	777.7	568.0	658.1	506.4	135.0

（注）　世帯収入の中央値以外の単位は %。

的な所属階層の最上層に位置している。

③地位の非一貫性の効果　地位要素が一貫しない人（非一貫A・非一貫B・非一貫C）は、一貫している人（上層一貫・下層一貫）に比べ、「中の下」と回答する割合が高い。非一貫Bにおける「中の下」回答者の割合が少ないので、ある程度の留保は必要なものの地位要素が一貫しない人は「中」意識をもちやすいようだ。

地位要素が一貫しない人は、一貫している人に比べ、「中の下」を選択しやすいという点で、先の結果は「地位の非一貫性仮説」を支持しているようにみえる。しかし、すべての階層カテゴリーで「中の下」と回答した人が半数近いという結果は「ライフスタイル仮説」を支持するものともいえる。「ライフスタイル仮説」では、社会経済的地位によらず、人びとは階層帰属意識を尋ねられると「中の下」と回答すると予測するからである。加えて、地位要素が一貫しない人たちが階層帰属意識として「中の下」を回答しやすいのも、彼らのライフスタイルが似通ったものであることに由来するのかもしれない。そうだとすれば、「ライフスタイル仮説」の方がよりデータに適合するものだということになる。

そこで、地位要素が一貫しない人たちのライフスタイルが似通ったものであるかどうかを検討するために、多元的階層分類の各カテゴリーと保有する財産の関係を分析した（表2-2）。

保有する財産という観点からとらえると、階層カテゴリーによってそのライフスタイルは大きく異なっていることがわかる。上層一貫は持ち家率が相対的に低く、子ども部屋やペットといった家庭に関わるものの保有率も低いが、食器洗い機やインターネット回線といった比較的新しい設備や文学全集といった教養に関わるものの保有率が高い。非一貫Aは持ち家率、家庭に関わるものや教養に関わるものの保有率が低く、比較的新しい設備の保有率は高い。非一貫Bは教養に関わるものの保有率は低いものの、それ以外の財の保有率は高い。非一貫Cは比較的新しい設備や教養に関わるものの保有率が低く、持ち家率や家庭に関わるものの保有率が高い。そして、下層一貫はあらゆる財の保有率が低い。この結果から考えると、地位要素が一貫しないグループ（非一貫A・非一貫B・非一貫C）のライフスタイルは似ているとはいえない。加えていえば、すべての階層カテゴリーで五割近い人が「中の下」を選択しているにもかかわらず、各階層カテゴリーのライフスタイルも大きく異なる。「ライフスタイル仮説」はデータに適合しているとはいえないのである。

以上をまとめると、SSP-I2010を分析した結果、人びとの「中」意識は「ライフスタイル仮説」よりも「地位の非一貫性仮説」で説明できることが判明した。すなわち、二〇一〇年の日本社会においては、地位要素が一貫しない人たちが「中」意識をもちやすいのである。「中」意識をもつ人たちは地位要素が一貫しないので、その地位のパターンは多様だし、さらにはそのライフスタイルも多様である。

ところで、本章の冒頭でAさん、Bさん、Cさんが出てきたが、実はこの三名のプロフィールは第2

節の分析をもとに作成したものである。Aさんは非一貫A、Bさんは非一貫B、Cさんは非一貫Cの典型的なプロフィールだったのだ。第2節の分析結果をもとに考えると、三名とも階層帰属意識を尋ねられると「中の下」と答えるはずである。

3 「中」意識のメカニズム

第2節の分析から、地位要素に一貫性がない人は、一貫性がある人に比べ、「中」意識をもちやすいことが明らかになった。しかし、なぜ地位要素に一貫性がない人は、一貫性がある人に比べ、「中」意識をもちやすいのだろうか。彼・彼女らは地位要素が一貫していないという共通点しかないので、その地位のパターンは多様である。職業的地位や収入は高いものの学歴が低い人、学歴や収入は高いものの職業的地位が低い人、そして、収入は高いものの学歴や職業的地位が低い人というように、多様な地位のパターンをもつ人たちがいるにもかかわらず、彼らは「中」意識をもちやすい。加えて、地位要素が一貫しない人たちはそのライフスタイルも多様なのだが、なぜか主観的な所属階層は共通して「中」なのである。

第3節では、ファラロ＝高坂モデル（以下、FKモデルと略記。Fararo and Kosaka 2003, 高坂 二〇〇〇＝二〇〇六）という階層帰属意識の説明モデルを使って、地位要素に一貫性がない人が「中」意識をもつメカニズムを解明する。具体的には、FKモデルを使って、次の三つの問いに答える。第一の問いは、なぜ地位要素に一貫性がない人は、階層帰属意識を尋ねられると「中の下」と答えやすいのか、というものである。彼らは客観的な地位のパターンが異なるにもかかわらず、なぜ共通して「中の下」と答えるのだろうか。第二の問いは、なぜ地位要素に一貫性がある人は、階層帰属意識の両端のカテゴリーを回答しやすいのか、というものである。第三の問いは、なぜ日本社会の多くの人が階層帰属意識を尋ねられると「中の下」と回答するのか、というものである。なぜ日本人の多くが「中」意識をもつのか、という問いである。

階層帰属意識についてのFKモデル

ＦＫモデルによれば、先の三つの問いを解く鍵は、人が他人との比較を通じて自分の階層的地位を判断することだという。ＦＫモデルでは、先の三つの問いに次のように答えるのである。人は他人との比較を通じて、社会階層のイメージを形成する。そして、その階層イメージ上で自分の所属階層を位置づける。人びとがこのようなかたちで自分の階層帰属意識を形成する場合、地位要素に一貫性がない人は「中の下」と回答する。また、地位要素が一貫して高い人は「上」もしくは「中の上」、地位要素が一貫して低い人は「下の下」と回答する。さらには、人びとが他人との比較を通じて自分の所属階層を判断する結果、多くの個人が階層帰属意識を尋ねられると「中の下」と回答する、すなわち、「中」意識をもつようになるのだ。

では、他人との比較を通じて自分の所属階層を判断すると、なぜ地位要素に一貫性がない人は自身の所属階層を「中の下」と答えるのだろうか。人びとがそのような判断をすることで、なぜ多くの人が階層帰属意識として「中の下」と答えるようになるのだろうか。これらの疑問を解決するために、もう少し詳しくFKモデルを検討していこう。

FKモデルはトーマス・ファラロと高坂健次によって作られた、階層帰属意識についての説明モデルである。馴染みのない読者もいるかと思うので、ここでモデルの考え方について簡単に説明しておこう。[6] モデルとは、興味の対象となる現象を引き起こすメカニズムを解明するためのツールである。FKモデルであれば、地位要素に一貫性がない人が「中」意識をもつということや、多くの日本人が「中」意識をもつといった社会現象がなぜ生じるのか、そのメカニズムを説明するのに用いられる。モデルを使って社会現象を説明する場合、次の二つのステップを踏むことになる。第一のステップでは、興味ある社会現象を引き起こしているであろうメカニズムを仮定というかたちで設定する。ここのステップは「仮定の設定」という。あとで詳しく述べるが、FKモデルには三つの仮定があり、そのうちの二つが他人との比較を通じた所属階層判断に関わるものである。第二のステップでは、仮定をもとに論理的な推論を行うことで検証可能な予測を導く。このステップは「デリベーション」と呼ばれる。FKモデルでは、三つの仮定をもとに論理的な推論を行うことで、地位要素に一貫性がない人は「中」意識をもちやすいことや多くの個人が「中」意識をもつことを説明する。なお、モデルを作成する場合、論理的な推論を厳密に行うために、仮定を数学的に定式化したうえで、デリベーションを数学的な操作で行うことが多い（小林・木村 一九九七、高坂 二〇〇六）。オリジナルのFKモデルも数学を使って定式化されているけれども、本章では数学を使わないかたちでそのエッセンスを紹介しよう。

FKモデルの仮定

まず、FKモデルの仮定をみていこう。FKモデルには三つの仮定があり、そのうち一つは社会階層の構造に関わるもの、二つは個人が他人との比較を通じて所属階層を判断するプロセスに関わるものである。三つの仮定を具体的に述べると次のようになる。

①階層構造についての仮定　社会階層は学歴・職業・所得といったように複数の要素から構成されており、要素間には序列がある。また、要素内にも所得が高い・低いといったような序列がある。

②個人の階層イメージ構成メカニズムについての仮定　個人は他人と自分の地位のパターンを比較することで、階層イメージを構成する。

③個人の比較メカニズムについての仮定　個人は要素間の序列にしたがって、他人と自分の地位のパターンを比較する。ただし、自分と地位のパターンが似ている他人は詳しく、地位のパターンが似ていない他人は大雑把に比較する。

①の仮定は、社会における階層構造がどのようなものなのかについて述べている。FKモデルが考える階層構造は、学歴・職業・所得といった複数の要素から構成されているものの、その要素間には序列がある。すなわち、社会階層内の序列を決める際に、要素間でその優先順位が違うのである。たとえば、社会階層が学歴・職業・所得という三つで構成されていたとしても、序列を決める際には、学歴での順位がもっとも優先され、次に職業が、最後に所得が優先される。加えて、各要素内でも序列が存在する。その結果、すべての地位要素の組み合わせに対し、社会階層内の地位を順序づけることができる。すなわち、FKモデルが想定する階層構造では、個人は自身の地位のパターンによって、客観的なかたちで地位の高さが決まっているのである。たとえば、社会階層を構成する要素が二つで、学歴と所得だった

としよう。そして、社会階層内の序列を決める際には、学歴が所得よりも優先されるとしよう。また、各要素はそれぞれ「高い・低い」という序列が存在するとしよう。この社会階層では地位要素が二つで要素内の序列が二つなので、可能な地位パターンは四つ存在する。社会階層内における四つの地位パターンの序列は、一位「学歴：高／所得：高」、二位「学歴：高／所得：低」、三位「学歴：低／所得：高」、四位「学歴：低／所得：低」となる。

②と③の仮定は、個人がどのようにして自分の所属階層を判断するのかについて述べている。②の仮定は、個人は他人との比較を通じて、主観的に社会階層についてのイメージを構成すると述べている。つまり、個人は他人との比較という自分の経験をもとに、社会階層内の序列がどのようなものなのかについてのイメージを形成する。③の仮定は、階層イメージを決定する他人との比較がどのようなものなのかを述べている。③の仮定によると、個人は似ている他人とは精密に、似ていない他人とは大雑把に比較する。たとえば、自分の地位パターンが「学歴：高／所得：低」となるAさんを考えてみよう。Aさんは、自分と学歴が同じ（＝学歴が高い）人であれば所得までみて比較するけれども、自分と学歴が異なる（＝学歴が低い）人であれば所得までみて比較することはなく、「学歴が低い人たち」と一括りにしてしまう。このようにFKモデルでは、自分と似ていない人との比較には大きな労力をかけないという点で、認知節約的な個人が想定されているのである。その結果、個人の主観的な社会階層の序列イメージは、客観的な序列と必ずしも一致しない。

FKモデルによる「中」意識の説明

こうしたFKモデルの仮定から、どのようなことが論理的に導かれるのだろうか。以下では、FKモデルの三つの仮定をもとに論理的な推論をすることで、「中」意識をめぐる三つの問いに答えよう。

まず、第2節の分析に対応するかたちに社会階層の構造を設定しよう。第2節の分析では地位要素として学歴・職業・所得を考えていたので、ここでも社会階層は三つの要素からなるものと考えよう。なお、社会階層内の客観的な序列を決める際の優先順位は、一番目の要素、二番目の要素、三番目の要素の順で決まっていることにする。また、各要素内は「高い（H）・低い（L）」というかたちで序列があるとしよう。地位要素が三つで、要素内の序列が二つなので、可能な地位パターンは八個存在している。ここで、すべての地位要素が高い人をHHH、一番目の地位要素は低いが二番目と三番目の地位要素が高い人をLHHというように、地位パターンを表現することにしよう。社会階層内の客観的な序列を求めると、**表2-3**のようになる。また、この社会階層のなかでは、地位要素に一貫性のない人の割合は七五％、一貫性がある人の割合は二五％になる。

表2-3　客観階層上の順位と地位の非一貫性

No.	階層プロフィール	客観階層上の順位	地位要素の非一貫性
A	HHH	1位	一貫
B	HHL	2位	非一貫
C	HLH	3位	非一貫
D	HLL	4位	非一貫
E	LHH	5位	非一貫
F	LHL	6位	非一貫
G	LLH	7位	非一貫
H	LLL	8位	一貫

次に、いくつかの地位パターンを取り上げ、その地位パターンをもつ個人がどのような階層イメージを形成し、その結果、彼・彼女の階層帰属意識がどのようなものになるのかを確認しよう。

最初に、表2-3のCをみてみよう。Cの地位パターンはHLHである。（i）CがAと遭遇したとしよう。Aの地位パターンはHHH

なので、Cは第一要素が自身のそれと同じであることを確認する。次に、Aの第二要素を確認するとHで自身のものよりも高いので、ここで比較は終了する。そして、自身の地位パターンHLHの上にHHという階層があることを認知する。なお、イメージ上のAの階層がHHと表現されている（図2-2）が、これはCが第二要素までの比較にもとづいてAの階層を判断したことを示している。（ii）CがBと遭遇したとしよう。Bの地位パターンはHHLだが、第二要素まではAのものと同じである。地位パターンの比較プロセスはAと同じものになるので、BもHHという階層の構成員だと認知される。（iii）CがDと遭遇したとしよう。Dの地位パターンはHLLなので、Cは第一要素と第二要素が自身と同じであることを確認する。その後、第三要素を比較し、自身よりも低いことを確かめる。そして、自身の地位パターンHLHの下にHLLという階層があることを認知する。（iv）CがEと遭遇したとしよう。Eの地位パターンはLHHなので、Dは第一要素が自身よりも低いことを確認し、比較を終了する。その結果、階層HLLの下にLという階層があることを認知する。F、G、Hも第一要素はLなので、Cは彼らと遭遇しても、Eと同じようにLという階層に組み入れてしまう。（v）以上の比較プロセスの結果、Cは主観的に次のような階層イメージをもつようになる。すなわち、一位HH、二位HLH、三位HLL、四位L、という階層構造を主観的に構成するのだ。

Cと同様なやり方で、A、E、Hの階層イメージを求めると、**図2-2**のようになる。図2-2からわかることは次の三つである。第一に、地位パターンの違いにもかかわらず、A、C、E、Hの階層イメージの階層数はどれも四つである。階層イメージ上の階層数は、地位パターンによらず、一定なのである（高坂 二〇〇〇＝二〇〇六）。第二に、地位要素に一貫性がないCとEをみてみると、階層イメージに

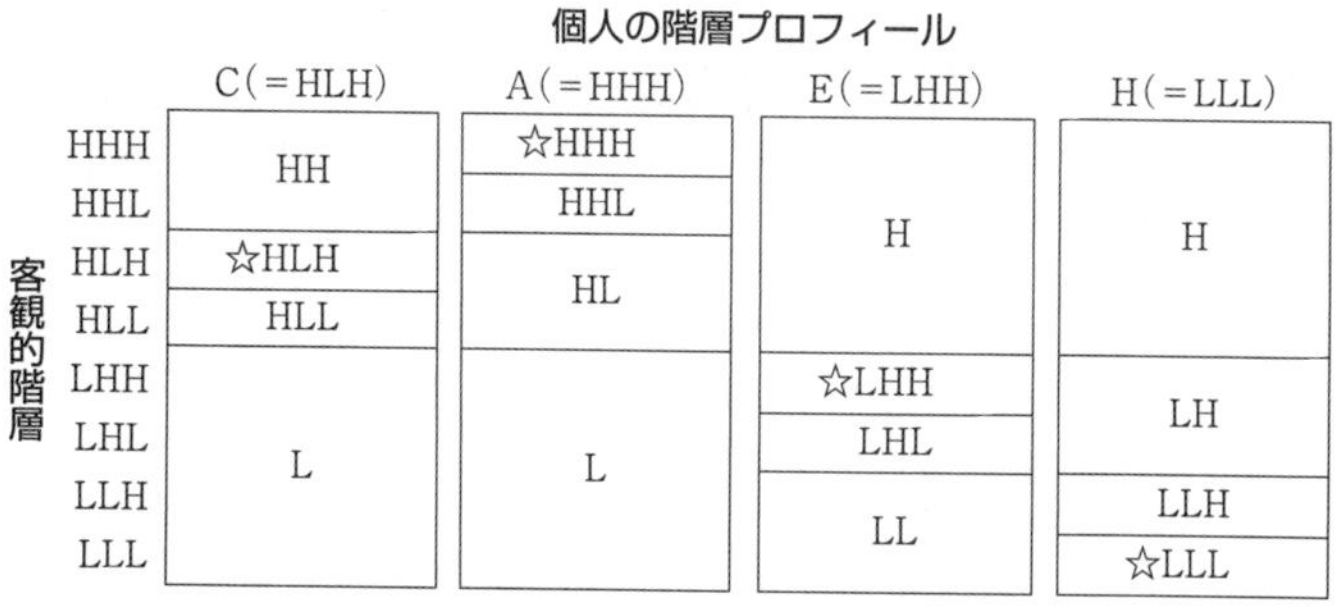

（注）☆は各個人の帰属階層を表す。

図2-2　階層イメージと帰属階層

おける自分の地位パターンの順位はともに二位である。階層イメージ上の順位と階層帰属意識の回答カテゴリーを、一位＝「上」もしくは「中の上」、二位＝「中の下」、三位＝「下の上」、四位＝「下の下」、というように対応づけるのであれば、地位要素に一貫性がないCとEは階層帰属意識を尋ねられると「中の下」と回答する。第三に、地位要素に一貫性があるAとHをみてみると、自分の地位パターンは階層イメージの両端に位置づけられている。地位に一貫性があるAとHは階層帰属意識の両端のカテゴリーを回答する。

以上の議論はA、C、E、Hという限定された地位パターンにもとづくものだったので、すべての地位パターンを対象とした分析をしよう。**表2-4**は地位パターンごとに階層イメージを求めたうえで、階層イメージにおける自分の地位パターンの順位を計算したものである。また、この表の右側にはFKモデルから予測される階層帰属意識の回答分布もまとめてある。

表2-4からわかることは次の五つである。

「中の下」の肥大化　各地位パターンに該当する人数が等しい場合でも、「中の下」と答える人の割合は三七・五％となり、

表 2-4　階層プロフィールと階層帰属意識の関係

No.	階層プロフィール	客観階層上の順位	階層イメージ上の順位
A	HHH	1	1
B	HHL	2	2
C	HLH	3	2
D	HLL	4	3
E	LHH	5	2
F	LHL	6	3
G	LLH	7	3
H	LLL	8	4

回答カテゴリー	該当する個人	%
上＋中の上	A	12.5
中の下	B, C, E	37.5
下の上	D, F, G	37.5
下の下	H	12.5

最頻値となる。

「中の下」の異質性　地位パターンが異なるにもかかわらず，「中の下」と回答する人たちがいる。具体的には，B（HHL），C（HLH），E（LHH）という地位パターンが異なる三者が「中の下」と回答している。

逆転現象　客観階層上の順位と階層イメージ上の順位が逆転する人たちがいる。客観階層上の順位ではD（HLL）が四位，E（LHH）が五位となっているが，階層イメージ上の順位ではDが三位，Eが二位となり，逆転している。

地位の非一貫性の効果　地位要素に一貫性がない人は「中の下」もしくは「下の上」と回答する。B（HHL），C（HLH），E（LHH）は「中の下」と回答し，D（HLL），F（LHL），G（LLH）は「下の上」と回答している。

地位の一貫性の効果　地位要素に一貫性がある人は，階層帰属意識の両端のカテゴリーを回答する。地位要素が一貫して高いA（HHH）は「上」もしくは「中の上」，一貫して低いH（LLL）は「下の下」と回答している。

以上の議論をまとめると，FKモデルは次のようなかたちで人びとの「中」意識を説明する。人びとが他人と自分自身の地位パターンを比較する場合、とくに、自分と地位パターンが似た人は詳しく比較し、あまり似ていない人は大雑把に比較する場合、地位要素に一貫性のない人は「中」意識をもつ。彼らの地位パターンは客観階層上で最上位でも最下位でもないことに加え、個人の階層イメージ上で客観的な階層構造は簡略化されるかたちでまとめられてしまう。その結果、地位要素に一貫性のない人の地位パターンは階層イメージ上で中間に位置するのである。一方、地位要素に一貫性がある人は階層帰属意識の両端のカテゴリーを回答する。彼らの地位パターンは客観階層上で最上位もしくは最下位であり、その順位は階層イメージ上でも変化しないからである。そして、客観階層上で地位要素に一貫性がない人の割合が一貫性がある人の割合よりも高いのであれば、多くの人が「中」意識をもつようになる。したがって、ＦＫモデルにもとづくと、社会全体で地位の非一貫性が増大すれば、「中」意識をもつ人の割合も増加するということになる。

ＦＫモデルから、他人と自分自身の地位パターンを比較して所属階層を判断する場合、ライフスタイルが共通していなくても、地位要素に一貫性がない人は「中」意識をもつことが明らかになった。では、所属階層を判断するときに地位要素だけでなくライフスタイルまで他人と比較するようになったらどうなるであろうか。ＦＫモデルを発展させた研究によれば、所属階層を判断する際に比較する要素が増えるほど「中」意識をもつ人の割合も増加するのである（与謝野　一九九六）。

4　「中」意識の意味するもの

これまでの分析では、どのような人たちが、なぜ「中」意識をもつのかを解明してきた。第2節では、SSP–I 2010を分析するなかで、地位要素に一貫性がない人が「中」意識をもちやすいことを明らかにした。地位要素に一貫性がない人びとは地位パターンやライフスタイルが多様にもかかわらず、共通して「中」意識をもちやすいのである。第3節では、FKモデルにもとづいて、地位要素に一貫性がない人が「中」意識をもつにいたるメカニズムを解明した。FKモデルによれば、人びとが他人と自分の地位パターンを比較することで所属階層を判断する場合、地位要素に一貫性がない人びとは「中」意識をもつのである。

第4節では、少し視点を変えて、人びとにとっての「中」の意味づけを解明する。調査で階層帰属意識を尋ねられたとき、回答者は「上」・「中の上」・「中の下」（調査によっては「中の中」）・「下の上」（調査によっては「中の下」）・「下の下」（調査によっては「下」）という選択肢のなかから、自身の所属階層を選ぶ。このとき、回答者はどのようなことを考え、選択肢を選んでいるのだろうか。違う言い方をすれば、回答者は階層帰属意識の各回答カテゴリーにどのような意味を付与しているのだろうか。ここでは、他の社会意識との関係から、階層帰属意識の各回答カテゴリーの意味を探っていこう。この作業を通じて、人びとが「中」意識の「中」に対して、どのような意味づけをしているのかを解明する。

階層帰属意識が意味するもの

ここでは、個人の生活に関わる意識と階層帰属意識の関係を検討した研究（中尾 二〇〇二、神林・星 二〇一一、金澤 二〇一二）を参照しながら、階層帰属意識の各回答カテゴリーの意味を探っていく。これらの研究では、生活意識と階層帰属意識の各回答カテゴリーの対応関係を分析しているので、この対応関係から「中の下」や「中の上」といった回答カテゴリーの意味を読み解いていきたい。なお、先行研究では用いられているデータも分析方法も異なるのだけれども[7]、結果の本質的な部分は共通している。一九九〇年代から二〇〇〇年代にかけて、生活意識と階層帰属意識の対応関係は、調査データや分析方法によらず、安定しているようだ。

先行研究で共通して扱われている生活意識（生活満足度・現在の暮らし向き・一〇年前と比較した場合の生活水準の変化）と階層帰属意識の各回答カテゴリーの対応関係をまとめたものが、表2-5である。この表から階層帰属意識の各回答カテゴリーの意味を読み解くと次のようになる。

表 2-5　階層帰属意識と生活意識の関係

	「上」＋「中の上」	「中の下」		「下の上」	「下の下」
		主観的中層	中間回答層		
満足度（生活全般）	+	+	0	0	−
現在の暮らし向き	+	0	0	−	−
生活水準の変化	+	−（or 0）	0	+	−

（注）　+：平均より高い，0：平均程度，−：平均より低い

「上」と「中の上」——豊かな生活を獲得できた達成感

「上」もしくは「中の上」を選択する人は、生活全般に満足しており、現在の生活の暮らし向きもよいと回答しやすい。加えて、一〇年前と比較して生活

水準もよくなったと感じている。彼らの生活実感は「ここ一〇年で豊かな生活を獲得し、その生活に十分満足している」というかたちでまとめることができるだろう。

「中の下」1――世間並みの生活を送れていることへの満足感

「中の下」を選択する人は、生活全般に満足しているけれども、現在の生活の暮らし向きは普通だと考えている。しかし、生活水準の変化については一〇年前より悪化したと感じている。ただし、一〇年前と生活水準が変化していないと回答する傾向があると報告する研究も存在する（金澤 二〇一二）。彼らの生活実感は「過去一〇年間で生活水準は悪くなったけれど、暮らし向きは世間並みだし、その生活にも十分満足している」というかたちでまとめることができるだろう。

「中の下」2――中間的な回答をする人たち

「中の下」を選択する人のなかには、生活意識の回答カテゴリーのうち中間的なもの（「どちらともいえない」「ふつう」「変わらない」）を選択する人が含まれている。中間的な回答カテゴリーを選ぶので、彼らは階層帰属意識でも中間的な回答カテゴリーである「中の下」を選択するのである。中間的な回答カテゴリーを選ぶ人たちは調査に対する協力度が低いことが知られている（金澤 二〇一二）。

「下の上」――獲得した生活への不安感

「下の上」を選択する人は、生活全般には大きな不満はないものの、現在の生活の暮らし向きは苦しいと思っている。一方、生活水準について一〇年前よりはよくなったと感じている。彼らの生活実感は「ここ一〇年で生活水準はよくなったし、手に入れた生活にも大きな不満はない。しかし、生活はまだ苦しい」というかたちでまとめることができるだろう。

「下の下」――不安定な生活への不満足感

「下の下」を選択する人は、生活全般に不満をもっており、現在の生活の暮らし向きも苦しいと考えている。さらに、生活水準については一〇年前よりも悪化したと感じている。彼らの生活実感は「ここ一〇年で生活水準は悪くなったし、現在の生活も非常に苦しく不満だ」というかたちでまとめることができるだろう。

「中」意識の意味の時代的変容?

以上の分析から、一九九〇年代から二〇〇〇年代にかけての日本において、「中の下」とは世間並みの生活を送れることへの満足感を意味するものであることが明らかになった。現代の「中」意識は、世間並みの生活が送れていることを反映したものだといえよう。

では、現代社会における「中」と過去の日本社会における「中」は同じことを意味するものなのであろうか。いくつかの研究の結果から判断すると、そうとはいえない。理由は二つある。第一に、第1章で紹介されているように、階層帰属意識あるいは「中」意識を規定する要因は時代的に変化しているからだ。階層帰属意識や「中」意識を規定する要因が現代と過去と大きく異なるので、現代の「中」意識と過去の日本社会の「中」意識が同じものとはいえないだろう。

第二に、過去の日本社会には、「中」意識の意味合いを決定的に変容させるイベントが存在するからである。森直人は、第二次世界大戦および敗戦というイベントによって、「中」意識をもつ人の割合が大幅に減少したと主張している（森 二〇〇八）。森によれば、戦後から一九七五年までの「中」意識の増加は、戦争のショックによって減少した「中」意識の割合が社会の安定期の水準にまで戻ったことを意味している。社会が安定している時期には「中」意識をもつ人の割合が多くなり、戦前の社会はそれなりに安定していた、と森は考えているからである。森が主張しているように、戦後から一九七五年までが例外的に「中」意識の割合が低い時期だったとすれば、その期間の「中」意識の意味は現在のものとは異なっているはずだ。

このように考えると、一九四五年から一九七五年までの時期と一九七六年以降の時期で、「中」意識の意味が異なる可能性がある。一九四五年から一九七五年までの時期は戦後からの復興が焦点となるので、そこでの「中」意識は生活水準の上昇を強く反映したものなのかもしれない。一方、一九七六年以降は社会が安定化するなかで、「中」意識が世間並みの生活が送れていることを反映するものになったのかもしれない。ただし、ここでの議論は仮説的なものにすぎない。「中」意識の意味の時代的変容を計量的な方法で明らかにすること。これは計量社会意識論がこれから解明すべき課題の一つである。

1　岸本重陳は『「中流」の幻想』(岸本 一九七八)という書籍のなかで、日本における「中」意識の増加を説明する仮説を複数提示している。岸本の提示した仮説は興味深いものだが、本章では、紙幅の都合もあって、紹介しない。

2　富永健一の主張は、今田高俊と原純輔による地位の非一貫性の分析(今田・原 一九七九)に依拠したものである。

3　等価可処分所得は、世帯収入を世帯人数の平方根で割ることで求めた。なお、世帯収入よりも個人収入が高い個人がいたが、そのような個人の世帯収入は世帯収入の回答値と個人収入の回答値を足したものを用いた。

4　等価可処分所得の中央値の五〇%に該当する金額は、多くの貧困研究で貧困線として用いられているものである(たとえば、橋木・浦川 二〇〇六)。また、等価可処分所得の中央値の五〇%は二〇〇九年度(平成二一年度)国民生活基礎調査の結果（一二五万円）を用いた。

5　林（二〇〇八）は既婚の有職者を対象としたのに加え、回答者を分類する際に既婚女性は配偶者の学歴・職業を利用していた。一方、本章では既婚・未婚を問わず有職者を対象とし、回答者を分類する際も既婚女性は本人の学歴・職業を利用した。SSP–I 2010では、回答者に配偶者の職業を尋ねていなかったからである。しかし、ここで得られた結果は林（二〇〇八）と大きく異なるものではなかった。

6　社会科学におけるモデルの考え方については、レイヴとマーチ（一九七五＝一九九二）や土場・小林・佐藤・数土・三隅・渡邊編（二〇〇四）を参照のこと。

7　生活意識と階層帰属意識の関係を検討した研究は分析対象とするデータも分析方法も異なっている。先行研究はすべて日本全国を対象とした面接調査データを使用しているけれども、中尾（二〇〇二）はJGSS 2000を、神林・星（二〇一一）はSSM 1995とSSM 2005を、金澤（二〇一二）はSSP–I 2010というように、時期も調査主体も異なる調査データを用いている。また、分析方法も異なっており、中尾（二〇〇二）と神林・星（二〇一一）はクラスター分析と対応分析、金澤（二〇一二）は潜在クラス分析を用いている。なお、クラスター分析は回答パターンが似ている回答者を複数のグループ（クラスター）にまとめる方法である。中尾（二〇〇二）や神林・星（二〇一一）では、クラスター分析を用いて、生活意識の回答パターンをもとに回答者を五グループに分類している。また、対応分析や潜在クラス分析は質的変数間の関連をわかりやすく理解するための方法である。先行研究では、対応分析や潜在クラス分析を用いて、生活意識と階層帰属意識の各回答カテゴリーの対応関係を明らかにしている。クラスター分析および対応分析については与謝野・栗田・高田・間淵・安田（二〇〇六）を参照のこと。潜在クラス分析については、三輪（二〇〇九）や藤原・伊藤・谷岡（二〇一二）を参照のこと。

コラム② 実験シミュレーションによる展開

社会階層研究における実験、と聞いて読者は何を想像するだろうか? たとえば世帯収入の増加が人びとの主観的幸福感の増加をもたらすという予想を、われわれが確かめたいとしよう。この予想を確かめる便利な方法としてランダム化比較実験という方法がある。

これは簡単にいえば、追加所得を与えるという操作と何もしないという操作を対象集団に対してランダムに割り当て、それぞれの幸福感の平均を比較するという方法である。もし追加所得を与えたグループの幸福感の平均値が、追加所得を与えないグループの幸福感の平均値よりも高ければ、追加所得が幸福感の増加をもたらすとみなせる、というしくみだ。ただし社会科学においては、予算の制約や倫理的な問題から、この方法を使うのは簡単ではない。ランダム化比較実験の代用として階層研究で標準的に用いられるのは、無作為抽出された標本を使って、世帯収入と主観的幸福感の関係を、その他の変数の影響を統制しながら、統計モデルによって分析する方法である。このとき世帯収入の係数が0であるという帰無仮説が棄却できれば、世帯収入は幸福感に影響があるとみなせる。調査データの多変量解析も、ランダム化比較実験も、その目的は対象データに含まれるノイズを可能なかぎり統制して、注目する変数間の関係を特定することにある。

近年では計量経済学の応用により、複雑な変数間の関係を統計モデル上で表現できるようになったし、データからノイズを取り除くさまざまな工夫も発展している。しかし実証による経験的一般化を蓄積していけば、理論が創出されるという考えは、過去の研究を振り返ってみれば、誤りであるかもしくはかなり実現性の低い期待であることがわかる。

分析の結果判明した変数間の相関関係には完全相関の場合を除き一般的には推移性が成立しない。たとえば、変数XとYに正の相関関係σ_{XY}が存在し、YとZに正の相関関係σ_{YZ}が存在するからといって、XとZに前者と同程度あるいはより強い正の相関関係$\sigma_{XZ} \geqq \max\{\sigma_{XY}, \sigma_{YZ}\}$が存在するとはかぎらない。このことは、各研究者がおこなった統計分析の結果を推移則によって接合して、体系的理論を作ることが原理的に困難なことを意味している。

同じ目的変数を用いた多くの異なる分析結果をメタ分析して、ある説明変数との関係が頑健であるかどうかを確かめることはできるが、確率変数間の相関関係の性質上、統計モデルによって体系的理論を表現することは難しいのである。このことは統計モデルが、それ自体は変数間の関係がどのようなメカニズムで生じているのかを説明しないという事実からも容易に想像できるだろう。たとえば説明変数 X が目的変数 Y に影響を及ぼすことがわかったとしても、なぜ影響を及ぼすのか、ということについては別途説明が必要である。多くの場合、それは通常言語によるアドホックな説明として提示されるが、それを理論と呼ぶにはかなり無理があるだろう。

では体系的理論とはそもそもどのような形式や言語で表現されるべきだろうか。自然科学と同様に社会科学分野においても、統計以外の数学（確率論、解析学、微分方程式、抽象代数、グラフ理論）を使った研究が存在する。こうした一般の数理モデルには、数学的な制約――たとえばパラメータを線形結合しなければならない、というような研究者にとっては都合がいいが、現象の側からすればまったく必然性のない制約――は存在しない。どんな関数でも使うことができるし、証明を駆使して仮定から論理的に正しい命題群を体系的に導出することができる。ただしこれらの数理モデルの経験的妥当性の評価は難しい。モデルが《数学的に正しい》ことと、数学的に表現したモデルが《経験的に正しい》ことは、別だからである。

そこでSSPプロジェクトでは、理論モデルを検証するために、被験者に理論モデルの世界で行動・選択してもらってデータを集めるという方法を試みた。その一例がビネット調査や、z-Tree（Zurich Toolbox for Ready-made Economic Experiments）を用いた、モデルの検証である（塩谷・金澤・浜田 二〇一二、浜田・前田 二〇一四）。z-Tree はチューリッヒ工科大学で開発された経済学実験用のツールであり、実験者のデザインに合わせてプログラムできる点に特徴がある（Fischbacher 2007）。この実験では、ネットワークで同期したコンピュータ上の投資ゲームに参加した被験者たちの行動と結果に対する満足度を測定した。従来の計量分析と異なり、あらかじめ数学的に定式化した理論の経験的な正しさを、データによって確かめるのである。

多くの読者は直感的に、このような小集団実験では現実の社会のことはわからない、と考えるかもしれない。現実の社会について経験的な知識を得るためには、そこに生きる人びとの行動や考え方を調査によって把握しなければならない、と。

しかし実験には質問紙調査とは違った長所が存在する。その一つは、理論モデルにもとづく調査デザインを自由

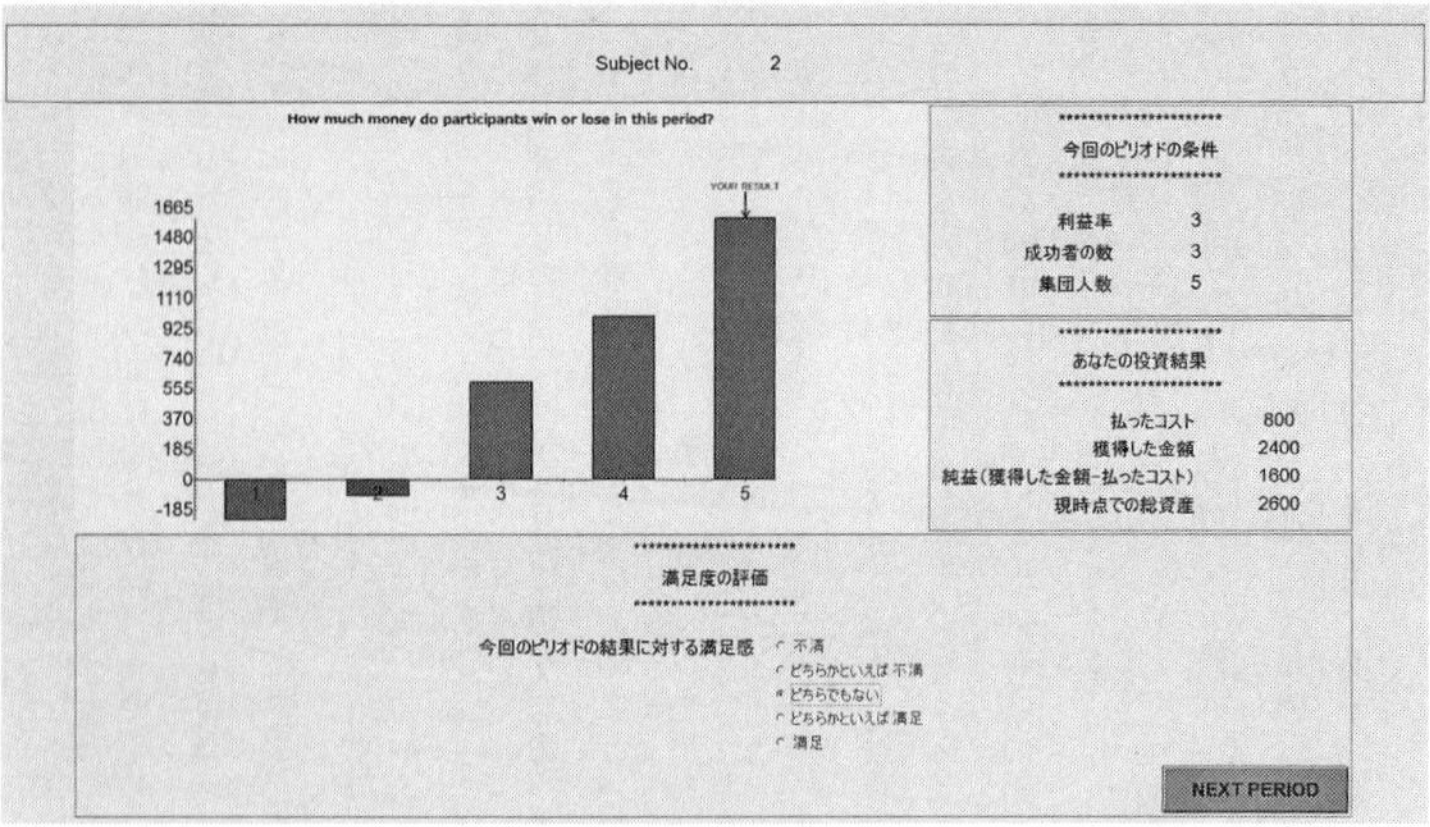

（出所） 浜田・前田（2014）より。

実験画面の例

に設計できる点にある。たとえば相対的剝奪、という社会学の古典的テーマに関する数理モデルの検証について考えてみる。相対的剝奪とは、人びとが望む水準と現実に達成した水準とのギャップから生じた不満を意味し、階層研究の文脈でも重要な概念の一つである（Clark et al. 2008）。この相対的剝奪が生じるメカニズムを定式化した数理モデル（Kosaka 1986）の検証を、現実の企業における昇進競争の観察や社会調査によって試みたとしよう。その場合、①昇進競争に関わる人びとにとっての利得やコストの測定、②投資を選択したかどうかの観測、③同一の集団において昇進率だけが変化した場合や、利益率だけが変化した場合という条件の統制、④集団成員の特定（どの時点からどれだけのメンバーが当該地位の獲得をめぐって競争しているかの測定）、⑤投資者のなかから昇進する者をランダムに選択するというプロセスの再現、というさまざまな問題をクリアしなくてはいけない。実際には、自然状況下に存在する集団や組織を調査・観察することでの検証は、ほとんど不可能である（浜田・前田 二〇一四）。

z-Tree は主にゲーム理論モデルの経験的な正しさの検証やモデルの洗練という目的のために開発されたツールであり、コンピュータを介してオンラインで互いに接続された被験者集団がインタラクションする様子を自動的かつ即時に測定することができる。たとえば集団のなかで誰が投資行動を選択したか、いくら投資したか、競争の結果誰が得をして誰が損をしたか、またその結果にどの程度満足しているか、などの情報をコンピュータで自動的に収集するためのプログラムを簡単に作ることができる。このツールを使えば、理論モデル（数理モデル）によって予想される行動や意識を実際の人間（被験者）が、選択したり体験したりするかどうかを検証することができる。

実験上の人びとの行動は、たしかに現実の人びとの自然な行動とは異なる。しかし理論とは本質的には、われわれ研究者が現実の観察をもとにして、想像力を駆使して自発的に作り上げる理想的世界（モデル）である。このことは統計モデルを用いた実証研究の文脈でも変わらない。ある統計モデルのパラメータに関する検定結果が有意だからといって、その統計モデルが表す変数間の関数関係が現実に存在するわけでは、必ずしもない。そもそも統計解析によって検証しようとする理論は、研究者の頭のなかで作られたものである。理論は、人間の頭のなかにある理想的存在であり、そうであるがゆえに人工的に統制した環境でなければ、検証することは難しい。もし階層研究に理論が必要ないのであれば、統計以外の数理モデルも実験研究も不要であろう。

階層研究において、数理モデルを構築することや実験を行うことは、一見無駄のようにみえるかもしれないが、社会学が独自の理論によってアイデンティティを保つためには、このような無駄にみえる試みが必要なのである。

第3章　どうして「中」と答えたのか
――調査のやり方で変わる回答

1　二つの調査の階層帰属意識分布

図3-1をみてもらいたい。この図は、この書籍のもととなっている、SSPプロジェクトで二〇一〇年に行った、二つの調査SSP-P 2010とSSP-I 2010（以下ではそれぞれSSP-P、SSP-Iと表記）における五段階階層帰属意識の分布を比較したものである。これらの調査は調査時期などが異なるが、階層帰属意識項目については同じ質問文と同じ回答選択肢で質問されている。それにしては、二つの調査の階層帰属意識の分布は、ずいぶん異なったものとなっていると感じるのではないだろうか。回答割合が一%にも満たない「上」はさておき、「中の上」で五・九ポイント、「中の下」で四・六ポイント、それぞれSSP-Iで大きな割合となっている。一方「下の上」は九・七ポイント、「下の下」一・三ポイント、SSP-Pで大きな割合を示している。つまり、SSP-Iにおいて階層帰属意識がより高めに回答される傾向がみられるのである。そして、同様の傾向は、帰属階層を「1」から「10」までの一〇段階で尋ねた一〇段

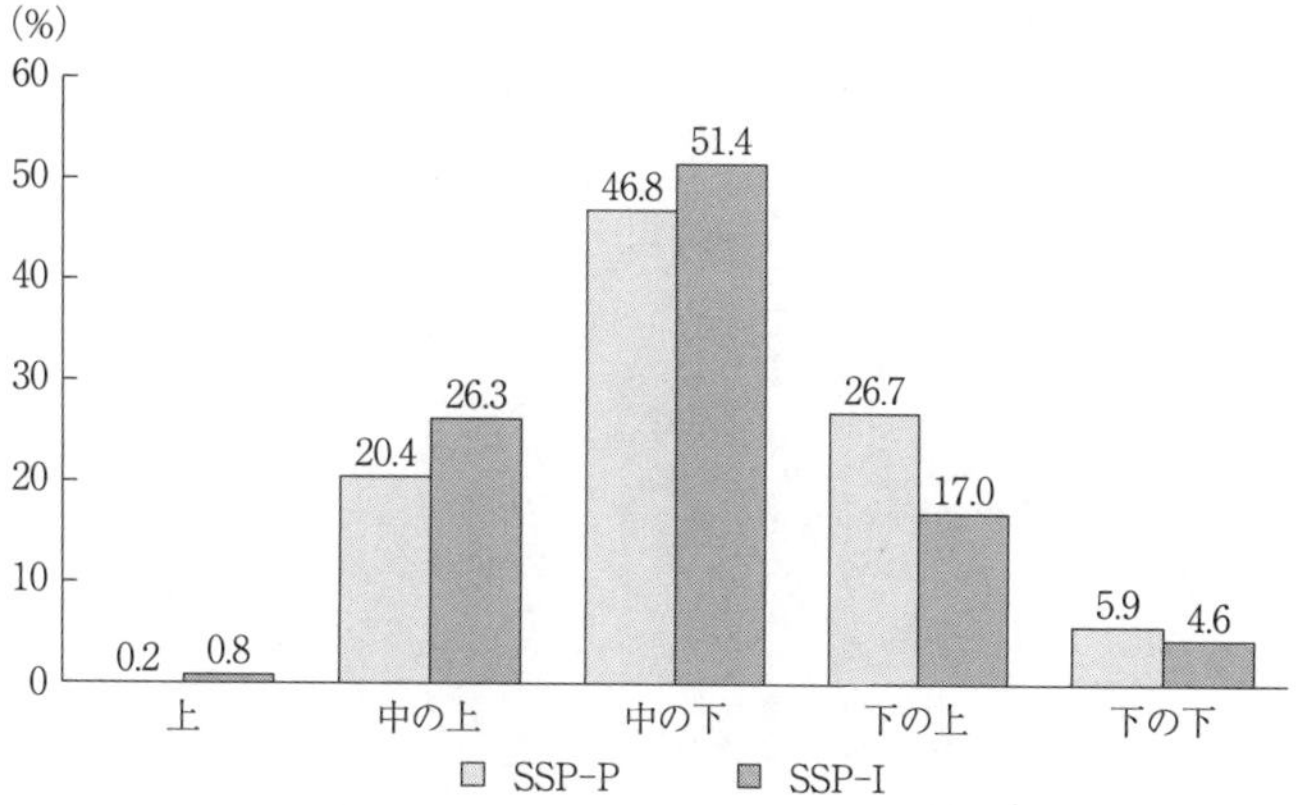

図 3-1　SSP-I 2010，SSP-P 2010 の 5 段階階層帰属意識の分布

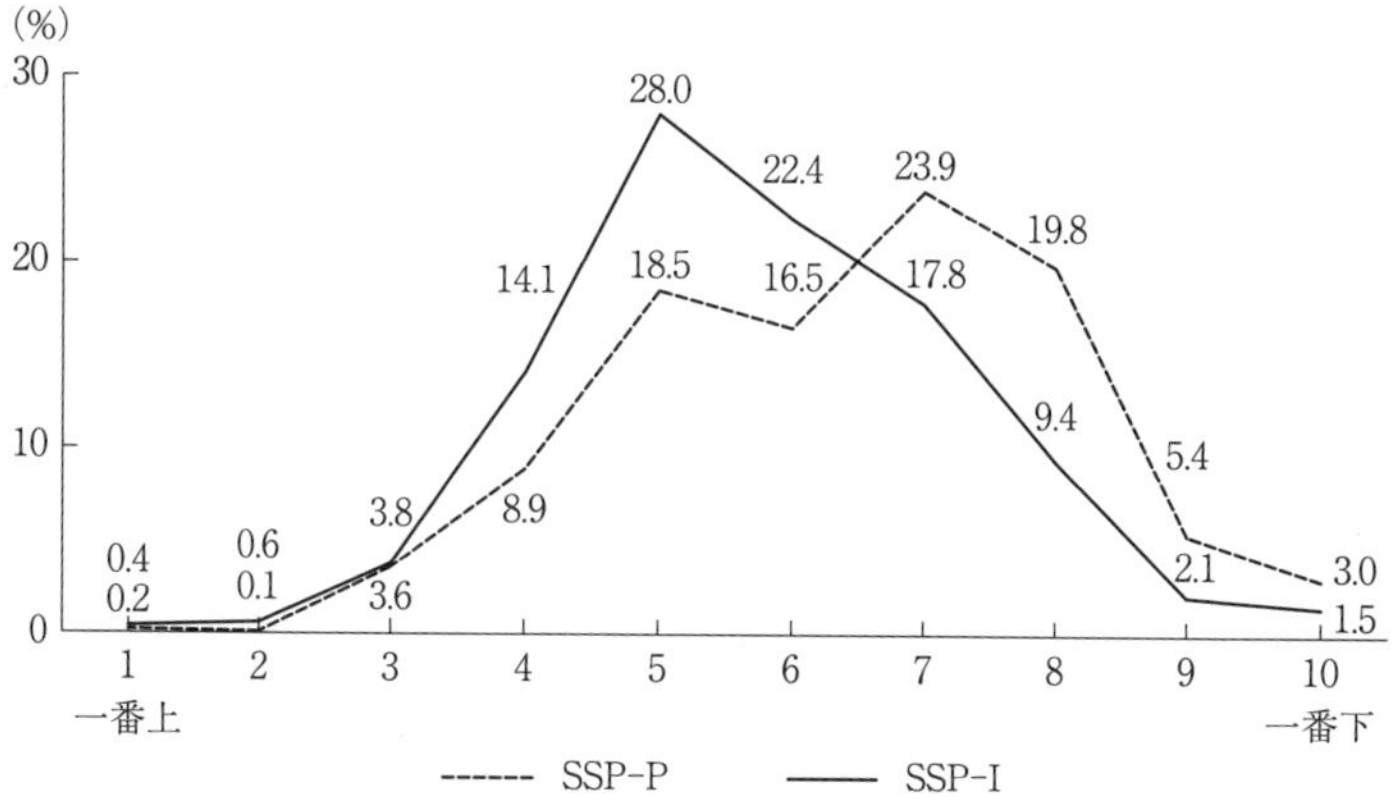

図 3-2　SSP-I 2010，SSP-P 2010 の 10 段階階層帰属意識の分布

階階層帰属意識においてもみられる（図3―2）。SSP-Iにおいて、もっとも比率として多いのは「5」、その次が「6」であるのに対し、SSP-Pにおいて、もっとも比率が高かったのは「7」であり、その次も「8」と、やはりSSP-Iで階層帰属意識の水準が高くなっているのである。

このような傾向の違いは、なぜ起こったのだろうか。これらは、あくまでも別々の調査であり、実施時期は同じ二〇一〇年でも、SSP-Pが二月、SSP-Iが一二月から翌年四月にかけてと、実施時期に最小でも一〇カ月のずれがある。であれば、これらの調査間での階層帰属意識の差は、この間の人びとの変化をとらえたものなのだろうか。それとも、これらのうちのどちらか一方が正しくて、どちらか一方が間違っているようなことがあるのだろうか。もし、そうだといえるのであれば、なぜそんなことがいえるのだろうか。

本章ではこうした問題に答えるために、調査モードと呼ばれる社会調査法のなかでもデータ収集の方法に焦点を当てる。以下では、まず二つの調査について概要を比較して、調査モードの違いを確認する。続いて、質問への回答に対する調査モードの効果についての研究を紹介し、調査員の有無によって階層帰属意識の回答に偏りが生じる可能性があることを示す。そして、二つの調査データおよび二〇〇五年SSM調査データなどを用いて、調査モードの影響について検証を行っていく。

何によって異なったのか？

先にも述べたように、SSP-IとSSP-Pとは、あくまでも別の調査である。そうである以上、二つの調査に傾向差が認められるからといって、それをこの間の人びとの変化としてとらえるのは拙速である。

表3-1　2つの調査における主な相違点

	SSP-P	SSP-I
実施時期	2010年2月	2010年12月～2011年4月
母集団	全国の20～59歳男女*	全国の25～59歳男女*
標本抽出枠	調査会社のマスター・サンプル	住民基本台帳
計画サンプルと有効回収数（回収率）	計画3,500サンプル，有効回収数1,385（39.6%）	計画250地点3,500サンプル，有効回収数1,763（50.4%）
調査モード	郵送法	個別面接法

（注）　*抽出時点での満年齢なので，実際のデータにはその後60歳となったサンプルも含まれている。

同じ質問文、同じ選択肢で聞かれているにしても、二つの調査には調査時期以外の部分でも、いくつかの条件において異なっている点があるためである。この点を確認したのが、表3-1である。

表のように、調査時期以外にも、二つの調査は母集団の年齢幅、標本抽出枠、抽出方法、有効回収率、調査モードの点で異なっている。これらの相違点のうち、年齢幅については、SSP-Iに合わせてSSP-Pも二五歳から五九歳にサンプルを限定して比較しているので、問題とならない。しかし、それ以外の差異がもたらす影響は完全に交絡しており、弁別することは不可能である。つまり、二つの調査の間に見出された傾向差が、これらの相違点のどれによってもたらされているのか厳密に知ることはできない。

ただ、これらの相違点のうち、今回得られた傾向差の原因として、とくに強く影響していると考えられるものを指摘することはできる。それが、調査モードの違いである。SSP-Pは郵送法によって、SSP-Iは個別面接法によって、実査を行っているが、このデータ収集の方法の違いこそが、今回見られた傾向差に大きく影響していると推測されるのである。なぜそういえるのであろうか。もちろん先述のとおり、それら傾向差は「複数犯」によってもたらされたと考えるべきだし、それらの「犯人」それぞれの寄与の程度を完全に弁別することはできない。しかし、調査モードが「主犯」であると推測できるだけの、いくつかの状況証拠が存在しているのである。

以下ではその状況証拠をあげていくが、その前にまず調査モードとは何なのか。そして調査モードが、いかにして調査において人びとの回答に影響しうるのかについて、これまでの研究を紹介していこう。

2　調査モードは回答にどのように影響するのか

調査モードとは何か？

調査モードとは、調査票を用いる量的調査の実査における、データ収集の方法のことである。従来は個別面接法、電話法、留置法、郵送法、集合法などが代表的な調査モードであったが、近年はインターネット法をはじめとしたコンピュータの補助によるデータ収集法が急速に普及し、調査モードは次々と増えて、その分類も複雑さを増している（de Leeuw 2008; Groves et al. 2009; Couper 2011）。ここでは、まず本章で扱う二つの調査、SSP-P と SSP-I の調査モードについて紹介したうえで、それぞれの特徴について概観する。そして、これらの調査モードの違いが回答傾向にどのように影響するのか、先行研究を紹介する。そのうえで、いくつかの既存調査におけるモード変更が調査結果に及ぼした影響をみていく。

SSP-I と SSP-P の調査モード

調査モードを分類整理するうえで、従来から重要とされているのが、調査員の関与の有無である（de

Leeuw 1992)。調査員とは、「定められたマニュアルに従って対象者と接触し，実査を行う者」（小山 二〇一四：一七八）のことであるが、調査員がどの程度調査対象者と接触するのかによって、調査モードは大きく二つに分けることができる。すなわち、調査員が調査対象者に質問をして、その回答を調査票に書き留めていく他記式調査と、調査対象者が自分で回答を調査票に書き込んでいく自記式調査である。今回比較する二つの調査においては、SSP-I が他記式調査、SSP-P が自記式調査という大きな違いがあるのである。

SSP-I の調査モードは個別面接法であり、これは他記式調査のなかでも、もっとも調査員の関与の度合いが大きいとされるデータ収集法である。すなわち、個別面接法においては、調査員が調査対象者の家などを訪問し、その場で調査対象者と対面しながら調査面接を行う。この調査モードは、大量の調査員が必要となり、調査対象者の都合に合わせる必要があるため、時間的、金銭的コストがとてもかさむ。しかし、調査員が現地で面接することによって、比較的高い回収率が見込めるし、調査対象者本人以外による回答も起こりにくい。また、調査員が質問して得られた回答を調査票に記入するため、記入ミスや質問への誤解なども少なく、データの質も高くなることが見込まれる。このような長所のため、この方法は長い間、事実上、調査票調査において標準的な方法として位置づけられていた。

一方、SSP-P の調査モードは郵送法であり、これは自記式調査のなかでも、調査員の関与がもっとも小さいデータ収集法といえる。すなわち、郵送によって調査票の配布回収の一切を行う郵送法では、調査員が調査対象者と直接接触することは原則的にない。その結果として、回収率も低くなることが多いし、記入ミスや調査対象者と別人の回答を防ぐことができない。つまり、データの精度に難があるのである。しかし、調査員がほとんど必要ないために、人件費はかなり少なくて済む。このため、個別面接法に比べると圧倒的に安価に調査実施が可能であり、このコスト面での有利さから、学術調査などではこの調査モードで多くの調査が行われている。

調査員が回答に与える影響

上記のように、調査対象者以外が回答していたり（本人性の問題）、記入ミスや質問に対する誤解などによって（回答精度の問題）、調査者側の意図したことへの回答になっていなかったりという危険性は、調査員がその場に居合わせない郵送法をはじめとする自記式調査において大きくなる。このように、回答情報の信頼性において、他記式調査の方が自記式調査よりも有利なのであれば、他記式調査によるSSP-Iの結果の方が、より正確のようにも思える。

しかし、実際には必ずしもそうとはいえない。なぜなら、調査員の有無は、回答の偏りに対しても大きな影響を及ぼすからである。この影響は記入ミスや代理記入とは異なり[1]、回答傾向に一定の方向で作用するという点でより重要なのである。

では、調査員の有無はどのようなプロセスで回答に偏りをもたらすのだろうか。大きく二つの道筋が考えられる。まず、調査員が調査対象者を訪問するかどうかによって、無回答者の特性が影響を受ける可能性がある。調査員が存在することで回収率は上昇する場合が多いが[2]、家を不在にしている時間帯が長い若年単身者のように、訪問による接触が難しい層については、郵便で接触を行う調査よりも、むしろ回答協力を得られにくくなる場合がある（松田 二〇〇八）。この結果、回答者の属性に差が生じる場合があることが、先行研究においては指摘されている。たとえば、前田（二〇〇五）は、郵送法では性・年齢の偏りは個別面接法よりも小さいものの、学歴は母集団分布よりも高学歴に偏ることを指摘している。また松田（二〇〇八）は『朝日新聞』が実施した調査の比較から、郵送法に比べ個別面接法で都市部が少なく偏ったことについて、調査員による訪問と郵送という接触手段の違いが原因になっているとしている。

次に、調査員の存在は回答者の回答傾向そのものに影響を与える可能性がある。測定誤差と呼ばれるこの影響には、調査員の有無による情報伝達手段の違いによるものと、その場における主導権のあり方の違いによるものがある（Dillman et al. 2009）。前者については「選択肢順効果」[3]があるが、その影響について必ずしも結論が一致しているわけではない。一方、後者については調査員の有無が調査票の一覧性に関わるという観点からの「質問順効果」[4]の指摘もあるが、なんといっても、調査員の存在が直接的に回答者の回答に影響する「調査員バイアス」が重要である。

調査員バイアスについては、社会的に望ましい回答が存在する質問において「望ましい」とされる方向に回答が偏る「社会的望ましさ（social desirability）」（DeMaio 1984）、意見について肯定または否定で回答する形式において、肯定的選択肢に回答が偏る「黙従傾向（acquiescence）」などが指摘されているが、そのいずれも調査員の関与する他記式調査において強くなるとされる（Dillman et al. 2009）。

では、本書がおもに問題としている階層帰属意識についてはどうだろうか。階層帰属意識は肯定や否定で回答するわけではないので、黙従傾向は本来ありえないはずだし、「上」「中」「下」といった自分の社会のなかでの位置づけに、社会的望ましさが働いているかどうかは定かではない。しかし、これまでの研究では階層帰属意識に類する質問項目において、調査モードによる差が確認されている。松田（二〇〇八）は、郵送法よりも個別面接法で生活水準（「上の上」「上の下」「中の上」「中の中」「中の下」「下の上」「下の下」の七段階）が高くなることを報告しているし、内閣府（二〇一三）も、やはり郵送法よりも個別面接法で生活の程度（「上」「中の上」「中の中」「中の下」「下」の五段階）がより高い水準となることを示している。これらの結果は、ここまでに論じてきたSSP-PとSSP-Iとの傾向差とも整合的であることから、郵送法と個別面接法という二つの調査モードにおける調査員の関与の有無の差が、今回の分布の差をもたらしたのではないかと考えるのは十分理にかなっているであろう。

3　モード効果の状況証拠

モード効果についてのこれまでの研究からは、調査モードの違いが回答傾向に影響するということが確認され、そのメカニズムとしては、調査モードによって無回答になる人びとの特徴に違いがあることで生じる無回答誤差と、また調査モードの特徴が回答の質に影響を与える測定誤差という二つの原因が大きいことをみてきた。そして、測定誤差のなかでも、回答の際に調査員の介在がない自記式調査に比べ、調査員の質問に答えるかたちで実査が進められる他記式調査では、センシティブな質問において調査員の存在が回答に影響する傾向があること、とくに「社会的に望ましい」回答に偏る傾向があることがわかった。

以下では、これらの知見を踏まえ、SSP-PとSSP-Iの間の傾向差の多くの部分が調査モードの違いによって発生している可能性が高いことを論じていこう。先に示したように、これらはあくまでも別個の調査であり、調査モードの違いと他の条件の違いが完全に交絡している以上、調査モードの影響を他の要因による影響から正確に分離して示すことは不可能である。したがって、本節ではいくつかの「状況証拠」を積み重ねることによって、「調査モード主犯説」の妥当性を主張していきたいと思う。

表3-2　SSP-PとSSP-Iの基本属性の比較

	SSP-P	SSP-I	t値
女性比率（%）	51.3	56.2	−2.69**
満年齢（歳）	43.6	44.4	−2.16*
個人年収（万円）	313.1	311.3	0.17
大卒比率（%）	32.6	23.5	5.54***

（注）　*：p＜.05　　**：p＜.01　　***：p＜.001

無回答誤差

まず無回答誤差が影響している可能性について確認していこう。これは、そもそも二つの調査において、回答者の属性に何らかの差があるという可能性について確かめてみるということである。単純に、SSP-I調査の回答者の方が、SSP-P調査の回答者よりも客観的に高い階層に偏っていれば、階層帰属意識の分布もより高くなるのは当然である。この可能性について検証するために、二つの調査のサンプルにおける基本的属性について確認する。表3-2は、二つの調査の性別、年齢、個人年収、そして大学卒・大学院修了者（以下では大卒と表記）比率を比較したものである。

男女比については、SSP-Pで五一・三%、SSP-Iで五六・二%と、SSP-Iの方が四・九ポイント女性の割合が多いサンプルになっていることがわかる。男女で階層帰属意識の水準が異なっていれば、このような男女の割合の違いが全体としての分布に影響を与えることはありうることである。また、年齢についても統計的に有意な差が見られたが、その差は一歳にも満たないもので、これは実質的な差ではないと判断できる。

階層変数については、個人年収[5]の差は有意にはならなかったが、大卒の割合では、SSP-Pで三二・六%、SSP-Iで二三・五%と、SSP-Pの方が九・一ポイントも高い。二〇一〇年の国勢調査では二五～五九歳層における大卒者の割合は二三・〇%（在学者除く）であることからも、SSP-Pのデータが、より高学歴層に偏っていることがわかる。このように、二つの調査の回答者には、基本的属性においても差があるのである。

したがって、このような差が、階層帰属意識の分布の差にも反映している可能性は無視できない。大卒比率がより多かったSSP-Pの方で階層帰属意識の水準が低かったのだから、単なるサンプルにおける客観的階層の偏りが、単純に反映しているとは考えにくいが、これらの要因の影響を取り除いた比較を行うことによって、それでも二つの調査の分布に差がみられるかどうか検証する必要があるだろう。

では、どうやれば、これらの要因の影響を取り除いた、二つの調査の分布の比較ができるであろうか。さまざまな方法があるが、もっとも単純な方法は、これらの要因の水準ごとに比較を行うことである。[6]すなわち、男女比の影響を取り除いた比較を行いたいのであれば、男女別々に二つの調査の階層帰属意識の分布を比較すればよい。以下では、表3-2で実質的な差が認められた性別と大学（院）卒かどうかの二つの変数を考慮して、「男性、大卒」「女性、大卒」「男性、非大卒」「女性、非大卒」の四つにサンプルを分類して、それぞれで二つの調査の階層帰属意識の分布を比較していく。

図3-3は、男性サンプルについて、大卒かどうかで、SSP-PとSSP-Iの五段階階層帰属意識の分布

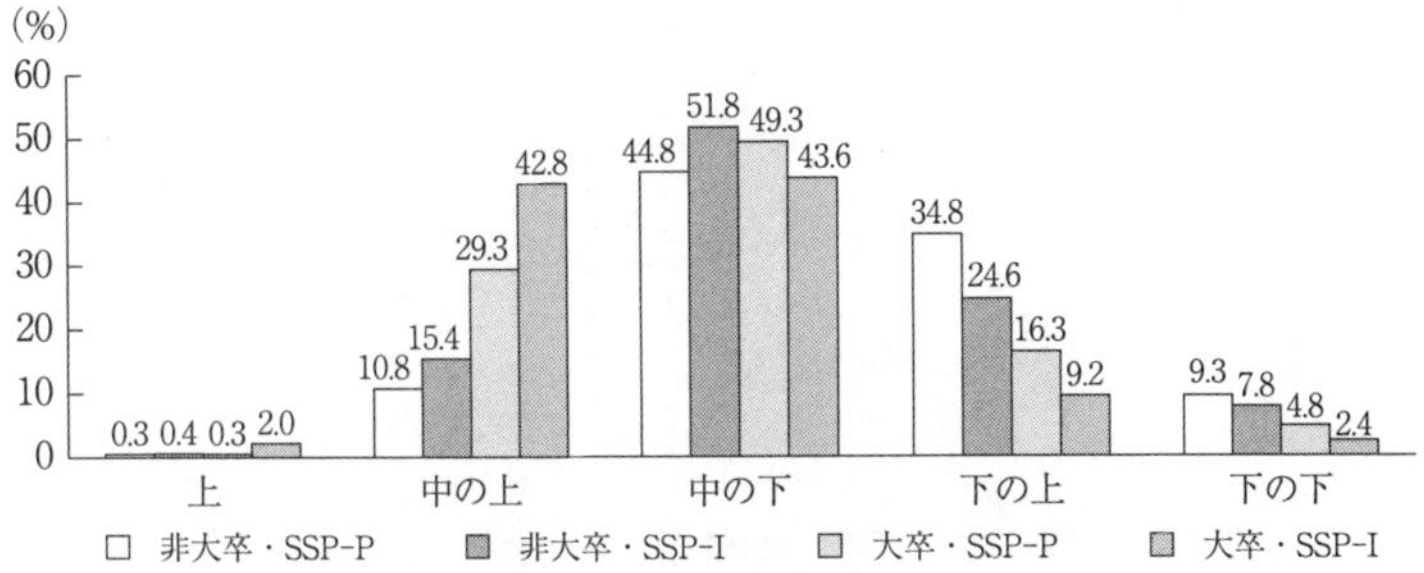

図 3-3　大卒・非大卒／調査別５段階階層帰属意識分布比較（男性サンプル）

を比較したものである。一見して、大卒の方が非大卒よりも「中の上」と答えた割合が多い一方、「下の上」「下の下」と答えた割合が低くなっており、学歴との関連が強く示唆される結果となっている。ただ、重要なのは非大卒層においても、大卒層においても、SSP-Iの分布の方が高い水準だということである。すなわち、「中の上」の割合は、「非大卒・SSP-P」で一〇・八％に対し「非大卒・SSP-I」で一五・四％、「大卒・SSP-P」で二九・三％に対し「大卒・SSP-I」で四二・八％と、いずれもSSP-Iで高くなっているのである。一方、「下」（「下の上」「下の下」を足し合わせた値）は、「非大卒・SSP-P」で四四・一％に対し「非大卒・SSP-I」で三二・四％、「大卒・SSP-P」で二一・一％に対し「大卒・SSP-I」で一一・六％と、いずれもSSP-Pで高くなっているのである。

女性サンプルでも傾向は同じである（**図3-4**）。非大卒層のなかで比べても、大卒層のなかで比べても「中の上」の割合はSSP-Iの方で高く、「下」の割合はSSP-Pの方で高いのである。

そして、傾向は一〇段階階層帰属意識項目においても同様である。**図3-5**、**図3-6**に示されているように、男女とも非大卒層に比べ大卒層の階層帰属意識の分布が高い水準にあることが確認できる。また、

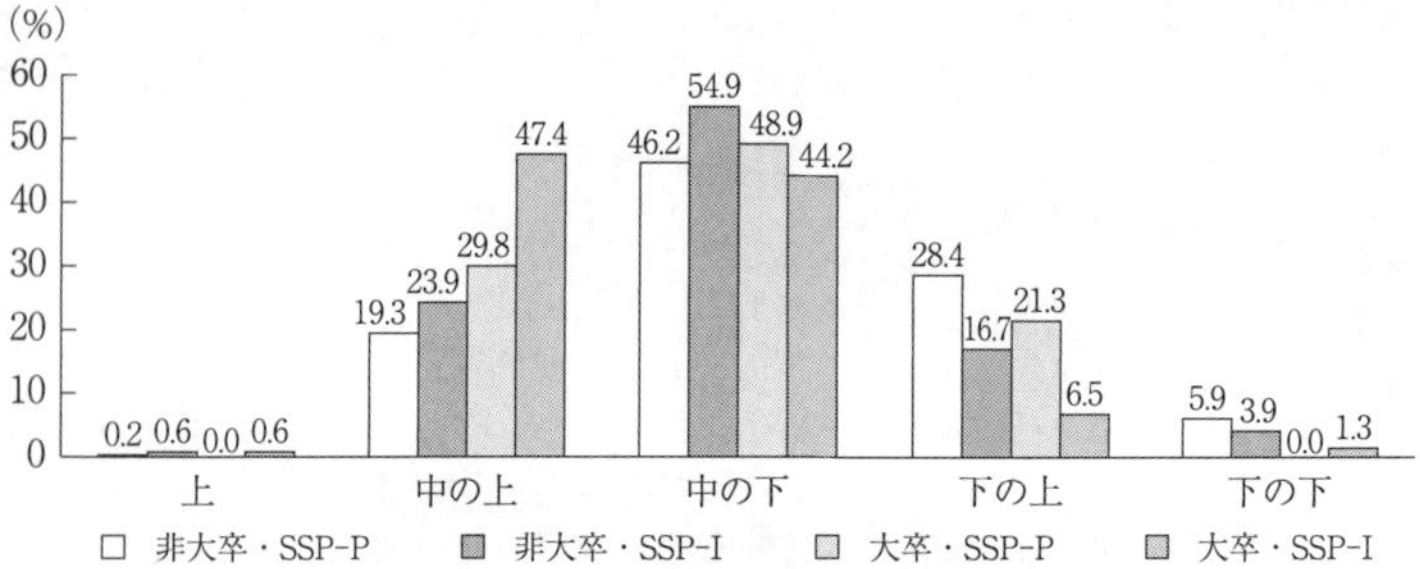

図 3-4 大卒・非大卒／調査別 5 段階階層帰属意識分布比較（女性サンプル）

同じ学歴層で SSP-P と SSP-I を比較すると，やはり一貫して SSP-I における分布の方が高い水準にあることがわかるだろう。

これらの結果が意味するのは，性別や学歴の影響を取り除いても，なお SSP-P に比べて SSP-I で階層帰属意識の分布が高い水準にあるということであり，少なくとも男女比や学歴構成における偏りからだけでは，SSP-I における階層帰属意識分布の高さは説明できないということなのである。

ここまでの分析によって，二つの調査における階層帰属意識項目の分布の違いは，調査モードの違いに由来するサンプルの偏りを一番の原因とするものではないことがわかった。しかし，だからといって，本章で「主犯」として目星を付けている，調査モードの違いに由来する測定誤差，特に調査員が介在するかどうかを「真犯人」と決めつけるのはまだ早い。それは，第 1 節において確認したように，二つの調査は調査モード以外にも，さまざまな条件で違いがあり，それらすべてを調査モードによる効果から弁別することは基本的に不可能なためである。

では，なぜ本章では調査モードの違いにおいても，調査員の有無に由来する測定誤差が主犯だと主張できるのだろうか。それは，二〇〇

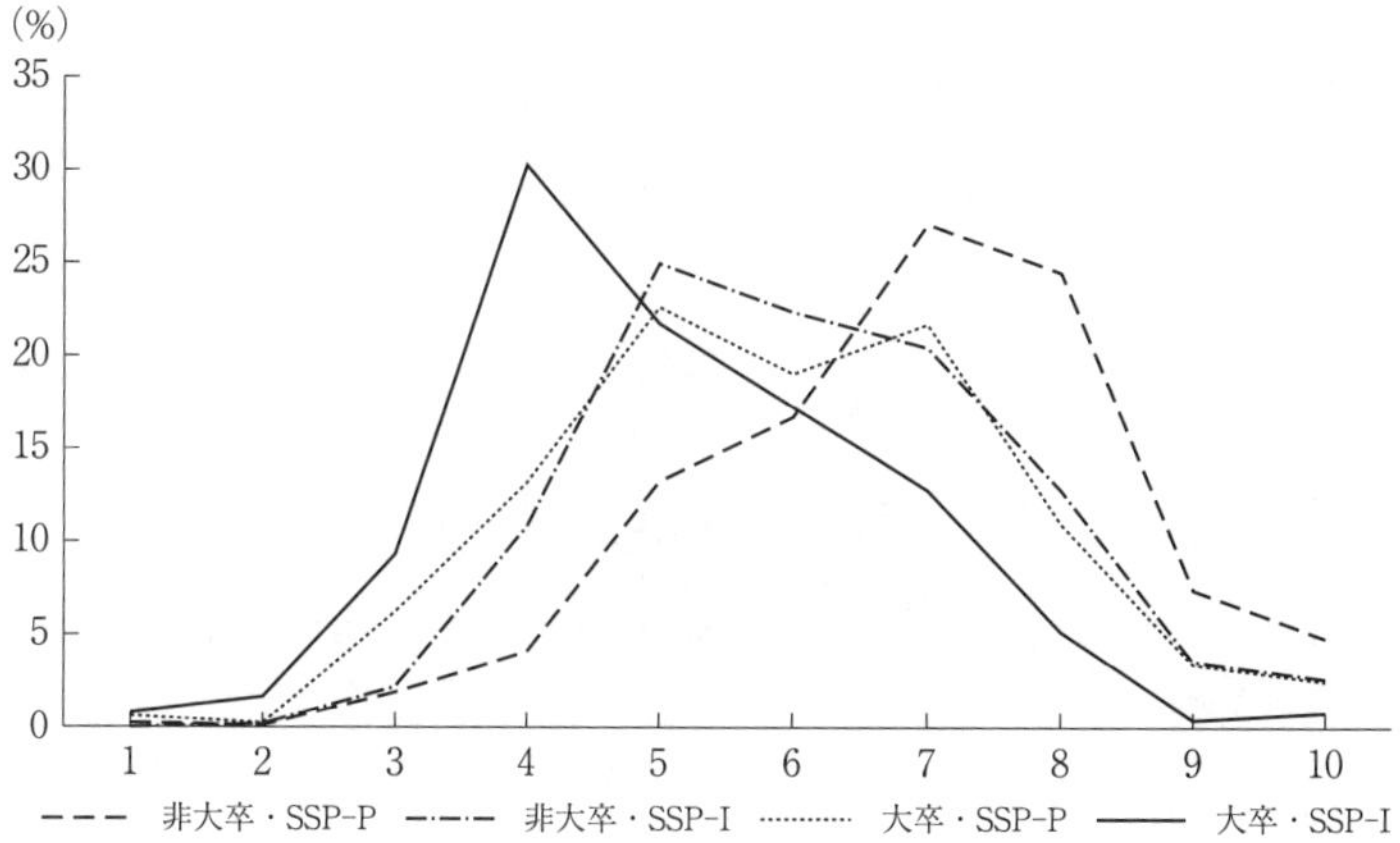

図 3-5　大卒・非大卒別／調査別 10 段階階層帰属意識分布比較（男性サンプル）

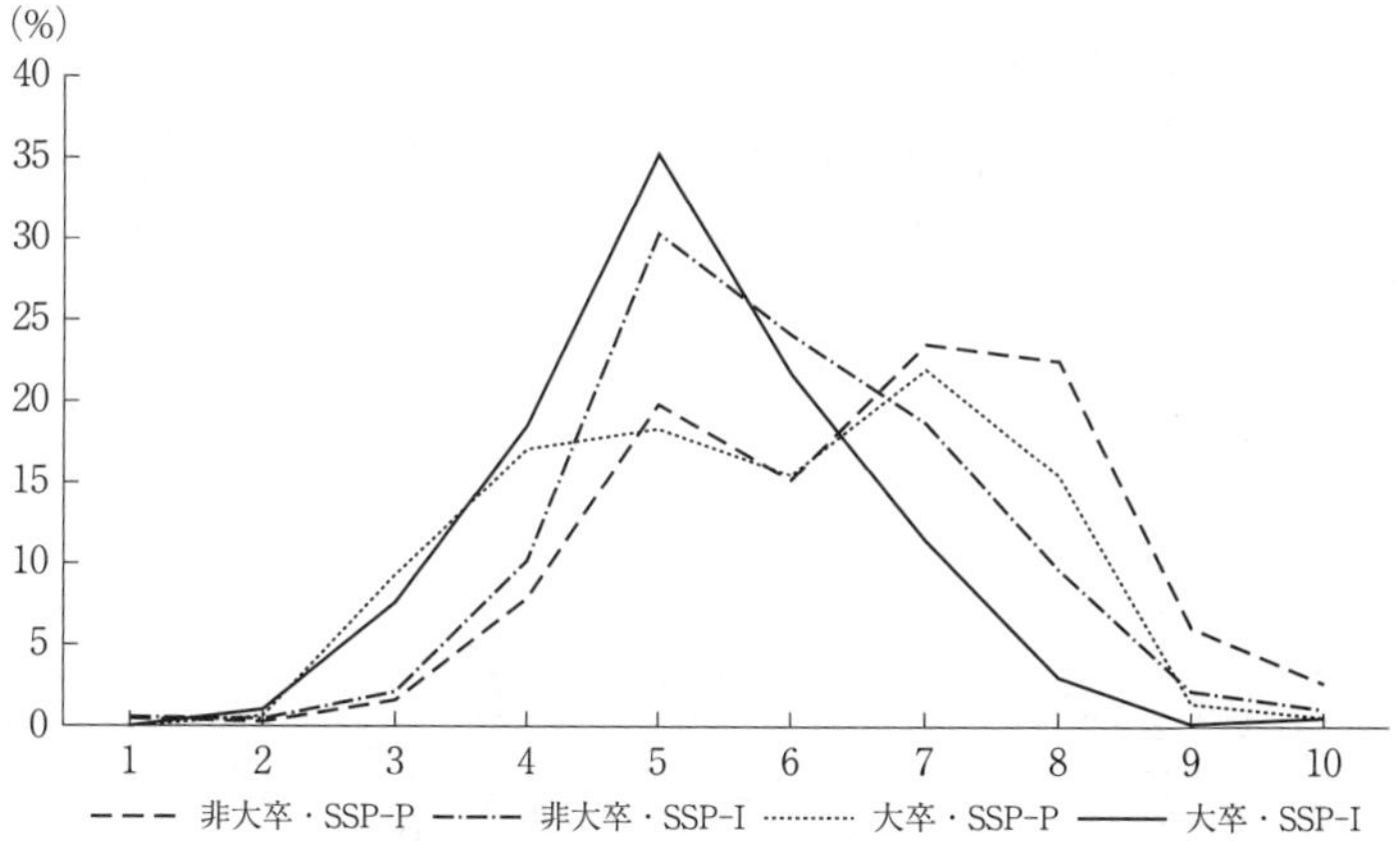

図 3-6　大卒・非大卒別／調査別 10 段階階層帰属意識分布比較（女性サンプル）

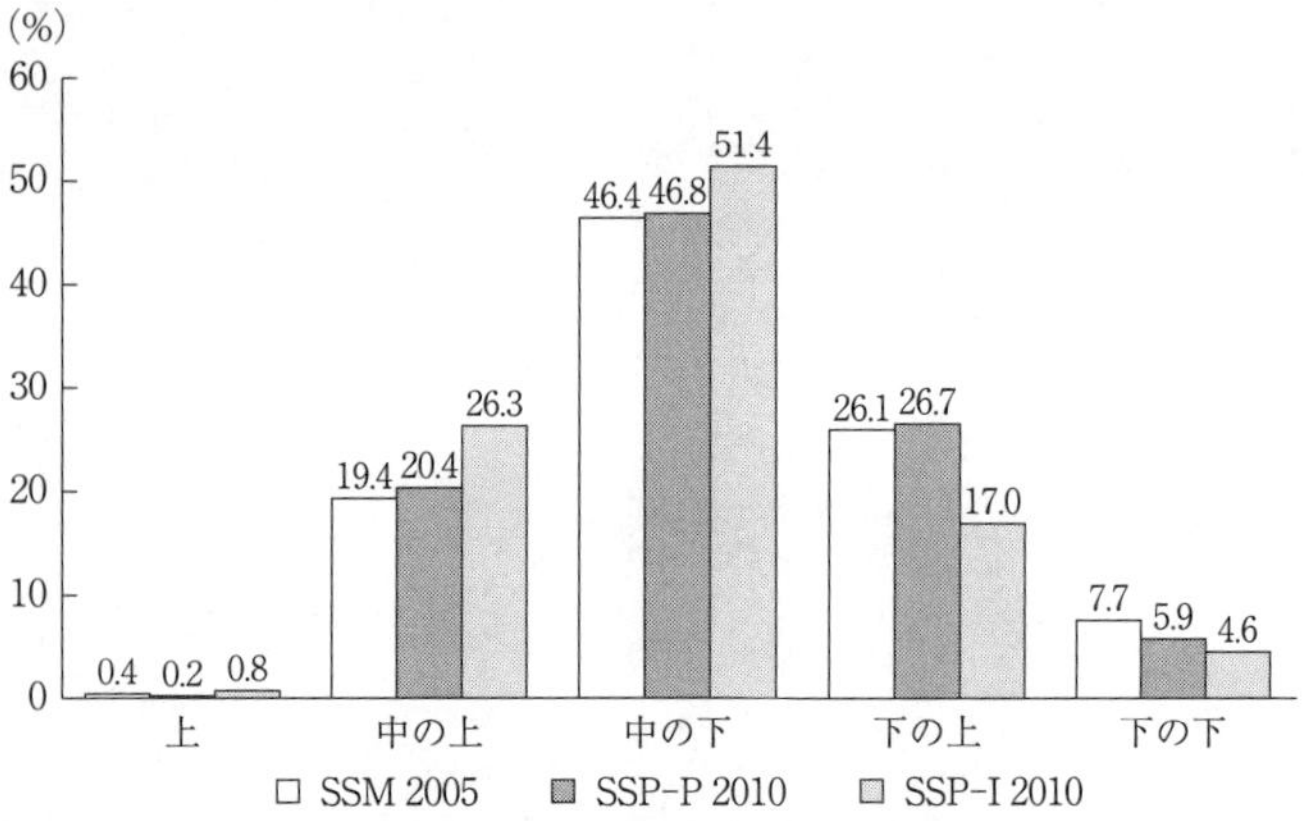

図 3-7　5 段階階層帰属意識の SSM2005 との分布の比較

五年に行われた調査での階層帰属意識分布と比較したときに、その傾向の違いを説明するのに、この理由がもっとも説得力をもつためである。

二〇〇五年との比較

二〇〇五年のＳＳＭ調査（SSM 2005）と比較することで、「調査モード主犯説」の妥当性を示していこう。SSM 2005でも階層帰属意識が五段階と一〇段階の二つの項目で聞かれており、質問文と選択肢もほぼ同じである。[7] 図3-7は先の図3-1にSSM 2005での分布を含めたものである。なお、SSM 2005の分布はSSP-I調査に合わせて二五歳から五九歳に限定したサンプルによるものである。

五段階階層帰属意識において注目すべきなのは、二〇〇五年から二〇一〇年にかけての変化をみるにあたって、SSP-Iを用いるかSSP-Pを用いるかで異なった傾向となってしまうということである。すなわち、SSM 2005とSSP-Pとの比較では、いずれのカテゴリーでも差が二ポイント以内で、ほぼ変化がないといえるのに対し、SSM 2005と

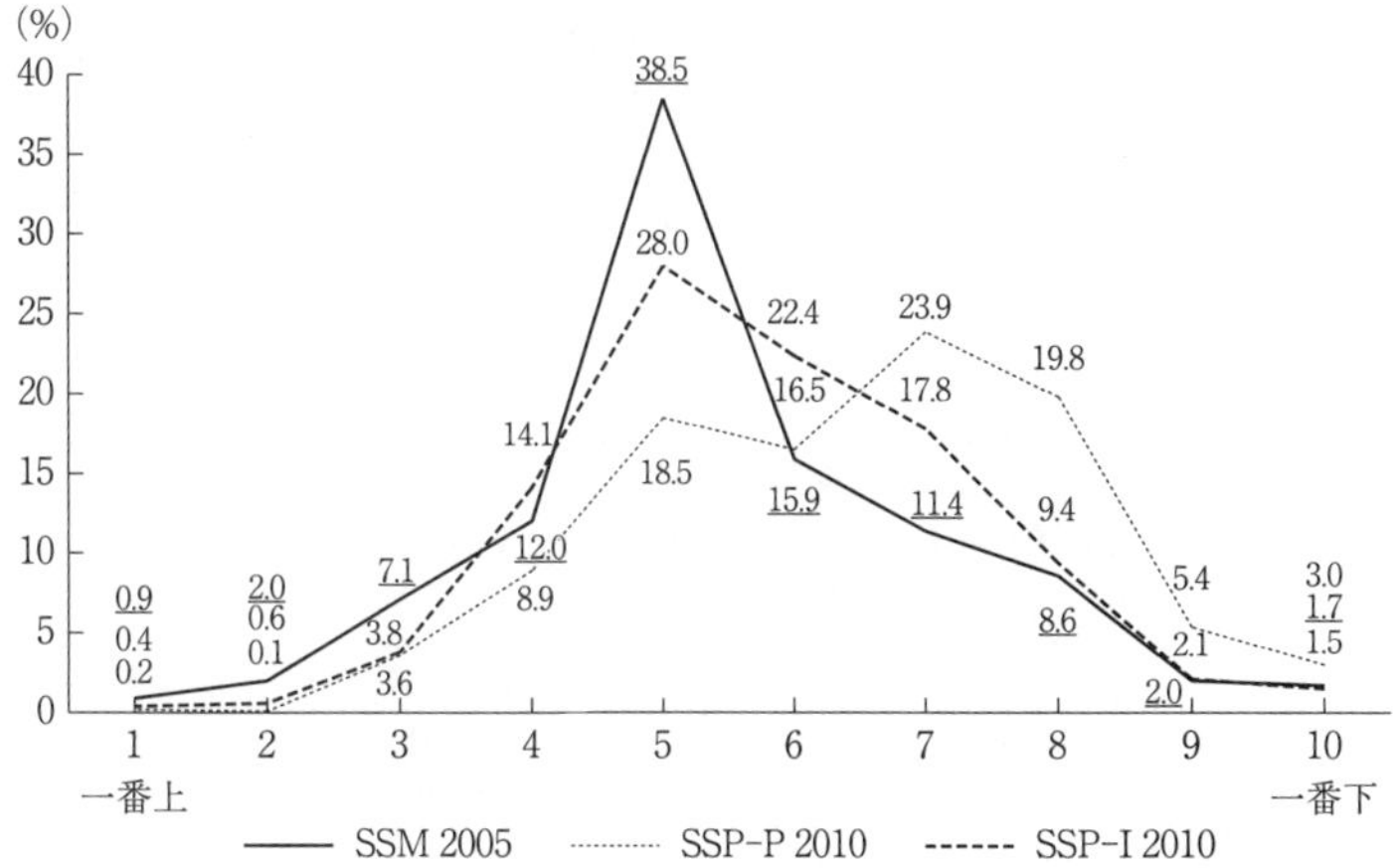

図 3-8　10段階階層帰属意識のSSM2005との分布の比較

SSP-Iとの比較では、SSP-Iにおいて「中の上」で六・九ポイント、「中の中」でも五ポイントと「中」が増加している一方、「下の上」で九・一ポイント、「下の下」も三・一ポイントと「下」が減少を示している。SSM 2005をSSP-Pと比較した場合は、五段階階層帰属意識に変化はなかったことになるし、SSP-Iと比較した場合は明確な上昇傾向があるということになってしまうのである。

当然、SSP-PとSSP-Iでは二〇一〇年でも調査時期が異なるので、それが影響したという解釈もありうるだろう。しかし、一〇段階階層帰属意識の変化について同様に比較した図3-8をみてみると、その解釈は妥当性をもたないことがわかる。すなわち、SSM 2005とSSP-Pとの比較では、「1」から「4」までの合計の割合が二二%から一二・八%と大きく減少し、「5」については三八・五%から一八・五%へと二〇ポイントもの大幅な減少を示す一方、「7」は一一・四%から二三・九%に、「8」は八・六%から一九・八%にとそれぞれ一〇ポイ

表 3-3　階層帰属意識の分布の変化のまとめ

	2005	2010	変化の傾向
五段階	SSM 2005 留置票（自記式〈留置〉）	SSP-P（自記式〈郵送〉）	有意差なし
		SSP-I（他記式〈個別面接〉）	↑
一〇段階	SSM 2005 面接票（他記式〈個別面接〉）	SSP-P（自記式〈郵送〉）	↓↓
		SSP-I（他記式〈個別面接〉）	↓

（注）矢印はカテゴリ値を逆転させた値について平均の比較を行い有意差があったもの。なお，t 値が絶対値で 10 を超えているものについては矢印 2 本とした。

ント以上増加しているのである。これは階層帰属意識分布の明確な下方シフトを示すものであり、五段階階層帰属意識における傾向とは異なっている。

それではSSM 2005とSSP-Iとの比較ではどうだろう。「1」から「4」までの合計の割合が二二％から一八・九％と減少しているが、その幅は三・一ポイントで、SSP-Pほどの減少幅ではない。「5」についても三八・五％から二八％へと一〇ポイント以上の減少ではあるが、やはりSSP-Pほどの減少幅ではない。「6」は一五・九％から二二・四％に、「7」は一一・四％から一七・八％にとそれぞれ六ポイント以上増加しているため、SSM 2005と比較したSSP-Iの分布も下方シフトがみられるということにはなるが、SSM 2005とSSP-Pとを比較した場合ほどの大きな変動ではない。

SSP-PとSSP-Iの傾向差を、両調査の時期の違いによるものだと考えるとすると、この結果は奇妙である。階層帰属意識が五段階であれ一〇段階であれ、基本的には自身の階層的地位についての主観的評価を聞いているという点で同じはずなので、[8] いずれも同じ変化の傾向を示すはずである。しかし、**表3-3**のとおりSSP-Pについては、一〇段階で顕著な下方シフトがみられたにもかかわらず、五段階ではそのような変化はみられなかった。そして、SSP–Iにいたっては五段階では上昇傾向がみられ、一〇段階では下落傾向がみられるという矛盾した結果となっているのである。このような傾向は、調査時期の違いだけでは説明がつかない。

では、調査モードの違いからこの傾向の説明ができるのだろうか。SSM 2005という同一調査に含まれる二つの項目の時点変化の傾向が異なっているのだから、調査モードの違いからも説明は不可能に思える。しかし、説明は可能である。なぜなら、SSM 2005では、調査項目の増大にともなう回答者の負担増を軽減するために、個別面接法と留置法という二つの調査モードが併用されており、五段階階層帰属意識は個別面接法で聞かれた面接票に置かれ、一〇段階階層帰属意識は留置法で聞かれた留置票に置かれているためである。

つまりSSM 2005の五段階階層帰属意識を比較する場合、SSP–Pとの比較では留置法と郵送法、SSP–Iとの比較では留置法と個別面接法という、それぞれ異なった調査モードでの比較となっているのである。そしてとくに後者については、自記式と他記式という、調査員が介在するかどうかの大きな違いがある。調査員が介在する調査モードにおいて、階層帰属意識の回答も高く偏る傾向があるのだとしたら、個別面接法で実施されたSSP–Iの分布が、留置法で実施されたSSM 2005の分布と比べて上方にシフトしたことも説明がつく。

一〇段階階層帰属意識についてはどうだろうか。SSP–IはSSM 2005と同じ個別面接法だが、SSP–Pは郵送法であり、他記式から自記式へという、調査モードの大きな違いがあったことになる。SSM 2005から比べるとSSP–I、SSP–Pともに分布に下方シフトが確認できたが、その大きさは調査モードが同じ

SSP–Iに比べ、自記式になったSSP–Pにおいてより大きかった。この差についても、調査員を気にせずに回答できる郵送法という調査モードでは、階層帰属意識を「高め」に回答する偏りが小さかったためと考えれば、本章での主張と整合的な傾向といえる。

階層帰属意識はどう変化したのか

それでは、二〇〇五年から二〇一〇年にかけて階層帰属意識はどう変化したといえるのだろうか。同じ自記式の五段階階層帰属意識のSSM 2005とSSP–Pの分布の比較では、傾向に変化はみられない一方、同じ他記式の一〇段階階層帰属意識のSSM 2005とSSP–Iの分布の比較では、下方シフトがみられ、傾向が一貫していない。

調査モードという観点からは、同じ自記式とはいえ留置法と郵送法という違いのある、五段階階層帰属意識の変化よりも、個別面接法という同一調査モードで聞かれている一〇段階階層帰属意識における傾向がもっとも信頼できるものとなるだろう。すると二〇〇五年から二〇一〇年にかけて階層帰属意識の分布は、下方シフトしたということになるが、であれば五段階階層帰属意識では、どうして変化がみられなかったのだろうか。

ここで思い出してほしいのは、SSP–Pのサンプルでは大卒比率が多かったことである。そして、図3–5、図3–6で確認したように大卒層は非大卒層に比べ、階層帰属意識の水準が高かった。つまり、SSP–Pは、サンプルの学歴が高く偏っていることで、階層帰属意識が高めになり、それが本来の階層帰属意識の下方シフトを相殺する方向に働いた可能性が考えられるのである。

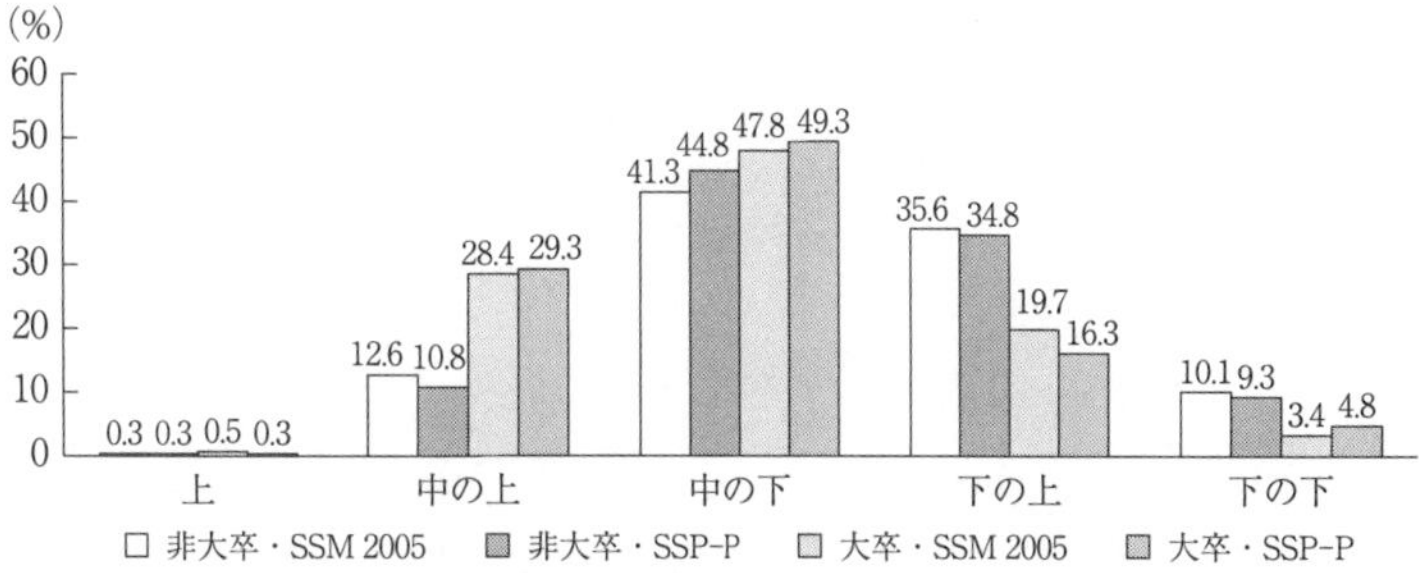

図 3–9　男性の 5 段階階層帰属意識の大卒・非大卒別 SSM2005 と SSP–P の分布の比較

この可能性について、先と同じようにSSM 2005とSSP–Pを男女別、大卒・非大卒別に比較することで確かめてみよう。まず、SSM 2005の大卒比率を確認しておくと二一・七%であり、二〇〇〇年国勢調査における二五〜五九歳層の大卒者の割合（在学者除く）の一九・三%と比べると高いが、[9] SSP–Pからは一〇ポイント以上低い。したがって、SSP–Pのサンプルが高学歴層に偏っていたことが、階層帰属意識も高めに偏らせた可能性は大いにありえる。

　ということで、男女別、大卒・非大卒別に階層帰属意識の分布を比較することで検証したのが、以下の二つの図である。図3–9の男性サンプル、図3–10の女性サンプルとも、大卒層の方が非大卒層に比べ高い階層帰属意識の水準にあることは改めて確認できる。ただ、大卒・非大卒それぞれの層において、SSM 2005とSSP–Pの「中」比率（「中の上」と「中の下」を足し合わせた割合）および「下」比率（「下の上」と「下の下」を足し合わせた割合）を比較すると、その傾向には違いがみられる。すなわち、男性非大卒層では、SSM 2005が「中」五三・九%、「下」四五・七%なのに対し、SSP–Pでは「中」五五・六%、「下」四四・一%と、「中」が増加してはいるが二ポイント未満の変動で有意な変化ではなかった。男性大卒層で

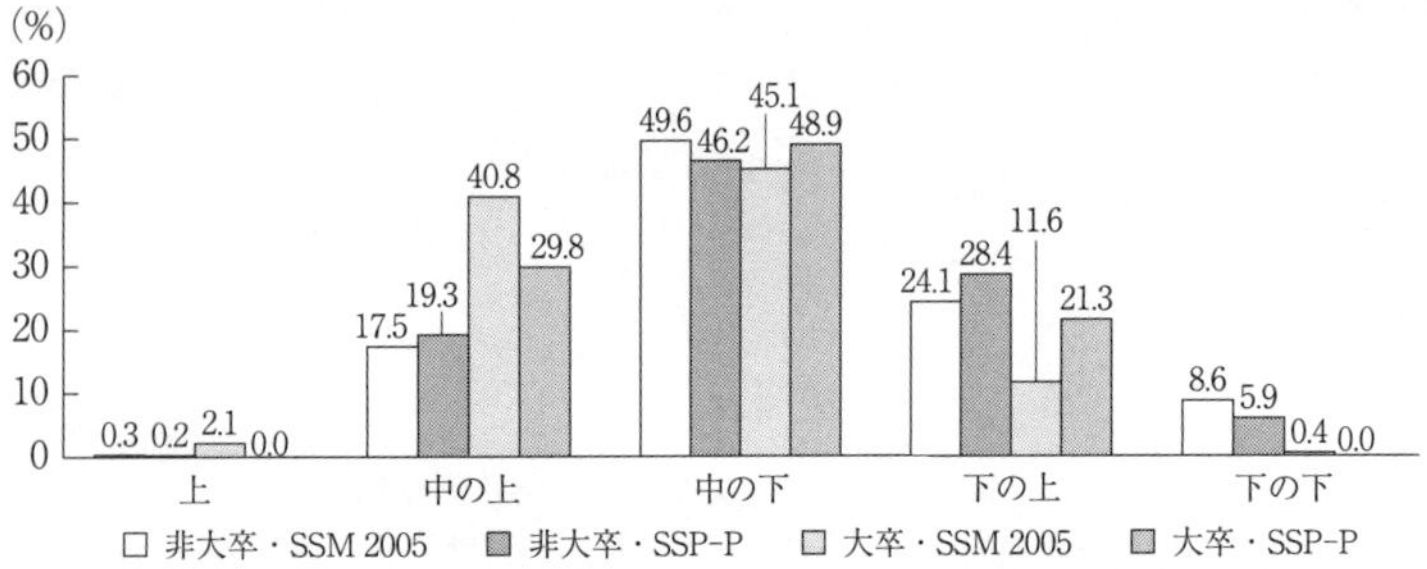

図 3-10　女性の 5 段階階層帰属意識の大卒・非大卒別 SSM2005 と SSP-P の分布の比較

も、SSM 2005が「中」七六・二%、「下」二三・一%なのに対し、SSP–Pでは「中」七八・六%、「下」二一・一%と、やはり「中」が増加してはいるが有意な変化ではなかった。

これに対して、女性サンプルにおいては、有意な変化ではなかったものの非大卒層でSSM 2005が「中」六七・一%、「下」三二・七%に対し、SSP–Pでは「中」六五・五%、「下」三四・三%と、「中」が減少し「下」が増加する傾向がみられた。そして、大卒層では、SSM 2005が「中」八五・九%、「下」一二・〇%なのに対し、SSP–Pでは「中」七八・七%、「下」二一・三%と、統計的にも有意な「下」の増加がみられたのである。

ただ、大卒女性に下方シフトがみられたといっても、階層帰属意識の水準は、依然大卒女性の方が非大卒女性よりも高いわけなので、サンプルに占める大卒比率がSSM 2005よりも高いSSP–Pにおいては、それだけ全体の階層帰属意識は高く偏ることになる。こうして、大卒女性における下方シフトは打ち消されみえづらくなる。図3–5においてSSM 2005とSSP–Pとの比較で変化がないようにみえたのは、このようなサンプルの構成比も原因だと考えられるのである。

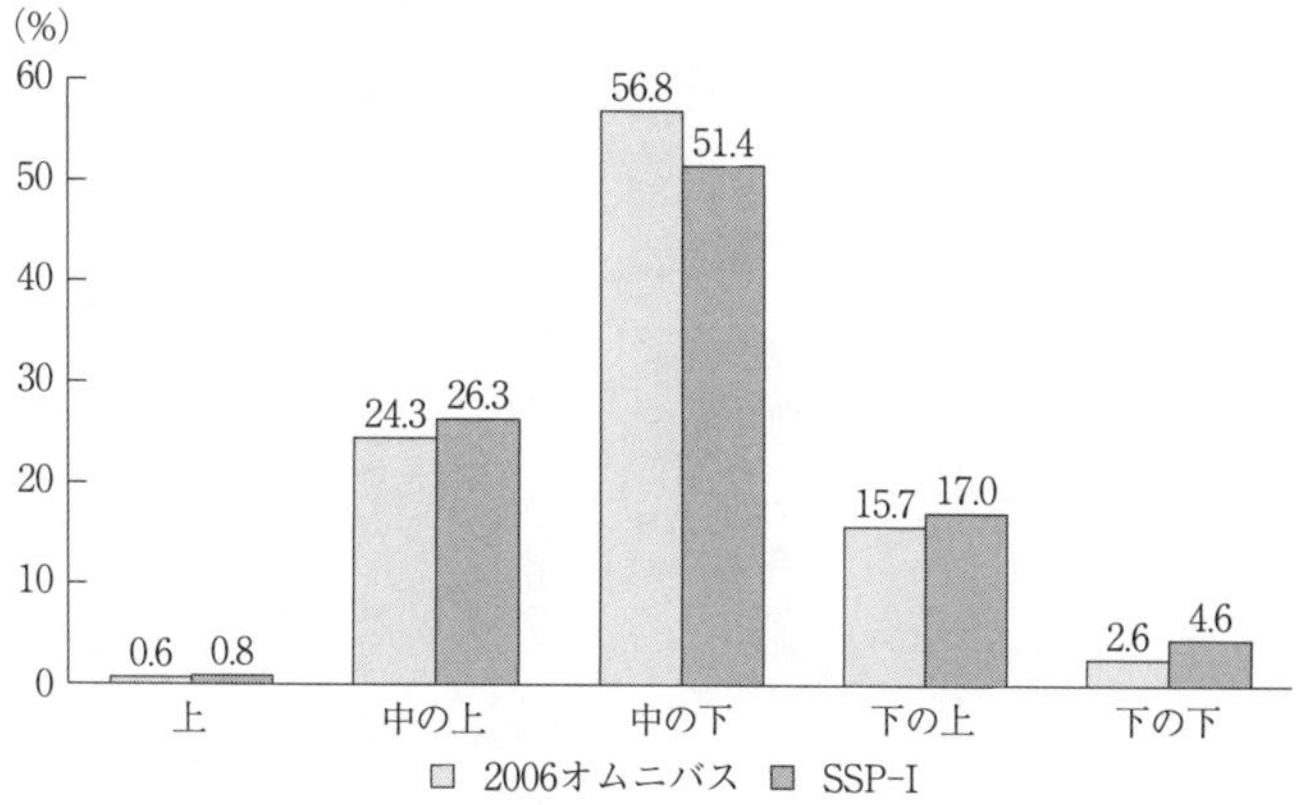

図 3-11　5段階階層帰属意識の2006オムニバスとSSP-Iとの分布の比較

「個人オムニバス調査」との比較

ここまでの分析からは、二〇〇五年から二〇一〇年にかけて階層帰属意識の分布は下方シフトしたと考えるのが妥当なように思われるが、もう一つこれを補強するのが図3-11である。これは、中央調査社による「個人オムニバス調査」における五段階階層帰属意識の分布とSSP-Iの分布を比較したものである。オムニバス調査とは調査会社等が実施する相乗り調査のことで、中央調査社では毎月個別面接法で実施している。オムニバス調査に項目を載せた理由は、それまで個別面接法で聞かれてきた五段階階層帰属意識項目を、二〇〇五年調査で留置票に移すに際し、過去との比較可能性を担保するためであった。このため、二〇〇六年二月実施の調査にSSM調査と同じ質問文と選択肢で項目を入れたのである[10]。

図3-11からは、「中の下」が五・四ポイント減少する一方で、「下の上」が一・三ポイント、「下の下」が二ポイント増加していることがわかる。「中の上」も二ポイント増加していることから、両極へのばらつきが大きくなってい

るともいえるが、「下」が増加したこともたしかだろう。

このように、二〇〇五年から二〇一〇年にかけて、階層的地位の主観的評価の分布に下方シフトがあったとしても、その状態を測定する階層帰属意識項目の分布の変化における傾向差は、各調査における調査モードを考慮することで説明が可能なのである。すなわち、階層帰属意識の分布は、調査員がより介在する調査モードに変更されることで上方シフトし、調査員の介在が少ない調査モードに変更されることで下方シフトしているのである。

4 意識項目の比較の難しさ

本章では、同一年に行われた二つの調査における階層帰属意識項目の分布の違いが、どのような要因によってもたらされているのかについて検討を行ってきた。分析の結果わかったことは、以下のようにまとめられる。

まず、先行研究の検討から、他記式調査であるSSP-Iにおいて、調査員の有無に由来する測定誤差の影響により回答が上方に偏った可能性が示された。ただ、調査モードは無回答誤差、すなわち調査対象者のなかで調査不能となる者の属性の違いにも影響しうるため、二つの調査で分布に差のみられた男女別、大卒・非大卒別に階層帰属意識の分布を確認した。その結果、これらの変数をコントロールしても一貫して、SSP-Iの方が高い水準にあることが示され、階層帰属意識の分布の違いは、これらの属性分布の偏りによってのみからは説明できないことがわかった。

そして、SSM 2005における分布とSSP–PおよびSSP–Iの分布との間の一貫しない傾向性についても、SSM 2005の階層帰属意識項目が、五段階で留置法、一〇段階で個別面接法という異なった調査モードによって聞かれていることを考慮することによって説明できることが示された。

同じ質問文と選択肢で聞かれているとはいえ、SSP–PとSSP–Iはあくまでも別の調査である以上、調査モードの違いは他のさまざまな要因とも交絡しており、実験調査のような厳密な検討はできない。したがって、調査時期の違いや標本抽出枠の違いも何らかの影響を与えている可能性は否定できない。その意味では、SSP–PとSSP–Iの分布に大きな違いをもたらした「犯人」が複数犯だということは変わらない。しかし、ここまでみてきたようないくつかの「状況証拠」からは、「調査モード主犯説」なかでも調査員の存在の有無が、回答者に影響を与えたことが最大の要因であると疑わせるには十分だろう。

では、調査員が目の前にいることによって、なぜ階層帰属意識が高く偏るのだろうか。階層帰属意識は肯定や否定で回答するわけではないので、黙従傾向は考えにくい。したがって、「社会的望ましさ」の影響が考えられるが、ではどのような階層に含まれていることが社会的に望ましいとされるのだろうか。これを考えるに際し、SSP–Iでも「上」が増加しているわけではないことは興味深い。というのも、この傾向からは、より高ければ、より望ましいという線形の関係というよりは、「中」が社会的に望ましい、または「下」は社会的に望ましくないというカテゴリカルな関連性が表出されているようにみえるからである。また、既存研究では対面する調査員に対する、一種の「気まずさ」によりネガティブな回答を避けようとする傾向も指摘されており（Ye et al. 2011）、そこからすると、本章の分析で得られた傾向は、調査員の前では「下」を避けようとする傾向の現れと解釈することもできる。紙幅の関係と分析手法上の制約のため、本章では比較的単純な分析にとどまったが、このような問題についてより詳細に検討するために、多変量解析によるさらなる検証が今後求められるであろう。[11]

　また、本章の分析結果からは、SSM 2005との比較では、唯一個別面接法という同一モードで実施された一〇段階階層帰属意識においてみられた、下落傾向が調査モードという観点からもっとも信頼できるとしたが、佐藤俊樹（二〇〇九）が指摘しているように、SSM 2005の一〇段階階層の分布は、「5」が突出しており、それまでのＳＳＭ調査で得られてきた傾向とは明らかに異なっている。佐藤はこの傾向の背後に、質問順の変更があると主張する。つまり、二〇〇五年までのＳＳＭ調査では一〇段階階層帰属意識項目の前に五段階階層帰属意識項目が置かれており、その影響がキャリーオーバーされていたのが、SSM 2005においては五段階階層帰属意識項目が留置票に移されて移動したため、そのようなキャリーオーバーがなくなることで、「5」が「中」という意味でより多く回答されることになったというのである。ふたたび一〇段階階層帰属意識の前に、五段階階層帰属意識が置かれたSSP-PやSSP-Iでは、SSM 2005のような「5」への集中はみられなくなっていること。そして、一〇段階階層帰属意識の前に五段階階層帰属調査が置かれていないＪＧＳＳにおいても、「5」に四割前後が集中する傾向がおおむねみられていることからも、この指摘は説得的といえるだろう。そうである以上、二〇〇五年から二〇一〇年にかけての一〇段階階層帰属意識の変化には、質問順効果が含まれているということになる。結局、この間の階層帰属意識のトレンドが下落傾向にあるという結論は、カッコつきのものとせざるをえないのである。

　これらのことからわかるのは、調査結果の比較、とくに意識項目の比較を行うためには、質問文や選択肢のワーディングはもちろん、調査モード、そして質問の順番も考慮に入れた慎重な調査設計が求められるということである。なかでも、過去との比較が重要な目的である継続調査においては、過去の遺産を活用できるのも、毀損してしまうのも、比較可能性がどのくらいあるかに懸かっているわけで、そこに最大限の配慮が必要なのはいうまでもないだろう。この意味で、SSPプロジェクトの一環として、二〇一五年初頭に予定されている大規模全国調査において、調査モードとしてCAPI（Computer-Assisted Personal Interview）が導入されることは、大きなチャレンジだといえる。[12] 過去との比較可能性を担保しつつも、将来を見据えた調査方法の革新を行うという、相矛盾する目標とどのように折り合いをつけていくべきなのか、模索を行っていくうえで、本章で得られた知見は重要な教訓となるはずである。

1　たとえば記入ミスならば、満年齢を実際の値よりも高く回答することもあれば、低く回答することもありうる。このように生じるランダムな誤差（error）は、一定の方向に偏るバイアス（bias）とは区別される。

2　郵送法であっても、一定の要件を満たすことで、個別面接法を超える回収率も可能なことを強調する研究として松田（二〇〇八）や林英夫（二〇一〇）がある。

3　調査員による口頭での情報伝達が主となる他記式調査では、後に受けた刺激による印象から、回答が後半の選択肢に偏る新近性効果（recency effect）が見られ、一方印刷媒体等の視覚的な情報伝達のみで行われることがほとんどの自記式調査では、目にとまりやすい前半の選択肢に回答が偏る初頭効果（primacy effect）があるとされる。

4　調査員が主導権をもっている他記式調査においては、回答者が調査票全体をみることなく回答することを余儀なくされるために、前に置かれた質問の影響をより受けやすくなるとされる。

5　本人収入の平均算出には、各選択肢の区間幅の中間値を用いる。その際、比較上の都合から「二〇五〇万以上」

は二一〇〇万とした。

6　回帰モデルや傾向スコアを用いる等の、より洗練された共変量調整による因果効果の推定法については星野（二〇〇九）を参照のこと。

7　ただし、五段階階層帰属意識では選択肢に「わからない」が含まれており、それが一五・一％を占めている。

8　この二つの項目によって測られているものが、まったく同じというわけではないということについても議論がある。詳しくは中尾（二〇〇二）を参照のこと。

9　国勢調査において、最終学校は下一桁に「5」がつく年に行われる大規模調査でのみ聞かれている。

10　この調査の実施時期は二〇〇六年だが、SSM 2005も厳密には二〇〇五年一一月から二〇〇六年四月にかけての実査であったため、調査時期は重なっているといえる。

11　このような研究については小林（二〇一五、印刷中）を参照のこと。

12　自記式であるＣＡＳＩ（Computer Assisted Self-Administered Interview）を導入した大規模調査としては、早稲田ＧＬＯＰＥ世論調査プロジェクトによるものがあり（田中監修、日野・田中編 二〇一三）、このモードを用いることで「社会的望ましさ」によるバイアスを低減できることが示されている（飯田 二〇一三）。

コラム③　SSP-W調査について

SSPプロジェクトの目的の一つには、従来の意識項目との関連を念頭におきながら、新しい階層意識の基軸を発見することがある。われわれはこの目的のためにウェブ調査セクションを設け、計三回のインターネット調査（SSP-W調査シリーズ）によって、新たに着想した質問項目を試行している。本調査に向けた準備のあり方にいろいろな困難や限界を感じている調査者、研究者も多いかもしれない。このコラムでは、本プロジェクトの経験から得られた知見を紹介したいと思う。キーワードは「予備調査」と「インターネット調査」である。

まず「予備調査」とは何かを明確にしよう。類似の言葉にパイロット・サーベイ（pilot survey）やプリテスト（pretest, field pretest）があるが、あまり整理がなされていない。『社会調査事典』（二〇一四：一四一）では、「予備調査」として、住民意識を調査する前に行う、「調査対象集団に属す何人かにあらかじめ話を聞き事例研究をすること」や、調査地や調査対象を理解するための「探索的現地調査」をあげているが、この作業はパイロット・サーベイと呼ばれてきたものである。このコラムで議論したい予備調査は、パイロット・サーベイとは異なる。

プリテストとは、グローブスほか（二〇〇四＝二〇一一）によれば、「本調査の前に行われるデータ収集の小規模な予行演習」（同書：二七八）である。そのサイズは「通常は一〇〇人以下」（同書：二七一）で、調査票（質問と選択肢）と実査場面での手順（調査員と回答者の相互行為）を評価する情報を得ることが目的である。これによりワーディングや調査員への指示等が改善できるが、通常プリテストの回答データを、そもそもの研究課題を解くために分析することは想定されない。

これらに対して、予備調査（preliminary survey）とは、「リサーチクエスチョンが大きなコストをかけて本調査をするのに相応しいのかどうかを査定したり、新しく設定した質問項目が研究課題の追究に有効であるのかを明らかにしたりするという目的で実施する、低コストの事前調査」（轟 二〇一三）である。このことの意義は、今日の社会調査の環境を知るならよりよく理解できる。

「社会調査の困難」と呼ばれる状況が長く続いており、今や大規模な調査の実施には、非常に大きなコストが必要になっている。調査実施は希少なチャンスである。一方、研究の進展のためには斬新な発想で新しい質問項目を考案することが重要だが、質問量には現実的な限度がある。調査票の紙幅を新規の項目に割くのは一種の冒険であり、ねらいどおりの結果が得られないというリスクもある。この難題に対し、事前に、つまり本調査（main survey）の前に、新しい項目についての分析の「手応え」が得られるならば、本調査の調査票設計にたいへん役立つ。予備調査の目的はこれである。統計分析を行うために、プリテストよりも大きなサイズを必要とする。

　われわれは、予備調査としてインターネット調査を用いることが有効であると考えた。予備調査には、経済的に安い（低コスト）、短期間でデータが利用可能となる（迅速性）、本調査の分析結果と類似することが期待できる（良質性）という条件が課せられる。インターネット調査は一般に、低コスト、迅速性という性質を有しているが、データの質の点はどうだろうか。これまでインターネット調査のデータの質には否定的な議論がなされており、確認が必要である。

　われわれは無作為抽出標本に対する個別訪問面接法による二〇一〇年調査（SSP-I 2010）を実施しており、比較の基準とすることができる。同一項目の分析結果が、基準調査とインターネット予備調査との間で一致するなら、予備調査が良質であると判断できる。予備調査の質が良いとき、予備調査で新規に設定した質問項目の分析は、その後実施する本調査でも、類似する結果を得る可能性が高いと予想できる。この情報を、本調査の質問項目設計に役立てることができるだろう。

　SSP-W調査シリーズは、二〇一二年調査（SSP-W 2012）、二〇一三年第一回調査（SSP-W 2013-1st）、同年第二回調査（SSP-W 2013-2nd）の計三回のインターネット調査で、いずれも無作為抽出標本を用いていない（調査の概要についての詳細は、各調査の『コードブック・基礎集計表』を参照していただきたい）。対象者選定の方法は、①公募型で構築された登録モニターを使用し、②居住地と年齢階級を組み合わせたセルに対し、住民基本台帳人口に比例させてサンプルを割り当て、③各セルの割当数が充たされるまで、条件に該当するモニターに調査依頼を行った。これは現在、日本の調査会社が行うインターネット調査の一般的な方法であり、安価（同サイズの全国訪問面接調査の一〇分の一から二〇分の一の費用）で、迅速な回収が可能（実査開始からデータ納品まで、五日から二週間程度）である。

　二〇一二年調査では、予備調査としてのインターネット調査法の適切性を判断するために、二〇一〇年調査と同じワーディングの、二四個の意識項目を設定している。轟・歸山（二〇一四）では、これらの項目についての分

5段階階層帰属意識と属性変数との相関係数（ペアワイズ）

	SSP-I 2010（面接法）	SSP-W 2012	SSP-W 2013 -1st	SSP-W 2013 -2nd
性別（女性ダミー）	0.076	0.075	0.043	0.060
年齢	0.004	0.089	0.041	0.076
教育年数	0.284	0.191	0.235	0.242
職業威信スコア	0.278	0.226	0.180	0.231
世帯収入	0.298	0.351	0.447	0.461

（注） インターネット調査の職業威信スコアは簡易版を使用した。

析結果を、二つの調査の間で比較し、①各項目の分布には二つの調査の間で差異がみられるが、②意識項目間の二変数間関連や、属性変数と意識項目との二変数間関連では差異がある場合が少なくなり、③意識項目を従属変数とする重回帰分析の結果ではいっそう類似性が高まるという結果を得た。つまり、項目単独での回答分布には差異がみられるが、属性と意識の間の関連については、二つの調査はたいへんに類似していたのである。

このようにわれわれは、階層的地位と社会意識の関連を解明する階層意識研究にとって、インターネット調査は予備調査としての有効性をもつと判断することとした。

比較の具体例として、三回のインターネット調査を含む、四つの調査での「五段階階層帰属意識」と属性変数との相関係数を、表に示す（ペアワイズで算出）。インターネット調査で「世帯収入」との関連がやや大きくなる傾向がみられるが、概して数値が類似していることがわかると思う。

インターネット調査の対象者選定法は大きく異なっているにもかかわらず、基準調査との類似性が高いことに驚くのではないだろうか。表では略しているが、有意性検定の結果はほとんどが一致しており、数値の同等性の検定では、世帯収入を除き、同等だとする結果が得られる。さらに分析を進めて、属性を独立変数とする重回帰分析の回帰係数を比較したとき、類似性はいっそう高くなる。

このように、従来タイプの調査と、共通項目の分析結果を比較することによって予備調査の質を確認したうえで、新規項目を分析して「手応え」を得ることができる。SSP-W調査シリーズの実施にあたっては、設定する質問項目をプロジェクトメンバーから募り、たくさんの新規項目を試行した。そしてインターネット予備調査の分析によって吟味された項目が、本体調査（二〇一五年第一回ＳＳＰ調査）へ提案され、調査票設計が進められた。調査票設計のプロセスでインターネット予備調査を活用するという手法は、大規模調査プロジェクトの希少性を尊重しながら、挑戦的な課題追究も可能とする、有効な調査手続きのモデルとなると考えている。

さて、本体調査が実施されデータ分析の結果を得た段階では、新規項目に関しても、予備調査の質を査定することができるだろう。そうすることで、インターネット調査の質を向上させる方法や、予備調査の目的にふさわしい、適正な標本サイズについてなど、調査方法論上の論点を研究していくことができる。従来タイプの本体調査とインターネット予備調査との間で、このような比較を行い、調査方法論的研究を進めることは、社会調査の困難な状況に対する、現実的に有効な一つの方策となるだろう。インターネット予備調査はこのような意義も有しているのである。

第4章　頭のなかの日本社会
――日本人の自己像

1　リアルな社会とバーチャルな社会

人びとにとってのリアル

個人にとってリアルな社会というのは、世界全体と比較して考えるならば、きわめて小さいものにならざるをえない。どうしても、私たちにとってリアルな社会は、自分の経験しうる範囲内に限定されるからである。したがって、いくら現実の社会をイメージするといっても、そこで意味されている社会が日本全体であったり、あるいは世界全体であったりしたときには、知らず知らずのうちに人びとの想像が入り込むものなのである（厚東 一九九一）。

たとえば、家族や学校や職場を経験にもとづいて具体的に記述することは、私たちにとってそれほど困難な作業ではない。しかし、同じようにして日本全体や世界全体を具体的に記述することは、私たちにとってそれほど簡単な作業ではない。にもかかわらず無理に日本全体や世界全体について語ろうとすると、知識や経験ではどうにもならない部分は自分自身の想像力で埋めるしかしようがないのである。そしてその結果、私たちがイメージする日本社会全体の姿や世界全体の姿は、しばしば思い込みによって歪められた不正確なものになりがちである。

したがって、このような限界を克服して日本全体や世界全体について正確な姿を知りたいと考えるならば、私たちは、自分たちの個人的な経験だけに頼るのではなく、社会全体について客観的に調査した正確なデータを手に入れる必要がある。そのようなデータにもとづいて初めて、私たちは日本全体について語ることができるようになるし、また世界全体について議論することも可能になる。当然、社会学者がおこなう社会調査、とりわけ社会全体を母集団とする大規模な標本調査は、私たちが社会全体を正しく論じるためのデータを手に入れるためにおこなわれるのである。

しかしだからといって「社会全体を語るときには正確な統計データ・調査データだけが大切であり、思い込みによって歪められている人びとの主観的な社会像や世界像には意味がないのだ」とはいえない。なぜならば、社会は私たち一人ひとりの意識や行動によって成り立っているからである。たとえ思い込みによって歪められていたり、不正確で曖昧であったりしたとしても、人びとが社会全体をどのようなものとみなしているかは、全体社会の一部を構成している（バーガー／ルックマン 一九六六＝一九七七）。

かりに客観的には多くの人びとが豊かな生活を享受していたとしても、そうした人びとが自分たちの豊かさを実感することができずに自分たちを「不幸である」と感じていたとしよう。このとき、客観的に豊かであるからといって、人びとが感じている不幸を問題とせずに、社会全体はうまくいっているのだといってしまってよいだろうか。おそらくそのような判断は不適切であろう。

客観的な豊かさはデータによって明らかにされる重要な社会的な事実の一つであるけれども、それにもかかわらず多くの人びとが不幸を感じているということも、問題にされなければならない重要な社会的な事実の一つだからである。むしろ、客観的には豊かであるのに、なお多くの人びとが不幸を感じているとすれば、なぜそうなのかを明らかにしなければならない。社会を正しく理解するためには、単に客観的な事実とみなしうるものを明らかにするだけでは不十分である。それらに加えて、人びとの社会に対する主観的なイメージや価値観も明らかにしていかなければならない。いいかえれば、人びとの社会イメージが思い込みや主観に歪められていたとしても、そのことはそうしたイメージが学問的対象として軽視されることの理由には必ずしもならないのである。

人びとがみている社会を語る

本書のテーマは階層意識であり、そのなかでも本章のテーマは階層帰属意識そして階層イメージである。実は、ここで取り上げる階層帰属意識あるいは階層イメージが抱えている問題は、まさにカッコつきの客観的な事実と主観的な思い込みとの乖離とが深く絡んだ問題にほかならない。

第1章で確認したように階層帰属意識を問題として取り上げるとき、これまで論及されてきた大きなテーマは、一九八〇年代前後の総中流であり、そして二〇〇〇年代の格差社会であった（原編 二〇〇八、白波瀬編 二〇〇八、神林 二〇一二）。たとえば総中流が問題にされるとき、なぜ人びとは現実に反した中流「幻想」を抱くのか、この問題はある種の論者にとってはきわめて重要なものであった。あるいは格差社会を問題にするとき、多くの人によって格差が社会問題として議論されるようになったにもかかわらず、依然として人びとは自身を（「上」でも、「下」でもなく）「中」に帰属し続けているのはなぜなのか、このことを問いとして立てることができる。つまり、ここでは社会的な現実と人びとの意識との乖離が問題にされているのである。

社会学者は社会を理解しようとする。しかし、社会を学問の対象とし、社会を理解するとは、いったいどのようなことを意味するのだろうか。

常識的に考えれば、社会を学問の対象にするということは、日常生活者にはみえない社会の姿を明らかにすることだと考えられる。そのために、社会学者は、時間と手間をかけてさまざまな調査をおこなうのである。しかし、社会を学問の対象にすることの難しさは、普通にしていたのではみえない姿を明らかにすることだけにあるのではなく、日常生活者がみている社会の姿がなぜそうであるのかを明らかにしなければならないところにもある。みえていないことを明らかにしようとするだけでなく、みえていることも明らかにしなければならず、そしてみえているものとみえていないものとの関係を突き詰めていくことがさらに大切になる。まるで禅問答のようなことを述べてしまったが、研究対象として階層意識（ここではとくに階層帰属意識と階層イメージ）を取り上げるということは、まさにみているものとみえていないものの関係を突き詰めていくことにほかならない。だからこそ、階層意識を問題として取り上げることに意義があるし、そして難しさがある（数土 二〇一〇a）。

また、このとき気をつけなければいけないことは、社会学者がみているものはいつか日常生活者がみているものの一部に取り込まれていくということである。

たとえば、一億総中流は幻想にしかすぎないと社会学者が述べたとしよう。そうした社会学者の見解は、さまざまなメディアを介して日常生活者の知識の一部に取り入れられていくことになる。あるいは、日本は深刻な格差社会になったのだと社会学者が述べたとしよう。やはり、そうした社会学者の見解は、さまざまなメディアを介して日常生活者の知識の一部になっていく。このように、客観的なデータによって明らかにされる事実とはまた別に、社会学者が明らかにする知見と日常生活者が抱く知識との間にはある種の相互作用が働いており、そのこともまた階層意識を正しく問題にすることを難しくしている（佐藤 二〇〇九、二〇一一）。カッコつきの客観的な事実から一歩距離をおき、人びとがみているものを問題にすることは簡単なことではない。しかし社会学者は、人びとがみているものを問題にせずには、正しく社会を語ることはできないのである。

2 総中流社会と相対的不満

「静かな変容」を問う

二〇〇〇年代以降の日本社会を特徴づけるキーワードとしてさまざまなものを考えることができるかもしれないが、そうしたもののなかで決して外すことのできないものの一つが格差社会であるだろう。そして、格差社会といったときに問題とされている格差とは、たとえば所得格差（橘木 一九九八）であり、あるいは機会格差（佐藤俊樹 二〇〇〇、斎藤 二〇〇〇）であり、あるいは意欲格差（苅谷 二〇〇一）や希望格差（山田 二〇〇四）であったりする。

このとき注意しなければいけないことは、格差自体は現代だけでなく過去にも存在していたということである。しかし、たとえば一九七〇年代あるいは八〇年代ではそういった格差を社会問題の重要なトピックとして論じる雰囲気は弱く、その点において二〇〇〇年代以降の格差社会論はとりわけ際立っているということである。

では、一九七〇年代あるいは八〇年代において、人びとは日本社会をどのようなキーワードで特徴づけていたのだろうか。ここまで第Ⅰ部で論じてきたように、この時期の社会を特徴づけるキーワードとして、格差社会とはまったく逆の総中流社会があった。しかし、なぜ人びとの社会に対するイメージは一九七〇年代・八〇年代の総中流社会から二〇〇〇年代の格差社会に変化し、そしてさまざまな社会格差を問題として議論するようになったのだろうか。

一つの考え方としては、かつては問題にするまでもない程度だった格差が現代では目に余るほどまでに拡がったからだといったものがあるかもしれない。しかし、たしかにジニ係数で測られるような所得格差は一九八〇年代から次第に拡大しているけれども、機会格差についてはこのことは必ずしも自明ではない。たとえば、一九五五年から継続しておこなわれている「社会階層と社会移動全国調査」（SSM調査）のデータにもとづいた分析によると、職業は親子間で継承されやすいという機会格差の程度は顕著に拡大しているわけではない（と同時に、縮小しているわけでもない）からである（石田・三輪 二〇〇九、二〇一一a、二〇一一b）。

むしろ、一九七〇年代・八〇年代から二〇〇〇年代にかけて生じた総中流社会から格差社会への変化は、格差の拡大といった社会それ自身の変化もあっただろうが、それ以上に大きかったのは社会に対する人びとの眼差しの向け方の変化であったと考えることができる（神林 二〇一二）。

ここで思い出してほしいのは、第1章で紹介した階層帰属意識の「静かな変容」である。総中流が問題にされた頃、社会経済的地位によって人びとの階層帰属意識が変わるということはあまりなかった。直感的にいえば、地位の高い低いに関係なく多くの人が自分を「中」だと考えており、「中の上」と「中の下」もあまり違いはなかったということである。しかし近年になると、社会経済的地位によって人びとの階層帰属意識がかなり変わってくるようになっている。地位の高い人は自分を「中の上」だと考えるようになってきているし、「中の上」と「中の下」の違いがはっきりみえるようになってきた。

問題となるのは、なぜこのような「静かな変容」が生じたのかであり、さらにいえば「静かな変容」の正体はそもそも何なのかということである。「静かな変容」が生じた理由については現在のところ確たる定説があるわけではない。しかしそのような変容が生じた理由として、たとえば「階層帰属を判断するときに想定されていた基準となる人びと（集団）が、一九八〇年代から二〇一〇年代にかけて変化したからだ」という仮説を立てることができる（数土 二〇一〇b）。ちなみに、「判断するときに想定される基準となる人びと（集団）」を、社会学では比較準拠集団と呼ぶ（マートン 一九六一＝一九五七）。

たとえば、一億総中流が喧伝された一九八〇年代頃は、人びとは身近な人びとと自身の生活を比較し、身近な人びとの生活を基準にして帰属する階層を判断していたと考えることができる。このように、階層的に似通った人たちを比較準拠集団にして（いいかえれば、そのような人たちこそが基準となる「普通の人びと」なのだと考えて）自身の帰属する階層を判断すれば、自身のことを「中」（いいかえれば、普通）だと判断する人が増えてしまうことを避けることはできない。その結果、客観的な階層的地位に関係なく、自身を「中」だと判断する人びとが増えてしまうのである。

しかし、二〇一〇年代にかけて人びとの間にさまざまな格差が意識されるようになると、人びとは社会全体に目をやるようになり、身近な人びととだけ自身の生活を比較するのではなく、社会全体の人びとと自身の生活を比較し、自身の帰属する階層を判断するようになる。当然、社会全体には自分と階層的に近しい人たちだけでなく、階層的にはさまざまな人が含まれることになる。したがって、たとえ不十分であっても、社会を構成するさまざまな人びとを比較準拠集団として（いいかえれば、日本社会の全体をより正確に反映しているような人たちを基準として）自身の帰属する階層を判断すれば、階層的に恵まれている人は自身を「上」ないし「中の上」と判断するようになるし、階層的に恵まれない人は自身を「中の下」ないし「下の上」「下の下」と判断するようになるはずである。かつては、比較準拠集団を身近な人びとにおくことで生じていた階層帰属判断の偏りは、比較準拠集団がより社会全体を包摂するようなものになることで修正され、そのために人びとは客観的な階層的地位に対応した階層（帰属）意識をもつようになったのである。

では、人びとが客観的な階層的地位に対応した階層（帰属）意識をもつということは、どういうことであろうか。それはその人の階層的地位をみればその人の階層（帰属）意識を正確に判断できるということにほかならず、いいかえれば階層的地位によってその人の階層（帰属）意識が強く規定されているということである。

階層イメージによる検証

このように、一九八〇年代から二〇一〇年代にかけて、人びとが自身の生活を判断する際に言及される比較準拠集団が「身近な人」から「日本人全体」に変化したという仮説を立てることによって、「静かな変容」が生じた理由を説明することができる。もちろん、比較準拠集団が変化することで「静かな変容」が引き起こされたという説明は、あくまでも仮説でしかない。この説明が妥当だというためには、この仮説が現実の社会調査データが明らかにする事実とたしかに一致しているかどうかを確認する必要がある。

比較準拠集団が変化したという仮説を検証するための一つのアイディアとして、人びとの階層イメージに注目することができる。ちなみに、ここでいう階層イメージとは、社会に「上」に属する人びとがどれくらい存在するか、「中」に属する人びとがどれくらい存在するか、そして「下」に属する人びとはどれくらい存在するか、このことについて人びとが抱いているイメージのことを意味する。たとえば、もし多くの人びとが「『中』に属する人びとが半数以上おり、『上』や『下』に属する人は少数派である」と考えているのだとしたら、その社会では中太りの中流社会という階層イメージが多くの人びとによって抱かれていることになる。そうではなく、多くの人びとが「『下』に属する人びとが半数以上おり、『上』や『中』に属する人は少数派である」と考えているのだとしたら、その社会ではピラミッド状の下流社会という階層イメージが多くの人びとによって抱かれていることになる（高坂・宮野 一九九〇）。

もし比較準拠集団が人によってそれぞれ異なっているのだとすれば、当然、個人間の階層イメージの差異も大きくなるだろう。しかし、もし想定されている比較準拠集団に大きな違いがないのだとすれば、個人間の階層イメージも似通ったものになるはずである。したがって、階層イメージの個人間のばらつきの変化をみることによって、比較準拠集団が変化したか否かを判断することができる。

たとえば、一九八〇年代には人びとによってさまざまな階層イメージがもたれ、階層イメージの個人間のばらつきが大きかったとしよう。このとき、階層イメージのばらつきが大きい理由として、人びとの間で想定されている比較準拠集団が異なっていることを理由として考えることができる。しかし、二〇一〇年代になって人びとによって抱かれている階層イメージが収束し、階層イメージの個人間のばらつきが小さくなったとしよう。今度は、階層イメージのばらつきが小さくなった理由として、人びとの間で想定されている比較準拠集団が次第に似通ったものへと変化したことを理由として考えることができる。つまり、もし階層イメージのばらつきが一九八〇年代から二〇一〇年代にかけて小さくなっていることを観察できたならば、それはばらばらだったはずの比較準拠集団が次第に共通のものへと変化してきていることを意味しているはずである。そしてそれは、先の仮説と符合する事実だといえる。

本節では、一億総中流社会から格差社会への変化が主として人びとの意識の変化だったのであり、しかもその変化は回答の内容ではなく、回答を導くプロセスの変化であったことを論じた。そして、そのような変化を生み出した背景を説明する仮説を立て、その仮説を検証する手立てについても議論した。

3　一九八五年から二〇一〇年にかけての変化

階層イメージの変化を追う

前節では、現実社会の変化を追ううえで、人びとの意識の変化に注目することの重要性を議論した。

次に問題とされるのは、人びとの意識の変化をどのようにしてとらえるかである。

おそらく、社会全体の人びとの意識の変化をとらえるうえでもっともよく使われる方法が、世論調査などに代表される、アンケートをもちいた社会調査データの分析であろう。もちろん、調査する者があらかじめ準備した質問項目に定型的に答えてもらうアンケートでの社会調査では、人びとの考えや感情のディテールが落ちてしまうために、どうしても得られる社会像は、現実社会の複雑さと比較すれば、単純化されたものにならざるをえない。しかし複雑な社会を複雑に記述しても、それは読む者を混乱させるばかりであり、私たちの社会に対する理解を深めてくれるわけではない。対象の全体像を理解するためには、現実の単純化をおこなう必要があり、いわば社会調査データはそのための素材を提供してくれるのである。

本節では、二つのデータセットを取り上げてそれらを比較することで、一億総中流が喧伝された一九八〇年代から、格差社会に対する問題意識が高まっている二〇一〇年代にかけて、人びとの階層イメージにどのような変化があったのかを明らかにしたい。

取り上げられる二つのデータセットのうち、まず一つは、一九八五年のSSMデータである。SSM1985では、「かりに、日本の社会全体のひとびとを上、中、下の3つの層に分けるとすれば①上《じょう》の層は何パーセントぐらいいると思いますか。②下《げ》の層は何パーセントぐらいいると思いますか」と尋ね、①と②のそれぞれについて回答を得ている。この質問項目は、回答者本人の階層意識を尋ねているわけではなく、いわば社会階層という観点から人びとにみえる社会全体のイメージ（階層イメージと呼ぼう）を尋ねているといっていいだろう。したがって、この階層イメージに注目することで、一億総中流時代の人びとの社会に対する自己イメージを知ることができる。

もちろん、変化を追うためには、ただ一つのデータセットを取り上げるだけではいけない。取り上げられるもう一つのデータセットは、SSP–I 2010 データである。もともと SSP–I 2010 は SSM 1985 との比較を意識して調査票が設計されているために、重要な質問項目について同じ質問形式を踏襲しており、そうした項目の一つに階層イメージがある。したがって、SSM 1985 と SSP–I 2010 の階層イメージに関する分析結果を比較することで、一九八〇年代から二〇一〇年代にかけて人びとの間に階層イメージについてどのような変化があったかを知ることができる。もちろん、たった二つだけのデータセットなので、階層イメージの変化を知るといっても限界はある。当然、そのことには十分に配慮する必要がある。

下方シフトとばらつきの減少

それでは、二つのデータセットを比較した結果をみてみることにしよう。表4-1は、年齢層を二五歳から六〇歳に揃えたうえで、SSM 1985 と SSP–I 2010 のそれぞれについて（人びとがイメージする）「上」の層の割合の平均と標準偏差と（人びとがイメージする）「下」の層の割合の平均と標準偏差を比較したものである。それぞれの数値を比較してみると、さほど変化していないものと、大きく変化しているものとが混在していることがわかる。

時代の変化をみるとき、一般には平均値の変化が注目されるかもしれない。人びとがイメージする「上」の層（もしくは「下」の層）の割合が増えたのか、それとも減ったのか、割合の増減はもっともわ

表4-1　性別の階層イメージ（2010年 vs. 1985年）

	男性			女性		
	度数	平均	標準偏差	度数	平均	標準偏差
上の割合						
2010年	(n＝720)	16.1***	13.6	(n＝892)	17.9***	12.4***
1985年	(n＝1,774)	18.1	14.4	(n＝971)	22.1	16.4
下の割合						
2010年	(n＝719)	32.0**	18.8	(n＝892)	29.4***	16.0
1985年	(n＝1,771)	29.4	19.5	(n＝966)	25.6	15.7

（注）　数字の右肩についている目印は，1985年の値と比較して，統計的に無視しえない差があることを意味している。***は統計的な誤差である確率が0.1％未満，**は1％未満である。

かりやすい変化の一つだからである。しかし本章では、平均値の変化だけに注目するのではなく、人びとのイメージがどれほどばらついているかを示している標準偏差の変化にも注目することにしたい。

ちなみに、標準偏差とは数値の間のばらつきの大きさを示す値である。したがって、標準偏差の値が小さいということは、「上」の層（もしくは「下」の層）の割合に関する人びとの回答が全体としてよく似たものになっていることを意味する。逆に、標準偏差の値が大きいということは、「上」の層（もしくは「下」の層）の割合に関する回答が人びとの間で異なっている程度が大きいということを意味する。

表4-1では、全体の結果を示すのではなく、性別で分けた結果を示している。このように性別で結果を示している理由は、SSM1985が男性と女性を分けて調査しており、しかも男性のサンプルサイズ（N＝四〇六〇）と女性のサンプルサイズ（N＝二一七一）とが大きく異なっているからである。もしこのことを考慮せず、ただ単純に全体の数値を比較してしまうと、SSM1985の方が男性の回答者を割合的により多く含んでしまっていることになり、結果に何らかの歪みが生じる可能性がある。そのような不都合を避けるため

に、ここではあえて男性と女性とを区別して比較をおこなっている。

まず平均値の変化について、簡単に確認することにしよう。男性についても、女性についても、人びとのイメージする「上」の層の割合の平均値は、一九八五年から二〇一〇年にかけて低下している。逆に、男性についても、女性についても、人びとのイメージする「下」の層の割合の平均値は、一九八五年から二〇一〇年にかけて上昇している。これらの平均値の変化は、いずれも統計的にみて無視できないほど大きなものであり、したがって単なる誤差だとは考えられない。

つまり、人びとの階層イメージは、「『上』が減少し、『下』が増大する」というように下方にシフトしている。第1章で述べたように、自分自身の階層アイデンティティを問うている階層帰属意識の回答分布は、「中」が大半を占めるという中太りの分布があいもかわらず維持されている。にもかかわらず、人びとの社会全体に対する階層イメージが下方にシフトしたということは、注目すべき事実だといえるだろう。

しかし、本章でより注目したいと考えているのは、このような平均値の変化ではなく、階層イメージのばらつきを意味する標準偏差の方である。次に、標準偏差の変化について確認することにしよう。

平均値の変化については性別を問わず同じような傾向を観察することができた。しかし標準偏差の変化については、性別で異なった傾向を見出すことができる。まず男性についてみてみると、「上」の層の割合をみても、「下」の層の割合をみても、標準偏差についていえば統計的には誤差としてみなしうる程度の変化しか生じていない。しかし女性についてみてみると、たしかに「下」の層の割合については標準偏差の変化はほとんどなく、誤差とみなしうる程度の違いしかない。しかし「上」の層の割合については、標準偏差の変化はきわめて大きく、この変化は統計的には誤差とみなしうる範囲を超えている。一九八五年には一六・四であった標準偏差は、二〇一〇年には一二・四にまで小さくなっているのだ。

このことは、女性の間に存在した階層イメージのばらつきが小さくなり、似通ったものになってきていることを意味している。いいかえれば、曖昧でばらばらだった階層イメージが、かつてよりも共通化され、明確なものに変わってきたといえるだろう。

以上が性別で比較したときにみられる人びとの階層イメージの変化であるが、さらに性別に加えて学歴別で人びとの階層イメージの変化をみてみても、興味深い変化を明らかにすることができる。

どの層がどう変わったのか

表4-2は、学歴別（大卒／非大卒）・性別でSSM 1985とSSP-I 2010のそれぞれについて（人びとがイメージする）「上」の層の割合の平均と標準偏差と（人びとがイメージする）「下」の層の割合の平均と標準偏差を比較したものである。表4-1のときと同様に、さほど変化していない数値があれば、大きく変化している数値もある。

まず平均値の変化であるが、学歴を考慮しなかったときには、性別に関係なく全体的に階層イメージが下方にシフトしていると述べた。しかし、学歴を考慮すると、そのような変化は主として非大卒層の間で起きており、大卒層の間では起きていなかったことがわかる。性別に関係なく、非大卒層では平均値に統計的には無視することのできない大きな変化が生じているのに、大卒層では統計的には誤差とし

表4-2　学歴・性別の階層イメージ（2010年／1985年）

	大卒男性 度数	大卒男性 平均	大卒男性 標準偏差	非大卒男性 度数	非大卒男性 平均	非大卒男性 標準偏差
上の割合						
2010年	(n=245)	12.8	10.4	(n=469)	17.7**	14.7
1985年	(n=427)	13.1	11.1	(n=1,347)	19.7	14.9
下の割合						
2010年	(n=245)	26.5	15.1***	(n=468)	34.6***	19.6
1985年	(n=425)	26.6	20.0	(n=1,346)	30.3	19.2

	大卒女性 度数	大卒女性 平均	大卒女性 標準偏差	非大卒女性 度数	非大卒女性 平均	非大卒女性 標準偏差
上の割合						
2010年	(n=150)	13.2+	9.5	(n=734)	18.8***	12.7***
1985年	(n=59)	14.4	11.3	(n=912)	22.6	16.5
下の割合						
2010年	(n=149)	25.3	15.0	(n=735)	30.2***	16.1
1985年	(n=58)	22.2	14.8	(n=908)	25.8	15.7

（注）　数字の右肩についている目印は，1985年の値と比較して，統計的に無視しえない差があることを意味している。***は統計的な誤差である確率が0.1％未満，**は1％未満，+は10％未満である。

て無視できるような変化しか生じていないからだ。したがって、人びとの階層イメージ上に生じた一億総中流から格差社会への変化は、高学歴層においては観察することができず、中・低学歴層でのみ観察することのできる変化だったといえる。

では次に、標準偏差の変化を確認することにしよう。

非大卒層に限定したときも、男性についてはほとんど変化がみられず、女性についてのみ変化を観察することができる。非大卒層の女性に注目すると、「下」の層の割合に関する標準偏差はあまり変化していないけれども、「上」の層の割合に関する標準偏差は大きく変化しており、その変化は統計的に誤差とみなしうる範囲を超えている。

一般的に日本は性差別的な傾向の強い社会であり、女性の社会的地位は男性の社会的地位よりも低く抑えられがちである。したがって、非大卒の女性にとって、社会の上位層は相対的にもっとも遠い社会階層だということができる。このことを考慮すれば、非大卒の女性にとってもっとも遠くに位置するためにばらつきがちであった上位層のイメージが、一九八五年から二〇一〇年の数十年間でよりはっきりとみえるようになり、ばらつきが小さくなったのだと、この変化を解釈することができる。

興味深いことに、大卒層に限定すると、これとはまた異なる変化が浮かび上がってくる。大卒に限定すると、今度は男性についてのみ変化を観察することができるようになり、女性については変化を観察することができなくなるのだ。そして大卒層の男性をみると、「上」の層の割合に関する標準偏差はあまり変化していないのに、「下」の層の割合に関する標準偏差が大きく変化しており、そしてその変化は統計的に誤差とみなしうる範囲を超えてしまっている。

先に、女性の社会的地位は男性の社会的地位よりも低く抑えられていると述べた。逆にいえば、それは男性の社会的地位が高いということであり、大卒の男性にとって社会の下位層は相対的にもっとも遠い社会階層だということができる。このことを考慮すれば、大卒の男性にとってもっとも遠くに位置しているためにばらつきが生じやすかった下位層のイメージが、一九八五年から二〇一〇年の数十年間でよりはっきりとみえるようになり、ばらつきが小さくなったのだと、今度はこう解釈することができる。

階層イメージの収れん

以上の結果をまとめると、次のようになるだろう。

人びとの階層帰属意識に注目するならば、一億総中流の時代においても、格差社会の時代においても、その回答分布はほとんど変化していない。したがって、人びとの階層帰属意識だけをみているときは、総中流がそうであったように格差社会も錯覚でしかなく、依然として人びとは総中流のときと変わらない階層意識を抱いているようにみえる。しかし、人びとが社会全体に対して抱いている階層イメージに注目するならば、一億総中流の時代から格差社会の時代にかけて、(「上」の割合が減り、「下」の割合が増えるという) 下方シフトが生じている。いわば、一億総中流から格差社会の時代変化とは、人びとの階層イメージ上の変化だったのである。しかも、単に階層イメージが下方にシフトしたというだけでなく、人によってばらばらだった階層イメージは、次第に似通ったものに変わりつつある。いってしまえば、人びとの階層イメージは、一九八〇年代から二〇一〇年代にかけて共有化されつつあるのだ。

さらに注目しなければならないことは、このような階層イメージの共有化は、すべての社会階層において、同時に起きているわけではないということである。たとえば、そのような階層イメージの共有化は、男性よりも、女性において顕著な傾向だったのである。また、階層イメージの共有化は、自分たちにとって相対的に遠かった社会階層についてのイメージが明確化するというかたちで発生している。たとえば階層イメージの共有化は、大卒の男性にとって (相対的にもっとも遠い) 下位層に対するイメージが明確化するというかたちで進行し、逆に非大卒の女性にとって (相対的にもっとも遠い) 上位層に対するイメージが明確化するというかたちで進行している。

第2章で紹介されたFKモデル (高坂 二〇〇六) が仮定していたように、人びとは自分に近い社会階層については比較的正確なイメージをもつことができるのに対して、自分とは遠い社会階層についてはどちらかといえば不正確なイメージしかもつことができない。にもかかわらず、相対的に遠くにあるはずの社会階層のイメージが次第に明確化しているということは、社会全体で情報の共有化が進み、かつては心理的に遠くに感じていた社会階層も次第に身近に感じることができるようになってきたことを示唆している。そしてこれこそが、一億総中流から格差社会という、一九八〇年代から二〇一〇年代にかけて生じた日本社会の変化だったのである。

では、人びとの階層イメージが共有化されることによって、人びとの階層的アイデンティティ（階層帰属意識）にどのような変化が生じたのだろうか。

人びとの階層イメージは、自身の階層的アイデンティティを定めるうえでの比較準拠集団をもとに構成されていると考えられる。当然、階層的アイデンティティを定めるための比較準拠集団が人びとの間で共有化されれば、社会経済的地位が階層的アイデンティティに対してもっている効果も次第に標準化されていくだろう。いいかえれば、社会経済的地位の効果は、人によってさまざまであった状態から、おおよそ似通ったものになる状態へと移行していくはずであり、階層帰属意識への社会経済的地位の規定力が増すという「静かな変容」が生じることになる。

4　階層イメージの共有化と、社会問題に対する認識の変化

第2節では人びとの階層意識の「静かな変容」を説明する仮説を提示し、そして第3節では二つの社会調査データを比較することで人びとの階層イメージについて生じた変化を明らかにした。本節では、第3節で明らかにされた事実をもとにして、先に提示した「階層帰属を判断するときに想定されていた

基準となる人びと（集団）が、一九八〇年代から二〇一〇年代にかけて変化した」という仮説が妥当なものとして支持されるのかどうか、そしてもし仮説が支持されるのだとするならばそれはどのようにしてなのか、このことを検討することにしよう。

まず仮説では、一九八〇年代では身近な人たちだけを比較準拠集団においていたと想定している。そして、人によって想定される比較準拠集団が異なっているために、人びとによって抱かれる階層イメージのばらつきが大きくなっていると考えた。

実際に先の分析結果をみると、とくに一九八〇年代における女性の階層イメージのばらつきが、二〇一〇年代のばらつきと比較すると、大きくなっていることがわかった。これは、先の仮説と符合する事実だといえる。しかし、なぜ男性については変化が観察されず、女性だけに変化を見出すことができたのだろうか。おそらくその背景には、女性の社会進出に対して抑制的であった当時の社会状況があると考えられる。つまり、当時は男性と比較すると社会経験が限られていたために、女性は自分たちと階層的に遠い部分についてはあいまいなイメージしかもてず、そのために階層イメージのばらつきが大きくなったのである。

また学歴別に階層イメージのばらつきの変化を比較したときは、男性についても階層イメージのばらつきの変化があったことがわかった。大卒層に限れば、一九八〇年代における男性の階層イメージのばらつきは、（下位層の部分について）二〇一〇年代よりも大きくなっていた。これも、先の仮説と符合する事実である。これは、大卒男性が社会の上位層に位置づけられていたために、当時の大卒男性は自分たちと階層的に遠い下位層については不正確なイメージしかもてず、そのために階層イメージのばらつきが大きくなっていたと考えることができる。

このように、第2節で提示した仮説と第3節で示した事実とを照らし合わせると、両者の間には整合性がある。しかも第3節で示されている事実は、単に第2節で提示した仮説を支持しているだけでなく、いくつかの新しい知見も明らかにしている。明らかにされた新しい知見の一つは、階層イメージは単に共有化されただけでなく、下方にシフトしていたということである。そしてもう一つの新しい知見は、階層イメージの共有化は、すべての社会階層において一様に生じたわけではなく、ある階層の人びとにとってもっとも曖昧かつ不正確だった部分が明確化されるというかたちで不均質に生じたということである。

イメージの共有化と歪み

しかし、階層イメージの共有化は、なぜある特定の階層の人びとを中心に不均質に生じたのだろうか。その理由として、人びとの階層イメージの歪み方の違いを考えることができる。

人びとの階層イメージにある種の歪みが生じるのは、FK（ファラロ＝高坂）モデルにおいて仮定されていたように、階層的な距離が影響してくるからだと考えられる（高坂 二〇〇六）。まず人は、自身と階層的に近い人びとについては相対的に多くのことを知っており、それゆえ相対的に正確なイメージをもつことができる。しかし、自身と階層的に遠い人びとについてはあまりよくは知っておらず、それゆえ不正確なイメージしかもつことができない。したがって、階層イメージの歪みが修正され、共有化されるということは、階層的に近い人びとに対するイメージはそのまま保持される一方で、階層的に遠い人びとに対するイメージが修正されるというかたちで進行することになる。しかし、所属する階層はそれぞれ異なっているので、人によってどの部分に対するイメージが保持され、そしてどの部分のイメージが修正されるのかは違ってこざるをえない。たとえば、社会の上位層に所属する人びとは、「上」に対するイメージは保持され、そして「下」に対するイメージが修正されることになるだろう。一方、社会の下位層に所属する人びとは、「上」に対するイメージが修正され、そして「下」に対するイメージは保持されることになる。その結果、社会の上位層に所属する人びとの階層イメージと、下位層に所属する人びとの階層イメージがより似通ったものに変化していくことになる。

このように考えれば、とりわけ大卒男性において「下」の割合に関する階層イメージのばらつきが小さくなったことも、あるいはとりわけ非大卒女性において「上」の割合に関する階層イメージのばらつきが小さくなったことも、いずれも整合的に理解することができる。

たしかに、人びとの階層イメージの変化の生じ方は、一見すると不均質に、いいかえればばらばらに生じているようにみえる。そのため、個々の変化を個別に理解しようとすると、全体の変化の方向性を見失ってしまうことになるだろう。しかし実際には、どの変化も、階層的に近い部分については階層イメージに大きな変化はなく、階層的に遠い部分については大きな変化が生じているという点で共通している。それはすべての階層イメージの変化に共通する特徴だったのである。

そしてその結果、社会全体でみたときには、人びとの階層イメージは単に下方にシフトしたというだけでなく、所属階層によって生じていた認知的なバイアスが修正され、相対的に現実を正しく反映するようになった。この変化は、比較準拠集団が周囲の身近な人びとから社会全体へと拡大したという本章の仮説と符合するものになっている。上位層の人は上位層の人とだけ比較するのではなく、下位層の人は下位層の人とだけ比較するのではなく、上位層も下位層も含めた社会全体を視野に入れて階層イメージを形成するようになる。つまり私たちは、この事実を、本章の仮説の妥当性を支持する経験的な証拠としてみなすことができるのである。

階層イメージとどう向きあうか

しかし、SSM 1985 と SSP-I 2010 のデータによって示された人びとの階層イメージの変化は、人びとの社会に対するイメージの変化が現実社会に与える衝撃の大きさを明らかにしているといえはしないだろうか。

もしここまでの議論が正しいものであったとするならば、人びとの意識の変化は自分たちを取り囲む環境の直接的な変化に起因するというよりは、むしろ人びとの社会経験の深化によってもたらされたといえる。今までは周囲の人びとしかみておらず、それゆえ社会全体に対するイメージは、不明確なままにされていた。しかし、(たとえば、女性が三〇代以降も働き続けられるようになったことで)社会との接点をより多くもつようになり、またそうでなくても多くの人が社会全体を視野に入れて階層を考えることができるようになることで、社会全体に対するイメージはかつてよりも明確化され、そして共有化されていった。そのようなプロセスのなかで、「『上』の割合が減少し、『下』の割合が増大する」という階層イメージの下方シフトが発生したのである。いわば、吉川が「静かな変容」と記述した総中流社会から格差社会への変化は、(かりに人びとの認識の変化だけによって引き起こされたというのはいいすぎであったとしても）人びとの認識の変化が原因となって引き起こされた面が強かった。このことを直観的にいえば、貧しい人びとが増えたから格差社会が議論されるようになったのではなく、今までみえていなかった貧しい人びとの姿が社会の多くの人びとにみえるようになったために、格差社会が熱心に議論されるようになったということになる。

もちろん、このようにいったからといって、一億総中流は単なる幻想でしかなかったとか、あるいは格差社会が単なる人びとの思い込みにしかすぎないとか、そういったことを主張したいわけではない。私たちの社会に対するイメージは現実社会と無関係に形成されるわけではなく、やはり現実社会と深く結びついている。しかしたとえ同じ現実であっても、社会に対する認識の仕方が変わることで、まったく異なるものであるかのように現象してしまうこともまた事実なのである。

しかも、人びとの社会に対するイメージは、今度は逆に現実社会に対して無視できない影響を及ぼしてしまう。たとえば、客観的な状況に大きな違いがないときでも、総中流のイメージをもつ人びとの価値観や行動は、格差社会のイメージをもつ人びとの価値観や行動と異なってくるだろうし、それは結果として二つの社会の間に大きな違いをもたらすことになるはずだ。

一般には、実証的な社会学者は、余計な先入観や偏見をもたずに虚心になって、ただデータが語ることに耳を傾けることが求められている。もし社会学者がそういった先入観や偏見に惑わされて、データが示している事実を見落とすようなことがあれば、その社会学者は手にしているデータの価値を無駄にすることになるからだ。

たしかに、手にしているデータからできる限り有用な情報を引き出し、データが語るものを十全に受け止めるには、データをあるがまま受け入れることが大切だろう。しかし社会学者は、現実の社会を構築している日常生活者のひとりでもある。そして日常生活者としての社会学者がとらわれている先入観や偏見も、現実社会の一部である。したがって「人びとの主観を離れて存在する客観的な現実を、科学的な手法をもちいて明らかにする」ことだけでは、大きな見落としをしてしまうことになる。客観的な現実を明らかにするとともに、その現実を人びとがどう認識しており、そしてどう誤解しているのかを明らかにすることもまた社会学にとって重要なのであり、それは（おそらくは社会学者自身も抱いているであろう）人びとの先入観や偏見を研究の対象にするということなのである。

研究者によっては、「人びとがどう考えているかではなく、実際に社会がどうなっているかが大切なのだ」と主張する者もいるかもしれない。たしかに、先入観や偏見に惑わされずに客観的な事実を明らかにすることが必要とされる場面もあるかもしれない。しかし、人びとが想っていることも明らかにすべき社会的事実の一つなのだということを忘れてはいけない。そしてその場合には、人びとの意識の変化を追うことが、社会の変化を追うことになるだろう。

一億総中流など幻想にすぎなかったと切り捨てる前に、あるいは人びとは格差に対して過剰に反応しすぎているなどという前に、なぜ人びとはそのように想い、そして人びとの想いはなぜ変化したのか、このことを明らかにし、説明することが大切である。

5　階層意識の新次元へ

本章では、人びとの階層意識が一九八〇年代から二〇一〇年代にかけて総中流から格差社会に変化した理由を、人びとの比較準拠集団が変化したことに求めてきた。かつて人びとは、身近な人たちをみて社会全体の階層イメージを形成し、そして身近な人たちと比較して自分自身の帰属する階層を判断してきた。しかし時代が変化し、人びとは身近な人たちだけをみて社会全体の階層イメージを抱いたり、あるいは主観的な階層地位を判断したりするのではなく、相対的に社会全体を視野に入れながら階層イメージを形成し、主観的な階層地位を判断するようになってきている。その結果、階層帰属意識の回答分布には大きな変化がみられないにもかかわらず、人びとの階層意識には吉川が明らかにしたような「静かな変容」が発生したのである。

そして本章では、この仮説の妥当性を検証するために、人びとの間の階層イメージのばらつきに注目した。階層イメージのばらつきに注目した結果、①人びとの階層イメージはかつてよりもばらつきが小さくなっていること、②ばらつきの縮小は回答者にとって階層的には比較的遠い部分のイメージがより明確化したことで生じていること、③階層イメージの明確化は階層イメージの下方シフトをともないながら生じていること、これらのことが明らかにされた。明らかにされた事実は、いずれも本章の仮説の妥当性を支持するものといえる。

私たちの社会にはさまざまな場面に格差が存在し、そして人びとはそうした格差をかつてよりも強く問題として意識するようになった。これは、重要な社会的事実だといってよい。しかし、この社会的事実を説明するためには、対応する客観的な現実の変化だけに注目していたのでは不十分だったのである。なぜならば、このような社会的事実を生み出した原動力は、いわば人びとの階層意識そのものだったからである。

したがって、このような社会的事実を説明するためには、人びとの階層イメージや階層帰属意識といった「次元」に注目することが大切だったのである。統計データに精通している者は、客観的事実から乖離した人びとの階層意識を思い込みや幻想として切り捨てようとするかもしれない。しかし本当は、私たちが生きている現実の日本社会を正しく理解するためにこそ、単なる思い込みや幻想のようにみえる「人びとの頭のなかの日本社会」を明らかにすることが不可欠だったのである。

コラム④　福祉意識研究が示す階層意識研究の将来

階層と意識の関連については、社会意識研究の多くの分野で検証されてきた。そのなかでも、階層意識研究にとって大きな貢献をもたらす分野として、福祉国家や社会保障制度への意識を対象とした福祉意識（Welfare Attitudes）研究があげられる。なぜ福祉意識研究が階層意識研究に貢献するといえるのか。これには二つの理由がある。第一に、福祉意識研究では、階層が意識を規定する主要な要因とされ、その効果について精緻な検証が進められている。福祉意識研究では、福祉国家がもたらす利益と負担のバランスが階層ごとに異なっており、そうした自己利益の大小が福祉国家への意識に影響を与えると考えられてきた。この自己利益仮説は当初、福祉国家をめぐる政治を階級間の対立ととらえる立場から検証されてきた（たとえば Svallfors 1995）。しかし、近年では階級の違いに還元されない、より細分化された利害関係——職業ごとのスキルとそれにともなう失業リスクの差や、雇用先が公的機関か民間かなど——の効果に焦点を合わせた研究も行われている（Cusack et al. 2006; Iversen and Soskice 2001; Rehm 2009）。これらの研究は、従来の職業分類にとどまらない、個人の階層に関するよりミクロな要素に注目することにより、階層の効果の検証を発展させているといえるだろう。

第二に、より重要な理由として、福祉意識研究では、マクロな制度の影響を焦点の一つとしてきたことがあげられる。これにより、階層と意識の関連が生じるメカニズムについての検証が進められてきた。エスピン＝アンデルセン（一九九〇＝二〇〇一）の福祉国家レジーム論を背景にもつ福祉意識研究では、社会保障制度に対する意識の違いが社会保障制度の違いと対応するのか、という国際比較の観点が早くから取り入れられてきた。そして、International Social Survey Programme や European Social Survey といった国際的な社会意識調査プロジェクトが行われるようになったこと、および、階層線形モデルなどの分析手法の発展を受けて、制度の効果を分析に取り入れた研究が爆発的に増加している。

これらの研究は、政策フィードバック理論（Campbell 2012; Mettler and Soss 2004; Pierson 1993）にもとづいている。この理論では、制度がその制度自体に対する意識を形成していくメカニズムが検証されている。ピアソン（Pierson 1993）によれば、このメカニズムは二つに分けられる。第一のメカニズムは資源効果と呼ばれ、制度が物質的な資源の配分を通じてその制度を支持するインセンティブを形成することで、人びとの意識に影響を与えるというものである。たとえば、国民の多くが恩恵を受けられる普遍主義的な社会保障制度がある場合、階層にかかわらず社会保障制度を支持するインセンティブが形成される。これに対し、限られた生活困窮者のみが恩恵を受ける選別主義的な制度をもつ場合、階層によってインセンティブに差が生じる。つまり、社会保障制度の違いは階層とインセンティブの関連のあり方の違いを生み出し、それによって階層が社会保障制度の支持に与える効果に影響をもたらしていると考えられる。ただし、一般の市民にとって、個々の社会保障制度がどのようなもので、利益と負担のどちらが大きいのかを判断することは難しい。そこで、説明効果と呼ばれる第二のメカニズムが働く。このメカニズムは、制度のあり方が、その制度自体についての認識の枠組みを提供することで、人びとの意識に影響を与えるというものである。たとえば、給付が税金の控除によるものなのか、直接給付であるのか、徴税が間接税を通じて行われるのか直接税によるものなのかによって、利益や負担を認識する程度は異なるだろう。さらに、社会保障制度は受給者のイメージにも影響を与える。生活保護制度のような選別主義的な給付制度は、受給者に「働かない人」などの否定的なイメージを付与する傾向にある。この場合、生活保護を受給しない人たちからの制度の支持は低くなる。

しかし、上記のようなフィードバック効果の検証はいまだ途上であり、一貫した結果は得られていない。ではなぜフィードバック効果が生じる場合と生じない場合があるのか。これに対し、ソスとシュラム（Soss and Schram 2007）は、フィードバック効果が生じるかどうかは、制度がどの程度認知されているかという顕在性と、その影響が時間的・空間的に近くに生じるかという近接性に依存するという仮説を提示している。つまり、人びとが制度について認知していなければ、また、制度の影響を身近に感じていなければ、制度は人びとの意識に大きな影響を与えない。さらに、資源効果と説明効果は常に同時に生じるわけではなく、どちらか一方が中心となる場合もある。そして、どちらが中心となるのかも、顕在性と近接性の程度に依存する。顕在性が高い一方で、近接性が低い場合、政治家やメディアによる言説を通じた説明効果が優位となる。たとえば、生活保護制度の改革は、多くの市民の関心を集める一方で、その影響を受ける人の割合は高くない。このため、メディアや政治家の言説を通じて、人びとは改革の影響を理解し、制度への態度を決める。これとは反対に、特定の産業を保護するかたちで行われる規制のように、生活への影響が大きく、近接性が高い一方で、人びとにあまり認識されておらず顕在性が低い制度もある。この場合には、制度の影響は生活への直接の影響を通じた資源効果が中心となる。

これらの想定からは、フィードバック効果が生じる過程が、制度について説明する政治家や政党、メディアの存在、制度の利用者の地理的な集中など、さまざまな要素に影響を受けた、複雑なものであることがわかる。したがって、その検証は容易ではない。このうち、政党による言説の影響については、マニフェストをもとにした指標化の試みを通じて検証が進められており、その制度についてマニフェストで言及されているほど階層の効果が強くなることなどが示されている（Kumlin and Svallfors 2007）。また、パネル調査を用いることで、制度変更についての認知と意識の変化の関連を検証する試みも行われている（Hetling et al. 2008）。

日本における福祉意識研究では、失業経験や階層間の移動可能性などを視野に入れた階層効果の精緻化が行われ、一定の成果がみられている（篠崎 二〇〇五、大竹・富岡 二〇〇三）。その一方で、フィードバック効果の直接の検証は行われていない。また、既存の研究結果（上村 二〇〇〇、武川編 二〇〇六、武川・白波瀬編 二〇一二）を概観すると、少なくとも資源効果を通じたフィードバック効果については生じているとはいいがたい。日本の社会保障制度は雇用形態や企業規模など、労働市場における地位によって分断されており、生活保護制度は選別主義的である。したがって雇用形態や所得による社会保障制度への支持の分断が生じると予測されるが、分断の有無について一貫した結果は得られておらず、階層要因の説明力も高いとはいえない。これらのことを踏まえると、日本における福祉意識と階層の関連を考えるうえでは、個々の制度にともなう利益と負担の認識が形成されるメカニズム――説明効果――を検討する必要があるだろう。

このように福祉意識研究においては、階層の効果の精緻化とフィードバック効果への注目という二つの面で、階層と意識の関連についてのさらなる検証が進んでいる。これらの試みは、階層と意識の関連が生じるメカニズムをミクロとマクロの両面から精緻に描き出そうとすることで、階層意識研究に新たな展開の可能性を提示しているのではないだろうか。

第Ⅱ部

社会階層と現代社会の意識のあり方

Part 2

第5章　どうして「社会は変えられない」のか
——政治意識と社会階層

1　政治意識の問題背景

ポスト冷戦・五五年体制における政治の変化

東西冷戦そして五五年体制の終焉から二〇年以上が経過した。この間、日本の政治はつねに変化のただなかにあった。国政では、自民党の一党支配が終わり、非自民、自民党と社会党、自民党と公明党、民主党中心……というようにさまざまな組み合わせの連立政権が続いた。その多くが不安定であり、もっとも安定していた小泉政権は、（「自民党をぶっ壊す」という）「自己批判」によって延命を図るという矛盾を抱えていた。

地方政治にも従来にない変化が目立った。一九九〇年代半ばから、全国各地で「改革派」知事が注目を集めた。「タレント」出身の知事も都市・地方を問わず多く誕生し、「無党派」を掲げる首長も各地で登場した。この時期、住民投票運動も広く浸透した。原発やダムの建設、基地問題など地域の問題を争点とし、多数の住民投票が実施された。

二〇〇〇年代以降は、小泉首相や地方の首長たちによって「ポピュリズム」と称されるような政治が台頭した。大阪の橋下徹市長や名古屋の河村たかし市長がその代表格である。彼らは、既存の政党、利益集団などを攻撃し、従来なかったような改革のトピックを掲げることで、世論の支持を得ようとした。

この二〇年間の政治変容を総体としてみるならば、それは「脱政党」時代の到来ととらえられる。政治の中心にあった「政党」が次第に周辺的な存在となり、ふつうの市民、そしてその市民から政党を媒介せずに負託を受けた政治家個人が直に行動することで社会を変えるような時代が訪れたのである。

では、その社会的背景とは何か。そこに政党および政治全般に対する不信感をみることはたやすい。しかし、「脱政党」現象は、政党や政治家の能力のなさや自己利益のみを追求する姿勢だけが原因で生じているわけではない。なぜなら、「脱政党」現象もしくは政治の流動化は、日本にとどまらず先進諸国に同時代的にみられるからである（Dalton 2004）。

社会変動と政治の変化に関してよく言及されるR・イングルハートなどの議論によれば、一定の物質的豊かさ、生活水準を達成した社会において、「脱政党化」は半ば必然である。物質的な豊かさを達成した人びとは、非従属的、自律的な生活選択が可能となり、そのような志向を強くする。また、豊かな社会は高学歴化、高度情報化も同時にもたらし、人びとの自律性を高める方向へと作用する。結果、政治の「権威」は失われ、かつ利害や価値の集約も困難となることで、人びとは政治が自分たちの意見を的確に反映していないと考え、不信感を募らせることになる。ゆえに、既存の政治の回路を経由しない、「エリート対抗」型の政治がより一般的となるのだ（Inglehart 1990=1993; Dalton and Wattenberg 2000）。

こうした議論は、社会変動と政治変容の方向性を示したものとして広く受け入れられてきた。それにもとづくならば、「脱政党化」は悲観すべき現象ではない。むしろ、人びとがより自律的に行動することで社会はよりよい方向へと変革されていく、との前提が共有されていたのである。

社会変革の担い手はどこへ？

日本の実証研究でも、「エリート対抗」型政治への流れはおおむね支持されてきた。本章でも扱う一九九五年のＳＳＭ調査データから政治意識の分析を行った諸論文について、海野（二〇〇〇：ix）は「高学歴化の中で自覚的に政治的選択を行いうる層への着目と期待」が示されたとまとめている。新しい世代の高学歴層や専門職・ホワイトカラー層は自律的・主体的に行動する能力がある。特定の政党を支持することはないが、むしろそれゆえにこそ社会を変える担い手となりうるというのである。

しかし、この約二〇年間、そうした社会層は政治への関与を強め、社会変革の担い手として着実に歩んできたといえるだろうか。たしかに、住民投票運動ではその一端を担っただろう。既成政党の支持によらない首長の当選にも少なからず寄与しただろう。ただし、次のような問題もあわせて指摘されている。

第一に、「ポピュリズム」をめぐる問題である。既成政党を批判する新しい政治リーダーの登場は注目を集めた。しかし、それは市民の自律性の発揮というよりむしろ、権威主義的リーダーへの従属ではないか、との批判も噴出した。なお、当初は階層的「弱者」が不安にかられて「ポピュリズム」政治家を支持しているのではないか、との説が流布していたが、実証的な調査研究によってむしろ、中上層に位置する人びとが積極的に「ポピュリズム」を支持する傾向にあることが明らかになっている（松谷 二〇一二、善教ほか 二〇一二）。自律的市民と期待された人びとがむしろ、委任的ともとれるような政治的選択を好んで行っているのである。

第二に、若い世代の「保守化」の指摘である。何をもって保守化とみなすかは議論のあるところだが、若者の社会意識全般が経済状況の悪化によって現状維持的になっている、消極的になっているとの指摘が近年よくなされる（山田 二〇〇九）。実証的な見地からの意識の変化もたびたび指摘されるところで（NHK放送文化研究所編 二〇一〇）、ＳＳＭ調査でも反権威主義的意識の増加傾向が止まり、逆方向への変化が確認されている（轟 二〇一一）。

第三に、近隣諸国関係の変化やネットを中心とした右派的主張の拡散である。近年注目されたヘイトスピーチ、右派雑誌の活況など、必ずしも特定世代に限定された現象とはいえないが、若い世代の関与が指摘され（安田 二〇一二）、なおかつ階層的「弱者」にとどまらない広がりをもつ（樋口 二〇一四）。

これらの事例からすると、「期待」された社会層は、実は「期待」どおりの存在ではもはやないのではないか、との疑問が生じる。現代日本社会における、とくに若い世代の高学歴層、専門職・ホワイトカラー層の政治意識とは、はたしてどのようなものなのだろうか。本章ではこの問いについて分析を行いたい。くわえて、意識を規定する要因、およびその政治的帰結についても検討する。調査データは主に、SSM 1995 および SSP-I 2010 から得られたものを用いる。実証的知見を得たうえで、世代交代により日本社会はどのような方向へ向かおうとしているのか。どのような社会を展望することができるのか、といったことを考えてみたい。

2 ポスト五五年体制期における政治意識の変化

誰が政治にかかわるのか

本節では、「エリート対抗」型政治の担い手と想定される自律的市民の実態を、データから確認する。自律的な政治意識の指標として、ここでは「反権威主義的意識」と「政治的認知能力」を取り上げる。

反権威主義的意識は、日本の社会学では比較的重視され、一定の研究がある。狭い意味での政治意識とはいえないが、「政治的知識に関する理解の高さや、政治的主体性への意欲という、政治的積極性に連なる」（轟 二〇〇〇：二〇六）ものと理解されている。また、以前の調査では権威主義的意識と保守政党支持との間に明確な関連があることも示されている（直井・徳安 一九九〇、轟 二〇〇〇）。逆にいえば、反権威主義的意識は反保守政党（もしくは反体制）という政治的選好を帰結するということである。

政治的認知能力は、政治的有効性感覚、つまり、個人が政治に影響を及ぼすことができるという感覚の一構成要素として以前から用いられてきた（Campbel et al. 1960）。また、政治的認知能力をそなえつつも、既成政党とは距離がある人びと（認知的無党派）が、「エリート対抗」型政治の担い手として注目されてきた経緯がある（Dalton 1984、片瀬・海野 二〇〇〇、小林 二〇〇二）。実際、政治的認知能力が高いほど、政治に直接かかわる傾向がある（Verba et al. 1995）。

反権威主義的意識も政治的認知能力も、ともに学歴との関連が繰り返し確認されてきた。ゆえに、高学歴化は自律的な政治意識の拡大をもたらし、社会の変革へとつながるとの想定も可能であった。では、

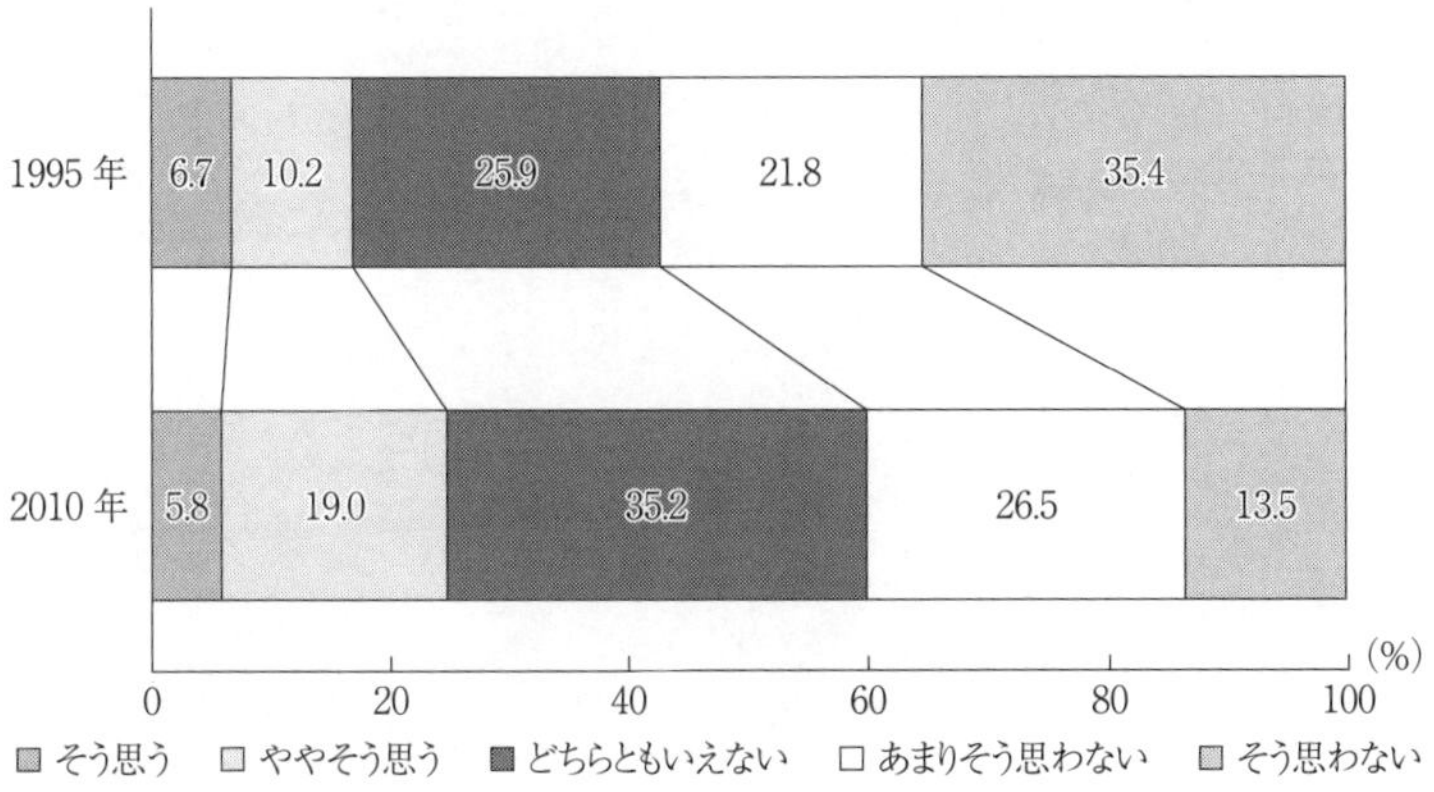

図 5-1　「権威ある人々にはつねに敬意をはらわなければならない」

実際にこれらの意識はどのような分布となっているのだろうか。一九九五年と二〇一〇年の調査結果を比較しつつ確認したい。

まず、反権威主義的意識である（図5-1）。具体的な設問は、「権威ある人々にはつねに敬意をはらわなければならない」という意見への肯定-否定の程度を五段階で問うものである。権威主義をはっきり否定する（=「そう思わない」）意見がこの一五年で大きく減少しているのは明らかである（マイナス二一・九ポイント）。その分、「ややそう思う」「どちらともいえない」という回答が増加している。SSM 2005 で指摘された反権威主義的意識の減少傾向は、二〇一〇年時点でも持続しているといえるだろう。

では、政治的認知能力についてはどうか（図5-2）。これは、「政治のことは難しすぎて自分にはとても理解できない」という意見に対する肯定-否定の程度（五段階）を指標としている。政治的認知能力の変化の方向性は一概にはいえない。両端（「そう思う」「そう思わない」）の回答の選択率がともに低下し、中間回答が増加している。政治を「難しすぎる」と考

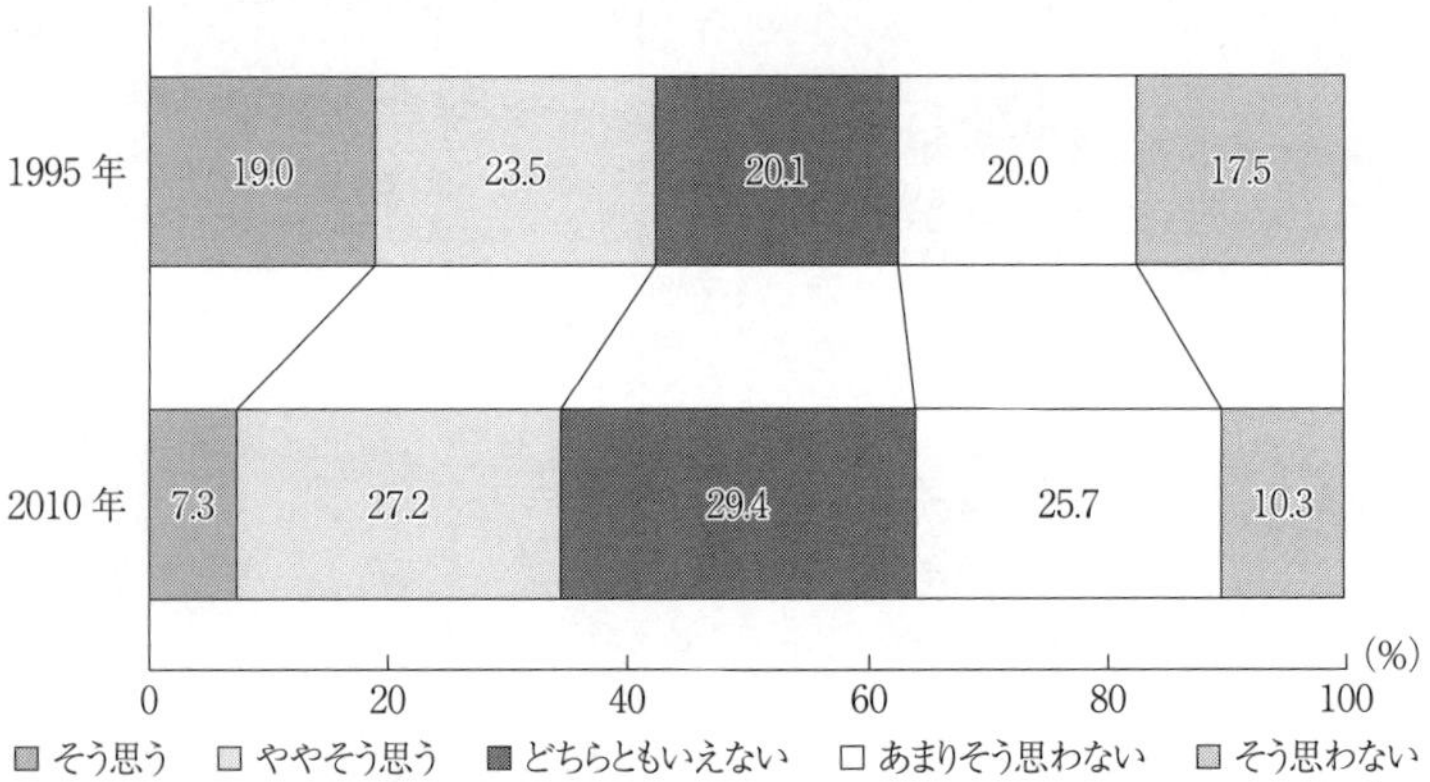

図 5-2 「政治のことは難しすぎて自分にはとても理解できない」

える者は減ってきている（一九・〇%→七・三%）。しかし一方で、政治の理解に自信をもつ者もまた減少傾向にあるのだ（二七・五%→一〇・三%）。

他の世論調査では？

これらの変化は、どの程度信頼できるものだろうか。もし、他の世論調査でも、同様の傾向がみられるとすれば、その変化はより確証の強いものといえるだろう。まず、反権威主義的意識であるが、これはSSM 2005も含めると、三時点の変化から一貫した減少傾向が確認できる。しかも、その変化の量が大きいことから、明確な変化といってよいだろう。また、一節でもふれたように、保守化、伝統重視への方向への変化はＮＨＫ「日本人の意識」調査などでも指摘されているところである。

政治的認知能力については、変化の量が相対的に小さいことから、より慎重な判断が必要である。ＮＨＫ「日本人の意識」調査では、「権利に関する知識」を尋ねる質問があるが、三〇年以上も正解率が減り続けている（ＮＨＫ放送文化研究所

編 二〇一〇)。政治的認知能力の低下ともいえそうだが、政治的知識の有無と回答者の自己認識とが一致しているとは限らない。

日本版 General Social Surveys(JGSS)では、「政治や政府は複雑なので、自分には何をやっているのかよく理解できない」という質問があり、二〇〇〇年以降、五回の調査で用いられている。その結果をみると、一〇年間で変化はほとんどみられない。もちろん、一九九〇年代以前と比べた場合には、はっきりとした変化がみられるのかもしれないが、現時点では変化の有無は判断しがたい。

しかし、本章での問題関心をふまえるならば、この結果はとても興味深い。年々、高学歴層の割合が増えているのに、反権威主義的意識は減少し、政治的認知能力は微減か変化なしという結果だからである。教育期間が長期化したとしても、人びとの自律性は単純に増加するものではない、ということなのだろうか。この点は後で検討したい。

くわえて気になるのは、反権威主義的意識と政治的認知能力との関連である。これまでの研究では、高学歴化、高度情報化によって人びとの知識が増し、それによって自律的な意識が促されるとの想定があった。つまり今回取り上げた二つの意識に即していえば、政治的認知能力が高まれば人は反権威主義的(自律的)になる、ということである。しかし、両者の関連についても一九九五年と二〇一〇年とで変化がみられる。相関係数によって関連の強さをみると、一九九五年は〇・一九という値だったのが、二〇一〇年には〇・〇九と低下しているのだ。この結果からすると、政治について理解はしているけれども、権威は尊重されるべきだと考える人びとが増えてきているということになる。さて、このような変化はなぜ生じたのだろうか。引き続き、その手がかりを探してみたい。

3 政治意識と社会階層

縮小する学歴間の能力差

政治意識の変化がなぜ生じているのかを考えるために、ここでは年齢と社会階層に注目する。これまでの研究では、若い世代の高学歴層、専門職・ホワイトカラー層に特徴的な政治意識がみとめられることが指摘されてきた。SSM 1995 に関する知見で具体的にいうならば、学歴と反権威主義的意識の関連（轟 二〇〇〇）、年齢、学歴、職業と政治的認知能力の関連（片瀬・海野 二〇〇〇）が明らかにされている。では、その関連はどう変化したのか、SSP-I 2010 で確認しよう。

反権威主義的意識については、学歴との関連はなくなり、代わりに年代の効果が有意となっている（表5-1）。わずかな差ではあるが、若年層よりも高年層の方が反権威主義的な傾向がみられるのである。

時点間の変化をみると、どの年代でも反権威主義的意識の減少が確認されるため、時代の効果があることが推察される。ただ、減少の程度は若年層、高学歴層において大きく、それゆえに、学歴の効果がなくなり、年代の効果が現れたとみることができる。

政治的認知能力については、年代および学歴の効果は変わらない（表5-2）。年齢が上がるほど認知能力が高まり、教育期間が長いほど認知能力が高まるという関連は確認できる。しかし、政治的認知能力も高学歴層では低下していることがわかる。逆に、初中等学歴層では高まっていることから、学歴差

表 5-1　反権威主義的意識の変化（年代・学歴別）

年代	学歴	1995 年	2010 年	差
25–34	初中等	3.66	3.12	−0.54
	高等	3.95	3.06	−0.89
35–44	初中等	3.62	3.18	−0.44
	高等	3.78	3.25	−0.53
45–54	初中等	3.63	3.27	−0.36
	高等	4.05	3.28	−0.77
55–60	初中等	3.49	3.30	−0.19
	高等	3.94	3.39	−0.55

（注）　反権威主義的意識は 5〜1 の値をとる。数値はその平均を示している。

表 5-2　政治的認知能力の変化（年代・学歴別）

年代	学歴	1995 年	2010 年	差
25–34	初中等	2.71	2.61	−0.10
	高等	3.14	3.27	0.13
35–44	初中等	2.77	2.83	0.06
	高等	3.45	3.26	−0.19
45–54	初中等	2.81	2.96	0.15
	高等	3.72	3.41	−0.31
55–60	初中等	2.62	2.87	0.25
	高等	4.03	3.65	−0.38

（注）　政治的認知能力は 5〜1 の値をとる。数値はその平均を示している。

はやや縮まっている。職業も管理職、専門職、大企業ホワイトカラー層で認知能力が高いという傾向は変わらない。ただ、その差が縮まっている（職業別の表は省略）。

なぜ、政治的認知能力で学歴差、職業差が縮小しているのか。これについては、部分的には明確な回答が可能である。表5-3では、先の年代学歴別の変化を高学歴層に限定して出生コーホート別に示した。これをみると同一のコーホートについては、その平均値はそ

表5-3　政治的認知能力の変化（高学歴層コーホート別）

出生年	1995年	2010年
1966–75	3.16（14.9%）	3.26（12.8%）
1956–65	3.20（18.9%）	3.41（13.1%）
1946–55	3.61（30.8%）	3.65（22.9%）
1936–45	3.96（45.1%）	

（注）　左側の数値は表5-2と同じく平均を示している。右カッコ内は「高」認知層の割合である。

れぞれわずかずつ上昇している。つまり、コーホート間に差があるため、新しいコーホートへの交代によって、全体として高学歴層の認知能力が低下しているのである。

しかし、これを世代の効果とみるべきではない。世代の効果があるならば、全体の傾向としても時点間の変化がよりはっきりと確認できるはずだからである。今回の結果はむしろ、高学歴層の質的変化によるものと解釈した方がよい。つまり、新しい世代で高学歴層の割合は増えたが、その分、認知能力が高まったのではなく、認知能力がそれほど高くない人びともまた高学歴層のなかに多く含まれるようになったと考える方が理にかなう。言い換えるならば、高等教育の大衆化によって、学歴間の能力差が縮小したということだ。

政治がわからない？

一方で、表5-3は別の重要な事実をも示している。時間の推移によって、各コーホートの認知能力の平均値は上昇した。にもかかわらず、「政治のことは難しくないし、よく理解できている」という「高」認知層は、どのコーホートでも減少しているのである。ただし、この減少傾向は初中等学歴層でも同様に生じているため、時代の効果によるものが大きいと考えられる。

ここでの結果を再度、整理しよう。反権威主義的意識は、年代、学歴を問わず全体として減少傾向である。これは、時代の変化による影響がまず考えられる。そして、学歴の差がなくなり、年代による差が現れた。原因は不明だが、関連構造の変化が生じていることが示唆されたといえる。

政治的認知能力は、全体の傾向や年代、学歴、職業の関連構造に明確な変化はない。しかし、高学歴層でとくに認知能力の低下がみられる。これについては、高等教育の大衆化によるとの解釈を示した。しかし、「高」認知層の減少は、その解釈のみでは十分に説明できず、時代の変化などが影響しているのかもしれない。

さて、本章の問いは、変革の担い手として「期待」された社会層、若い世代の高学歴層、専門職・ホワイトカラー層は、もはや「期待」どおりの存在ではないのではないか、というものであった。ここまで、人びとの政治的自律性に関連すると思われる二つの意識を分析した結果からすると、やはり「エリート対抗」型政治の担い手とされた社会層は、それに見合うような政治意識を持てずにいるといわざるをえない。彼らは、権威主義的な傾向を強め、政治的認知能力への自信も失いつつあるのだ。

4 政治意識の変化の背景とは

権威主義を取り巻く変化

引き続き、政治意識の変化の背景について考えてみたい。一五年の間に、反権威主義的意識を取り巻く環境が変化したのはなぜか。そして、政治的認知能力に関して「高」認知層が減少したのはなぜだろうか。

反権威主義的意識の減少、つまり権威主義化は、近年の保守化をめぐる議論が参考になるだろう。NHK調査で明らかになった〈伝統志向〉の高まりについて、分析者の河野は次のように解釈している。日本社会は一九九〇年代以降、労働、家族、社会保障など多方面で不安定化している。ゆえに「人びとはより強い、より安定した拠り所を求め、〈伝統志向〉や〈まじめ〉志向となっていると考えられないだろうか」（NHK放送文化研究所編 二〇一〇：二二五）。

すでに、二〇〇五年のSSM調査で権威主義化を指摘した轟もまた、政治の流動化により何が「権威」なのかがわかりにくくなったこと、くわえて社会の閉塞感が背景にあるのかもしれないとする（轟 二〇一二）。永瀬と太郎丸は、性役割意識の保守化の原因を分析し、それが世代効果ではなく時代効果によるものであることを明らかにした（永瀬・太郎丸 二〇一四）。彼らもまた、暫定的な解釈として、競争の激化や労働環境の変化といった時代状況にその原因を求めている。

このように、意識変化の背景について、個人を取り巻く社会環境が不安定化したことがその理由として指摘されている。社会環境の不安定化の程度を測ることは容易でないが、人びとの認識上では、たしかに明確な時代の変化がうかがえる。図5-3は、生活水準の変化についての認識の変化を示したものである。SSM調査とSSP-I調査から三時点の変化をみると、生活水準が向上したとの認識が激減し、悪化したとの認識が大幅に増えている。このような認識が社会に広く浸透することで、人びとは「自由からの逃走」を図ろうと思い至るようになったのであろうか。社会・経済の安定期には自身の能力に応じて自律性を強く意識するが、不安定期にはその能力や地位にかかわらず権威への適応を図ろうとする、ということなのだろうか。

多くの研究者が指摘しているように、この解釈についてはより長期の意識変化をたどらなくては、はっきりしたことはいえない。ただ、本章の関心からすると、反権威主義的意識が学歴によって左右されなくなった一方、年代による差が現れたという点の背景は気になるところである。年長者ほど権威主義的で、年少者の方が反権威主義的であるという通説が覆され、まさに「若者の保守化」といいうるような状況が一時的にでも現出したのはどういうわけか。

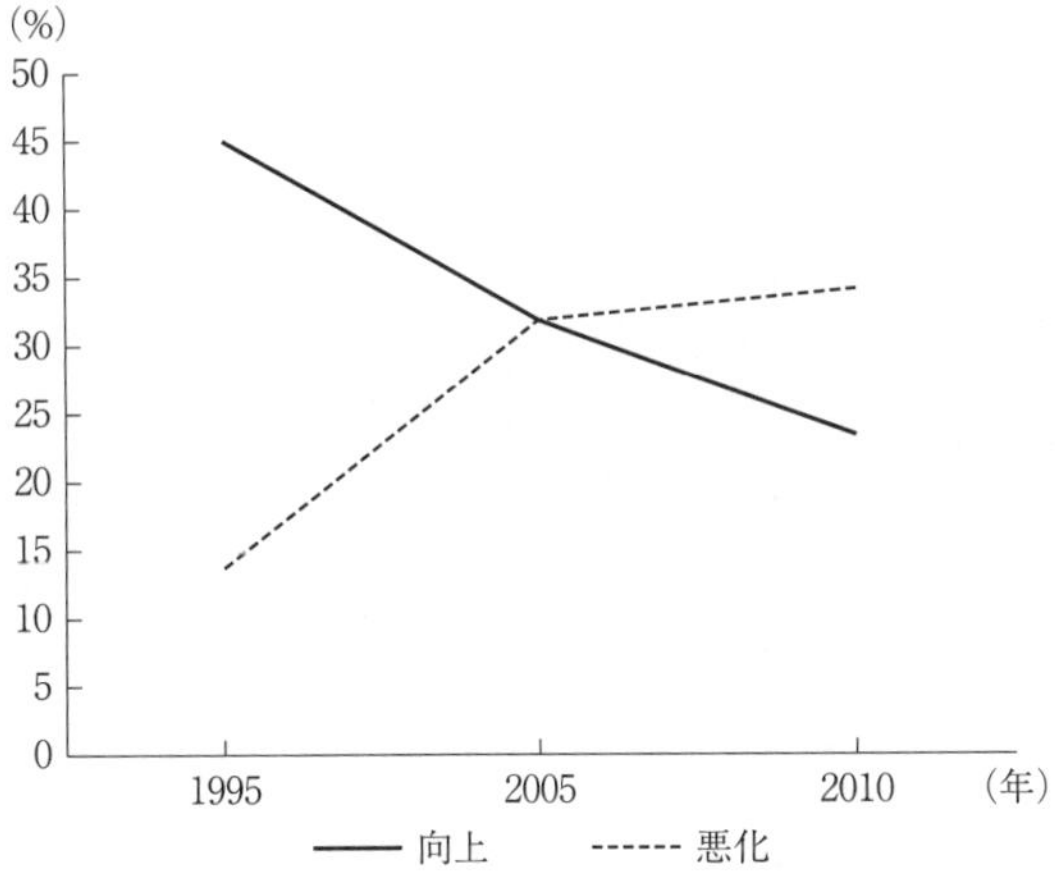

（注）質問文は「あなたの生活水準は，この10年間でどう変わりましたか」。「向上」=「よくなった」「ややよくなった」，悪化=「やや悪くなった」「悪くなった」

図5-3　生活水準の変化についての認識

データの分析から、一つの解釈が可能であるような知見を得たので紹介したい。それは成長期における出身家庭および社会の経済状況と反権威主義的意識との関連である。イングルハートやそれに同調する研究者らは、社会経済的に安定した環境のもとで育った者は、生存の不安から脱したゆえに自律的な意識を育むことができると論じた（イングルハート 一九九〇＝一九九三）。しかし、不安定な社会経済状況が一定程度継続した場合、それとは逆の関連が発生するのではないか。

　相対的に豊かな家庭に育った者は、社会が不安定化した場合にも、出身家庭のサポートを得

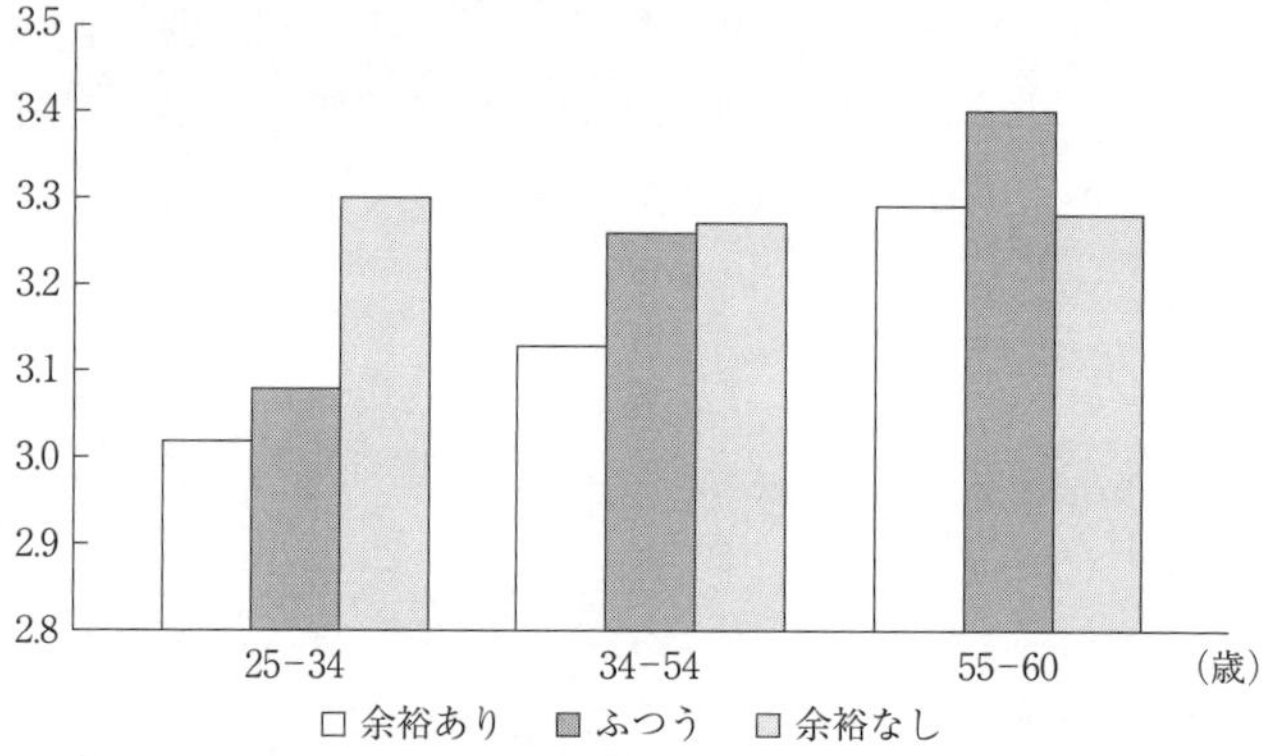

（注）　数値は反権威主義的意識の平均を示している。

図 5-4　15 歳時の家庭の経済状況と反権威主義的意識との関連（年代別）

ることができる。しかし、相対的に余裕のない家庭に育った者は、社会が不安定化した場合、上昇の機会が制限されるばかりでなく、出身家庭のサポートも得られない。前者にとって、権威への適応は生活の維持にとって有効な戦略である。しかし、後者にとってはそもそも権威の庇護から外れていたわけであるから、それへの適応は有効な戦略となりえない。

これはあくまでも一つの暫定的な解釈でしかない。しかし、SSP-I 2010 を元に作成した図5-4はこれを支持するような関連を示している。年代を三つに区分したが、これは一五歳時の家庭の経済状況の分布をふまえたものである。五五〜六〇歳の年代の場合、一五歳時に余裕がなかったとの回答率は約五割、三五〜五四歳の年代では約三割、二五〜三四歳の年代では二割を切る。とくに権威主義的な意識が強いのは、三五〜五四歳の年代で一五歳時の家庭の経済状況に余裕があったと回答した者、そして、二五〜三四歳の年代で一五歳時の家庭の経済状況に余裕があったかふつうと回答した者である。このように、経済的に安定した時代に成長期を過ごし、出身家庭もまた経済的な不自由を感じなかった者の方がより権威主義的な傾向がみられ、逆の場合、反権威主義的な傾向がみられるのである。[1]

この解釈は、若年層の方がより権威主義的であるという関連とも適合的である。なぜならば、現在の若い世代は、自身は厳しい労働環境、就職状況におかれているかもしれないが、その出身家庭は古い世代と比較しておおむね恵まれたものだからである。この解釈がもし権威主義化の説明として有効であるのならば、社会経済的に不安定な状況が続いた場合、権威主義化は当分持続するであろう。

なぜ、政治がわからない人が増えたのか

政治的認知能力の変化についても少し考えてみたい。こちらは反権威主義的意識ほどはっきりとした変化ではないため、より解釈が難しい。先に確認したのは、高学歴化の進行は必ずしも政治的認知能力の向上という帰結をもたらさないこと、むしろ「高」認知層が減少していることであった。とはいえ、「高」認知層の減少はわずかなものであって、調査上の測定誤差にすぎない可能性もある。ここでは、減少傾向にあるとの前提に立った場合、どういった解釈が可能かということについて若干の見解を述べておく。

第一に、「知的」エリート層が衰退しつつあるとの解釈である。大学における「教養主義の没落」（竹内 二〇〇三）がいわれて久しいが、そうした大学文化を経験した世代の退出によって、「知的」エリートとしての自覚や自信をそなえた人びとが消えつつあるのかもしれない。学歴という「地位」自体の非エリート化がいっそう進んだことは、表5-3から確かである。ただ、この解釈は、年代や学歴に関係

なく「高」認知層が減少しているとの結果とやや適合性を欠くものである。

第二に、政治状況の変化という外部要因に注目する解釈である。人びとの能力が問題なのではなく、現代政治が複雑さを増し、過剰に流動的であるために、理解しがたいという認識が増しているのかもしれない。やや単純化するならば、五五年体制下の政治は保守か革新かというように比較的単純な対立として理解しやすいものであった。現在の政治状況は主要な対立軸が何であるかさえ判断に躊躇するような、もしくはさまざまな対立軸が複雑に重なり合うような様相を呈している。そうした事態が、「高」認知層の減少という帰結をもたらしているとしても不思議ではないだろう。

5 意識の変化はどのような帰結をもたらしうるのか

高学歴化の進行にもかかわらず、反権威主義的意識は減少し、政治的認知能力は向上していない。政治意識研究が想定した「エリート対抗」型政治の担い手たる政治的自律層はむしろ縮小している。では、その政治的帰結はいかなるものであるのか。もしくは、今後の日本政治にどのような変化をもたらしうるのだろうか。

リベラルの減退

まずは、政治的自律層の縮小傾向をあらためて確認しておきたい。反権威主義的意識の減少に加え、反権威主義的意識と政治的認知能力との関連の弱まりによって図5-5に示すような変化が生じている。

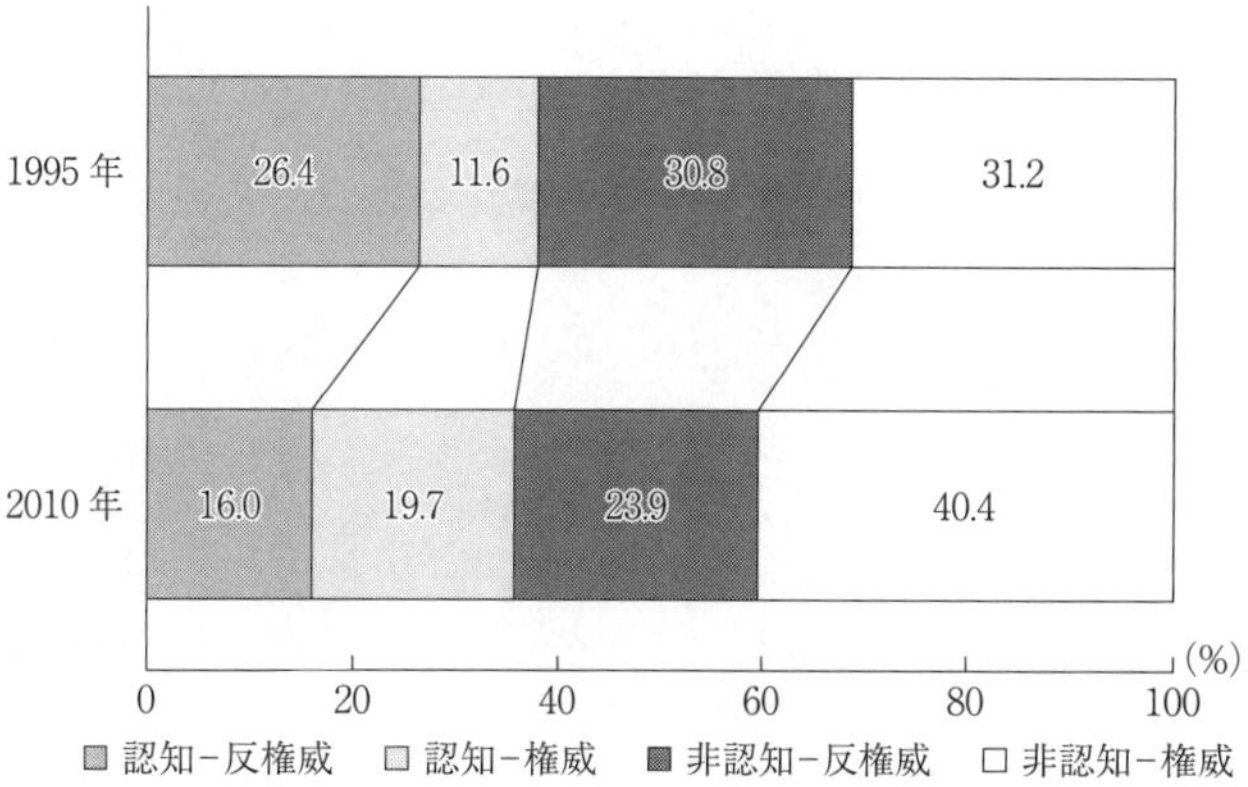

図 5-5　政治意識類型の変化

この図は、反権威主義的意識が強く政治的認知能力が高い者を「認知－反権威」といったようなかたちで四つの類型に分類し、その変化をみたものである。図からわかるように認知的反権威主義者、つまり、これまでの研究で政治的自律層と想定されていたような人びとが少なくなり、認知的権威主義者、非認知的権威主義者が増加をみている。

SSP-I 2010により、この類型と社会意識との関連をみたものが、図5-6および図5-7である。図5-6は、「違った考え方をもった人がたくさんいる方が社会にとって望ましい」という意見に対し、「そう思う」と明確な肯定的意見を表明した者の割合である。認知的反権威主義者はより社会的寛容性が強いことがわかる。図5-7は、「同性どうしが愛しあってもよい」「結婚しても、必ずしも子どもを持つ必要はない」「男が中心的な役割を果たし、女はそれを補助するものである」「家事や育児には、男性よりも女性がむいている」という四つの意見を主成分分析という手法によって合成した得点を示している。得点が高い方が、これらのことについてよりリベラルな意見をもっていることを示すが、やはり認知的反

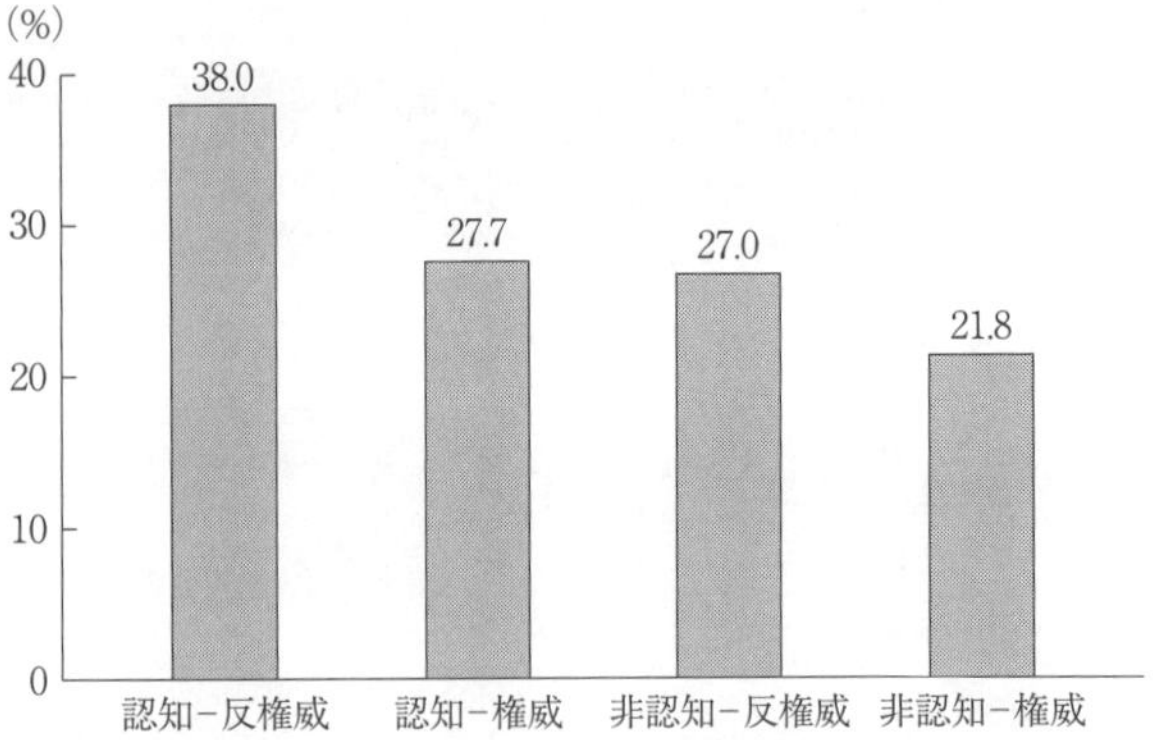

（注）「違った考え方をもった人がたくさんいる方が社会にとって望ましい」という意見に「そう思う」と回答した者の割合。

図 5-6　政治意識類型と社会的寛容性

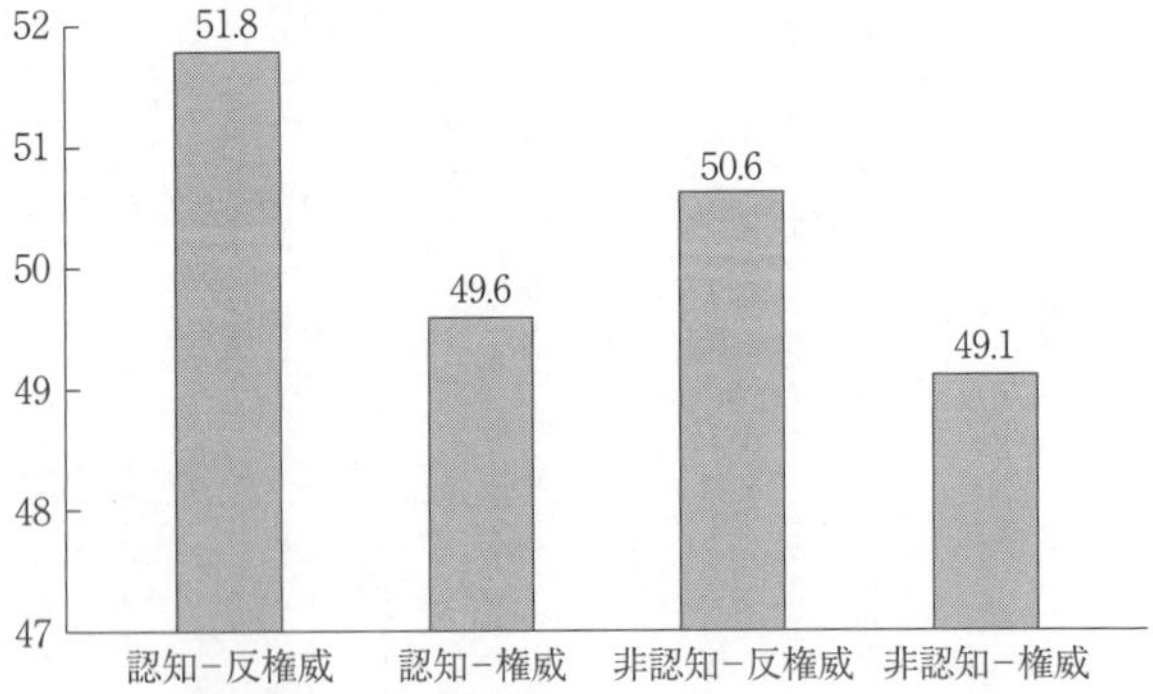

（注）数値は主成分得点の平均を示している。数値が高いほどリベラルな意見をもつ。

図 5-7　政治意識類型と社会文化的自由主義

権威主義者がよりリベラルな意見の持ち主であることがわかる。

これらの関連は因果関係ではなく、単に意識間の関連を表したものである。その点には注意が必要であるものの、認知的反権威主義者（＝政治的自律層）の減少は、社会における寛容性やリベラルさの減退

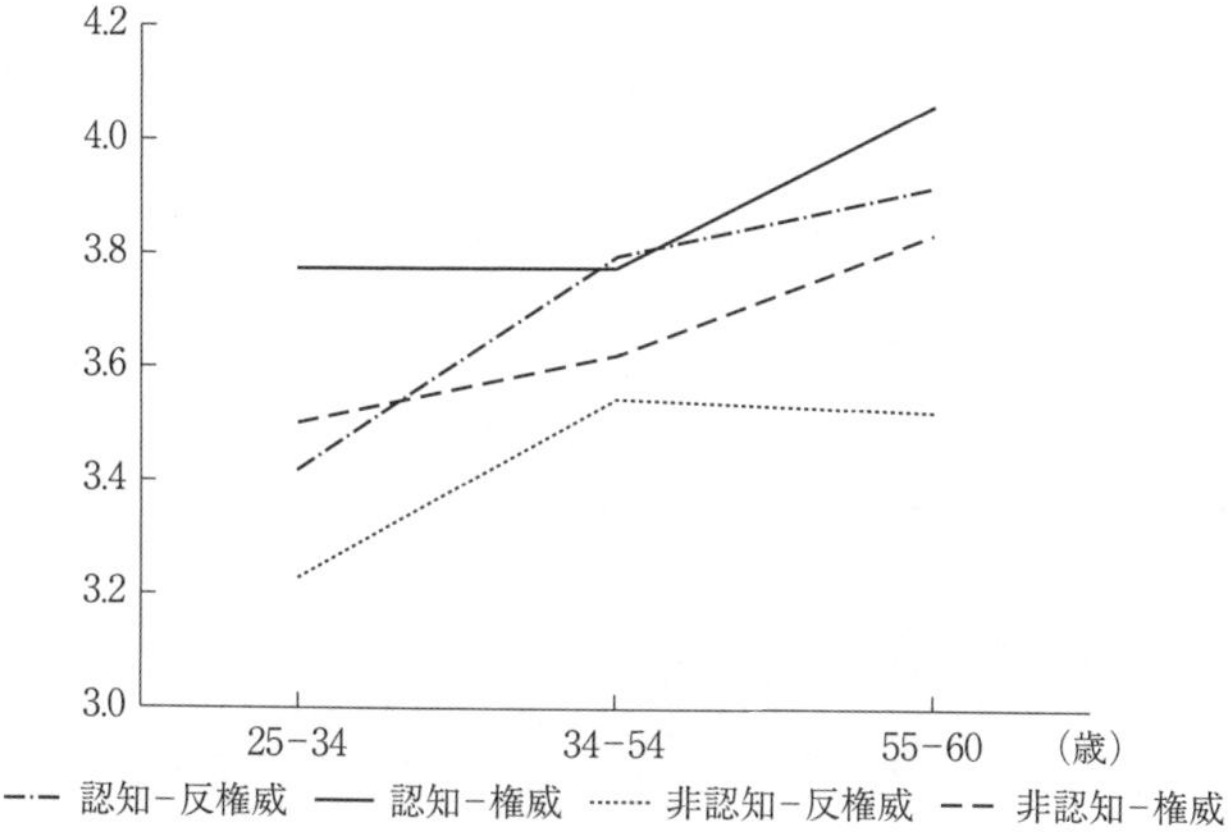

（注） 社会貢献志向は5〜1の値をとる。図はその平均をプロットしたものである。

図 5-8 政治意識類型と社会貢献志向（年代別）

をともなうのではないか，というのが分析から示唆されることである。現に，日本社会はそのような様相を深めている。

政治的自律層の弱体化

認知的反権威主義者は単に減少しているだけではないのかもしれない。SSP-I 2010 を元に作成した図 **5-8** は，「社会から何かしてもらうことを考えるよりも，社会のために何かをしたい」という意見に対する回答の平均値をとったものである。年代の区分は先の図5-4，つまり成長期の社会経済状況をふまえたものとした。図5-8からわかることは二つある。一つは若年層ほど社会貢献志向が弱いということである。そしてもう一つは，若年層のなかで，認知的権威主義者は前世代並みに社会貢献志向をもっているが，認知的反権威主義者はその志向がきわめて弱い，ということである。

先に，反権威主義的意識は学歴ではなく，成長期の家庭の経済状況に規定されていることを確認した。具体的には、経済的に安定した社会状況下で、相対的に余裕のない家庭で育った者が反権威主義的意識を育みやすい、という関連である。それをふまえるならば、相対的剝奪のもとで育まれた反権威主義的意識は、認知能力の高さにかかわらず社会貢献志向を弱める、ということであろうか。もちろん、一時点の結果、それも限定された年代のみの結果でこれ以上の解釈を行うことは控えるべきだろう。ただ、今回の分析結果が、信頼できるものであるとするならば、政治的自律層（＝認知的反権威主義者）は単に減少を続けるだけでなく、社会へのコミットも弱めていく、ということになる。つまり、彼らは二重の意味において「エリート対抗」型政治の担い手たりえなくなりつつあるのだ。

6　政治意識からみた日本社会のゆくえ

本章では、これまでの研究で「社会を変える」担い手として期待されてきた社会層に注目した。具体的には若い世代の高学歴層、専門職・ホワイトカラー層が中心といわれてきた政治的自律層を分析の対象とした。政治的自律層が「エリート対抗」型政治の担い手とされつつも、近年の社会‐政治状況は、必ずしも想定されたような政治現象を顕在化させているとはいえないためである。

まず、政治的自律性の指標として、反権威主義的意識と政治的認知能力を取り上げ、その一五年間の変化を確認した。その結果、高学歴化という社会の変化にもかかわらず、反権威主義的意識は減少し、政治的認知能力にも目立った変化は確認できなかった。むしろ、政治的自律層が縮小傾向にあることが明らかとなったのである。
次に、その背景について検討した。分析の結果、教育期間が延長されるのみでは、自律性は育まれず、むしろ、高等教育の大衆化によって、高学歴層を特徴づけていた自律性が薄められていることが明らかになった。また、これまで反権威主義的意識を規定していた学歴の効果もみられなくなっていた。[2] むしろ、出身家庭の経済状況がその意識に影響を及ぼしていることがわかった。ここ二〇年ほどの間に生じた経済環境の変化が、反権威主義的意識の規定構造を変化させたのではないか、というのが現時点での解釈である。

さらに、政治的自律層が縮小傾向にあることの政治的帰結についても検討した。第一に、これまで想定されていたように、反権威主義的かつ政治的認知能力の高い認知的反権威主義者は、他と比較すると社会文化的な側面について寛容もしくはリベラルである。この層の減少はすなわち、社会文化的な寛容性やリベラルさの減退をともなうことになるのではないか。第二に、より若い世代の認知的反権威主義者は前世代や同世代の権威主義者たちと比べて、社会貢献志向が弱いことも示された。もし、この傾向が一時点の減少ではなく、持続的なものであるならば、「エリート対抗」型政治の台頭は望むべくもなく、むしろより保守的、権威主義的な政治が力を得ていくのではないだろうか。現に、二〇一四年衆院選での自民党の大勝は、本章でみたような政治意識を背景としているようにもみうけられる。「政治改革」「政権交代」を目指したポスト五五年体制期二〇年の行きついた先が保守政権への委任とは、何とも皮肉なものである。

では、これまでの政治意識研究は何をとらえそこねていたのか。第一に、経済状況の変化、社会の不安定化が意識に及ぼす影響を予測できていなかったということであろう。第二に、高学歴化にともなう変化について、あまりに楽観的であったということであろう。学歴が政治意識に影響を及ぼすメカニズム（第8章参照）について、さらなる研究の蓄積が必要である。

いや、これは数字データに向き合ってすむ問題でもないだろう。反権威主義的である方が望ましいとの価値判断に与《くみ》するものではないが、政治的知識の習得、権威の相対化がなされる機会を日本の高等教育は適切に提供してきたといえるのか。シティズンシップ教育（市民教育）は、今なお必要性だけが提唱されるにとどまってはいないか。傍観者ではいられない課題といえよう。

1　図5-4の結果が他の変数の影響によるものでないことを確認するため、性別、年齢、教育年数、世帯収入、職業、そして一五歳時の家庭の経済状況を説明変数、反権威主義的意識を被説明変数とする重回帰分析を行った。二五〜五四歳に限定した分析では、年齢と一五歳時の家庭の経済状況のみ有意であるとの結果が出た。ただ、その効果は微弱なものであり、注意を要する。

2　SSP-P 調査では、異なる知見が得られているため、注意が必要である。具体的には、四項目から構成される「権威主義的伝統主義」で、学歴に有意な効果がみられた。とはいえ、若い世代により権威主義的傾向がみられること、学歴の効果が以前より弱まっていることは本章の知見と共通する（吉川 二〇一四）。

コラム⑤　個人化する社会意識？

これまで社会階層研究は、社会階層間の財や報酬、チャンスの格差という客観的側面に分析の焦点を当ててきた。他方、それらの研究は、社会意識・態度・価値観といった主観的側面についても同様に強い関心を向け、その階層性をとらえようとしてきた。たとえば、高階層では、教育意識が高く、自律的価値を有し、ウェルビーイングが高く、格差を容認する傾向にある一方で、低階層では、教育意識が低く、同調的価値を有し、ウェルビーイングが低く、平等主義的政策を支持する傾向にあることなどが明らかにされている。このように社会階層によって社会意識・態度・価値観が異なるという「社会意識の階層性」を根拠に、主観的側面の階層差が客観的な階層構造の再生産につながることや、社会階層によって生活の質や利害が異なることについて理論的・実証的な研究が進められてきた。

しかし、一九八〇年代中頃より、こうした社会意識の階層性が消失しつつあると主張する議論が広がりをみせている。その代表はU・ベックの個人化論である。現代の先進諸国では、人びとの生活水準は大きく上昇し、衣食住に困るような絶対的な窮乏はほとんどみられなくなった。また、高学歴化やホワイトカラー化による中間層の拡大によって、かつてマルクスが指摘したような資本家と労働者の対立は薄れていく。こうした状況においては、文化や人びとのアイデンティティはもはや社会階級や社会階層によっては形成されない。人びとは個々に人生を設計・選択し、さまざまなリスクに対処しなければならない。近代化の過程で生じたさまざまな社会構造の変化によって、個人化が進展し、もはや社会意識の階層性は消失したというのである（ベック　一九八六＝一九九八）。

一方、こうした個人化論、すなわち社会意識の階層性の消失については、否定的な見解も示されている。M・カルミジンとG・クライカンプ（Kalmijn and kraaykamp 2007）は、世界価値観調査を用いた国際比較分析を行い、ヨーロッパ二一カ国において、六つの社会的態度（道徳観、宗教観、政治経済的態度、倫理観、労働観、市民的態度）はどの程度、職業階層や学歴階層と関連するのかについて確認した。その結果、GDPの高い近代化が進んだ国ほど、社会的態度の階層性が消失していくという個人化論が想定するような傾向はみられなかった。個人化論の予想に反して、教育階層については、近代化した国ほど社会的態度の階層差が拡大しつつあることがわかった。これらの結果は、近代化の過程で社会が脱工業化・情報化していくことで、階層構造のなかで知識や認知スキルが資源としてますます重要になりつつあることを示唆している（Kalmijn and Kraaykamp 2007）。

ただし、このように学歴による階層差は浮上しつつあることが示されているが、職業による階層差については、個人化論の方が説得的ともいえる状況にある。上記の研究でも教育階層に比べると職業階層の効果は弱いことが指摘されている。さらに、日本においても権威主義や職業意識、政党支持といったさまざまな社会意識に対して職業の効果は弱まっていることが明らかにされている。また、吉川徹（二〇〇八）は、さまざまな階級・階層意識に対する職業の効果が相対的に弱いことを実証的に示し、マルクス以来、理論的に想定されてきた「職業的地位と階級・階層意識の関連性」は帰納的にみれば強固なものとはいえないと指摘している。

日本においては、職業に注目した場合、社会意識の階層性は消失しつつあるといえるのだろうか。その可能性も存在するだろう。しかし、一方で、社会意識の階層性は消失しておらず、これまでの職業指標によってはその階層性を十分にとらえきれていない可能性も否定できない。これまで社会階層研究では、職業変数として、エリクソン＝ゴールドソープの階級分類やSSM職業分類、職業威信スコアなどが主に使用されている。こうした階級分類や職業威信によって、職業の社会意識への影響はどの程度すくい取ることができているのだろうか。K・A・ウィーデンとD・B・グラスキー（Weeden and Grusky 2005）は、こうした大きな階級分類では職業のライフチャンスや価値観への影響を十分にとらえることができないと指摘し、ミクロな階級分類を提案する。彼女らは一二六に区分した新たな階級分類を用いて、ライフチャンスや価値観・態度など、五五項目の変数との関連性を分析した。その結果、このミクロ階級分類の価値観・態度への説明力のうち、従来の階級分類や職業威信によって説明される部分は平均にして半分に満たないことから、従来の職業指標では職業による価値観や態度の階層差を十分にとらえることができないと主張する。ウィーデンらはライフチャンスや価値観が職業によって異なるメカニズムを次のように想定する。ある職業にはその職業に適した人が集まりやすく、選ばれやすい（選択）。そして、その職業的社会化がなされるとともに、成員の相互行為のなかで規範的統制がなされる（訓練・相互作用による閉鎖化）。また、その職業特有の利害が成員に内在化され、職業における日々の活動が職業以外の行動にも影響をもたらす（利害形成、学習一般化）。こうしたメカニズムを想定すると、従来の階級分類よりもより細分化したミクロ階級分類の方が職業のライフチャンスや価値観・態度への影響をとらえるのに適切だというのである。

こうした細分化された職業分類を職業指標として採用するか否かはさておき、ウィーデンらの研究は、これまでの職業指標が社会意識の階層性を完全にはとらえることができていない可能性が存在することを示唆しているといえるだろう。もちろん、既存の職業指標を用いて社会意識の階層性を探究することが重要であることはいうまでもないが、社会意識の階層性をよりすくい取ることのできる職業指標のあり方を模索することも同様に重要であるように思われる。その一つとしてミクロ階級分類は興味深いが、それ以外にもさまざまなアプローチが考えられるだろう。たとえば、長松奈美江ら（二〇〇九）は、職務内容を反映した仕事の複雑性スコアを提案し、このスコアが階層帰属意識や不公平感に対して職業威信スコアに還元されない効果をもつことを実証的に示している。また、大企業・正規／中小企業・非正規という分断的労働市場が強固に存在する日本においては、従業先の規模や産業、従業上の地位についても考慮した職業指標を作成することも検討する必要があるように思われる。

「総中流社会」から「格差社会」への変化が指摘されるようになってからすでに久しい日本社会において、職業についても社会意識の階層性が浮上しつつあるということは理論的には十分に想定される。グローバル化と脱工業化が進展するなかで、雇用の流動性が高まり、非正規雇用が急速に拡大しつつある。こうした状況のもとで、外部労働市場において収入低下や失業などの雇用リスクはますます高まっていくという実態レベルの変化が予想される。そして、表象レベルにおいても、メディアでは「ワーキングプア」「非正規雇用」といった言葉が頻繁に飛び交い、社会問題として報道されることも多くなった現在、職業によるさまざまな格差は多くの人々に認知されるようになったと考えることもできる。

こうした実態・表象レベルの変化によって、職業による社会意識の階層性は浮上しているのか。それとも、個人化論が指摘するように、それは消失しているのか。社会意識の階層性をよりすくい取ることのできる職業指標のあり方を模索しつつ、これらの理論の妥当性を検証していくことも今後の社会階層研究の重要な研究課題の一つだといえるだろう。

第6章　日本社会の勤勉性のゆくえ
――格差社会のなかの労働倫理

1　「一億総中流社会」から「格差社会」へ？

「地位の上下を問わない勤勉性」は失われたか

高度経済成長期を経て、日本社会が豊かな社会の仲間入りを果たした一九七〇年代後半に、経済学者の飯田経夫は、日本社会の勤勉性について、次のように書き記している[1]。

私は、日本という国の特色は、「ヒラの人」たちもまた非常に真面目に働くというところにあるのではないかと思う。あえて「仕事気ちがい」ということばを使うならば、日本を含めてどこの国でも、「人の上に立つ人」はおおむね「仕事気ちがい」なのだが、日本（を含む少数の国）のばあいには、「ヒラの人」たちもまた「仕事気ちがい」である。（……）大きな差は、ただひとにぎりのエリートだけでなく、ごくふつうの庶民もまた、優秀かつ勤勉であるか、あるいはそうでないか――

という違いであろう。（飯田 一九七九［一九九八］：四四）

続けて飯田はこう述べる。「日本人の間に『中意識』がすこぶる強いということと、日本では依然として『ヒラの人』たちも真面目に働いているということとの間には、おそらく密接な関連があるにちがいない」（同書：五二）[2]。

日本が経済的な繁栄を謳歌していた一九七〇～八〇年代は、飯田に限らず、「地位の上下を問わない日本人の勤勉な働きぶり」に多くの人が注目した。欧米以外の社会で初めて先進国の仲間入りを果たし、「東洋の奇跡」と呼ばれた日本の驚異的な経済的成功の背景に、この日本人の勤勉性があるのではないかといわれた。なぜ日本の労働者はあれほど勤勉に働き、欠勤率も低いのか。その理由の一つには、人びとに自発的な努力を促す仕組みが日本社会に存在しており、それは日本が「格差の小さい平等な社会」であることが関係しているのではないか、というのである。そして、雇用の面からそれを支える中核的な仕組みこそが「終身雇用」であるとされた。

「一億総中流社会」といわれたこの時代から約二〇年の時を経て、日本は「格差社会」と呼ばれるようになった。日本的経営の特徴とされた「終身雇用」は崩壊したとされ、それが非正規化と格差社会化を推し進めたといわれた。このような時代認識の変化のなかで、「地位の上下を問わない勤勉性」もまた崩壊したのだろうか。本章では、労働倫理の面から勤勉性の変化を検証してみたい。

「互恵性の喪失」としての格差社会？

ただし、「日本人が勤勉に働くのは、日本が平等な社会だからだ」というとき、そこでいわれている「平等」とは、単に「経済格差が小さい」ということを意味していたのではない。そこには、勤勉に働くことの見返りがあるかどうか、努力が報われるかどうかといった、社会や組織との「互恵性」の感覚が関わっていたといえる。「一生懸命努力すればもっと豊かな生活ができる」であれ、「真面目に働けば、会社が一生面倒をみてくれる」であれ、そこには社会と個人、組織と個人の間に「互恵的な関係性」が想定されている。そして、そのような互恵的関係のベースには、人びとが今の社会をどのように認識しているかという問題がある。

社会との互恵性という論点は、格差社会論の中心的なテーマの一つであったともいえる。格差社会論争に火をつけた佐藤俊樹『不平等社会日本』（二〇〇〇年）は、「努力すればナントカなる」社会から「努力してもしかたがない」社会になりつつあると論じて話題になった。その主張の根拠である、上層ホワイトカラー（専門職・管理職）への世代間移動の閉鎖化が生じたという分析結果については、のちに石田（二〇〇八）によって反証され、佐藤も後に自説を撤回した（佐藤 二〇〇九）。しかし、神林（二〇一二）も指摘するように、佐藤の主張は時代の空気とマッチしていたために、しばしば引用され話題となったのである。その後に続いて話題になった、学校教育における学びの「意欲格差」（苅谷 二〇〇一）、社会を生きていくうえでの「希望格差」（山田 二〇〇四）といったキーワードも、「努力すれば報われる」という社会との互恵的関係の感覚が低階層で失われつつあることをそれぞれ別の角度から指摘しようとしたものだった。

D・キアヴァッチも指摘するように、「総中流社会から格差社会へ」という図式は、社会階層の実証研究とは乖離があり、日本社会の実態を正確にとらえたものではない。「一億総中流社会」「格差社会」という二つの社会認識が、それぞれの時代で主流になったのは、生活世界での日常的経験に照らして、もっともらしい社会のモデルであると多くの人びとが納得して受け入れたからなのである（Chiavacci 2008）。「〝人びとの間にそれほど差がないのだ〟と考えるよりも、〝人びとの間にはさまざまなレベルで差があるのだ〟と考えることの方が、今の日本人の実感に近くなっている」（数土 二〇一〇b：二〇四）ために生じた変化なのである。同様に、九〇年代以降によくいわれた「終身雇用の崩壊」「日本的雇用慣行の崩壊」といった事態も、社会の実態的な変化以上に、人びとの社会認識の変化の反映であったことが指摘されている（Meyer-Ohle 2009）。

本章では、それぞれの時代にリアルなものとして受け入れられた格差や雇用に関するこれらの社会認識が、日本社会の勤勉性のあり方に影響を与えているという仮説を提示してみたい。社会認識が変化すれば、それに適応した新しい労働の意味づけや動機づけが必要になる。近年、人びとが格差社会化を実感しているのだとすれば、労働の意味づけにおいても、一枚岩的な変化ではなく階層的な分断をともなう変化が生じている可能性がある。つまり、「一億総中流社会」から「格差社会」へと人びとの認識が移行した今の日本社会においては、もはや「階層的地位の上下を問わない勤勉性」は消失したのではないか？という問いが生じても不思議ではない。人びとの社会認識の変化は、日本社会の勤勉性にどのような影響をもたらしているのか、以下で検討してみたい。

「総中流社会」論と「日本的経営」論の時代：一九七〇～八〇年代

ここでは、日本社会の勤勉性との関連で重要な、一九七〇～八〇年代に流布した二つの社会認識を整理してみよう。一つ目は「中」意識を中心に語られた「一億総中流社会」、二つ目は「終身雇用」を中心に語られた「日本的経営」についての社会認識である。

一点目の「一億総中流社会」という社会イメージが、一九七〇年代になぜ成立しえたのかについては、いくつかの理由が考えられる（数土 二〇一〇b）。経済的な側面に絞って指摘すれば、高度成長期を通じて所得分配の平等化が進んだことや（佐藤 一九八二、橘木 一九九八）、右肩上がりの経済成長と、それにともなう豊かさの獲得や社会移動の増大が、階層的な上下関係を意識させにくくしたことが挙げられる（小沢 一九八五、今田 一九八九）。特に、高い経済成長を維持していた時期は、自分が「過去との比較」で豊かになっているという実感をもてるため、「（同時点での）他者との比較」である経済格差は、たとえ低階層であっても意識されにくくなる。つまり、高い経済成長は、人びとの間に「日本社会は平等だ」という意識と、勤勉に働くことが豊かさにつながるという感覚とを同時にもたらすものだったといえる。

次に、「終身雇用」を中心とした日本的経営論について検討しよう。「日本的な経営・雇用慣行のあり方こそが、高い勤勉性を可能にしている」という議論は、日本経済が好調であった一九七〇～八〇年代にかけてさかんになされた。日本人の勤勉性のルーツは、近代以前から続く「集団主義」の文化や農本主義思想、仏教の思想的伝統にまで遡れるという説も多い（ベラー 一九五七＝一九九六、島田 一九九〇）。しかし本章では、戦後に形成された雇用慣行の議論に絞って話を進める。なかでも代表的なのは、「終身雇用」を勤勉性と関係づける議論である（アベグレン 一九七三＝一九七四、岩田 一九七七、ボーゲル 一九七九＝一九七九、オオウチ 一九八一＝一九八一、Whitehill 1991）。「終身雇用」によって生活の安定を保障しつつ、職場に「共同体的な人間関係」を作り出すことで、組織への忠誠心や高い勤勉性を引き出すことが可能になっている、というのが議論の骨子である。それに付随して、労使協調的な企業内労働組合の存在や、企業内訓練、福利厚生の充実、小集団活動や目標管理制度といった企業施策などが組み合わさることで、強い会社への帰属意識や自発性、参画意識が引き出され、勤勉性を高めたとされた（日立総合計画研究所 一九八五）。

このほかにも、賃金格差や昇進のチャンス、職場での発言力、その他の待遇面においてホワイトカラー／ブルーカラー間格差が小さいことや（稲上 一九八一）、株主より従業員を重視する企業原理（伊丹 一九八七）、同期入社組の間で長期にわたって大きな差をつけないで競争させる「遅い昇進競争」（竹内 一九九五）なども、職場の共同体的な関係や労働者の勤勉性を高める要因として指摘されてきた。

このように、多くの論者は、「終身雇用」という長期安定的な雇用関係を土台にして企業がさまざまな施策を講じたことで、労使の立場の違いや職場内の地位の違いによる利害対立よりも、共通目標に向かって協調する「職場共同体」（稲上 一九八一）、「企業コミュニティ」（間 一九九六）、「準共同体的企業」（ドーア 二〇〇六）と呼ばれるような人間関係を形成しえたと主張した。戦後の日本社会は「非階層化され民主化された企業社会をつくりだした」（伊丹 一九八七：ⅱ）といった言説は、実態を美化しすぎた面があったとしても、多くの日本人にとってそれなりにリアルな社会認識たりえただろう。労働者の「地位の上下を問わない勤勉性」の背景には、企業と労働者の間の利害の一致、すなわち「互恵的関係」があったのである。

日本企業の雇用慣行を「終身雇用」とするのは実態を反映していないという批判がたびたびなされたにもかかわらず（尾高 一九八四、野村 一九九四、間 一九九八）、高度成長期から安定成長期にかけての比較的良好な経済状況のもとで、「日本企業は終身雇用だ」という言説は多くの人びとに信じられていた。そのため、それを裏切って人員整理をおこなうことは、企業にとって重大な決意を必要とした（野村 一九九四）。つまり、長期安定的な雇用関係は、企業と労働者の間の「心理的契約」として存在しており、それゆえに人びとの間で社会認識としてのリアリティをもちえたのである。

さらに、日本人の勤勉性は、内発的なものではなく、日本企業の共同体的な圧力によってなかば強制されたものであるという主張もあった（熊沢 一九八一［一九九三］、鈴木 一九九四）。「終身雇用」のもとでは、企業を移動するという選択肢がほとんどない以上、勤め先からの要求には多少の無理をしてでも応えざるをえず、それが表向きの勤勉性につながったというのである。しかし、「終身雇用」を軸とする日本的な雇用慣行こそが、日本人の高い勤勉性を可能にしているという点では、「日本的経営」に肯定的な立場であれ否定的な立場であれ、認識を同じくしていたといえるだろう。

「格差社会」論と「終身雇用の崩壊」論の時代：一九九〇年代～現在

時代は移り、一九九〇年代後半から二〇〇〇年代にかけて、日本社会の語られ方は大きく変化する。日本社会はもはや平等な社会ではないということをデータにもとづいて論じた本が話題になり（橘木 一九九八、佐藤俊樹 二〇〇〇）、「格差社会」論争が巻き起こった（『中央公論』編集部編 二〇〇一、文春新書編

集部編　二〇〇六）。

「格差社会」論より一足先には、「終身雇用の崩壊」「日本的雇用慣行のゆらぎ」が一九九〇年代からさかんにいわれた。バブル崩壊後の一九九〇年代前半から始まった不況が長期化するなかで、これまでは日本経済の強みとされてきた日本的雇用慣行の多くが、逆に克服されるべき弱みとして槍玉にあげられるようになったのである。

たとえば、「終身雇用」「年功賃金」のもとでの、企業内での長期にわたる人材育成こそが日本企業の強さの源泉であるという、一時期さかんだった言説はなりをひそめた。代わって、勤続年数に応じた能力アップができない社員を一定の割合で抱え込んでしまう不合理性の方が強調されるようになる。また、高齢化の進展により、年功賃金は企業にとって大きな負担となった。労働経済学や企業の人事労務管理の議論では、長期安定的に雇用する人材を厳選することで正規社員の割合を減らし、代わりに短期雇用される社員の割合を増やすというかたちで、「雇用のポートフォリオ」を組み換えるべきだという主張がなされた（八代　一九九七、日本経営者団体連盟　一九九五）。「終身雇用の崩壊」は、実は一九六〇年代から不況のたびに繰り返されてきた言説である（野村　二〇〇七）。しかし、中高年のリストラにくわえ、企業が長期安定的な雇用の対象となる中核的な正社員を厳しく選別しはじめたことは、「終身雇用の崩壊」ひいては日本企業の共同体的性格の変質を人びとに実感させるに十分なものであった。

非正規雇用の増加は、「自由な働き方」「多様な働き方」を実現する一方で、雇用の流動化・不安定化を招き、労働者の不安感と危機感を高めた。近年の非正規雇用の増加は、男女を問わず、全世代でまんべんなく生じており、主婦でも学生でもない若年層で増加していることが、「若年フリーター問題」として取り上げられた。また、今の若者は、たとえ正規雇用であっても、「終身雇用」「年功賃金」のレールは敷かれていない場合があり（城 二〇〇六）、「年功賃金」「内部昇進」「手厚い企業福祉」等の恩恵にあずかれない「周辺的正社員」「名ばかり正社員」の存在が問題視された（遠藤ほか 二〇〇九）。

こうした変化は、かつては会社への献身と引き換えに得られる（と信じることのできた）雇用の長期安定や福利厚生、長期勤続による技能形成や将来的な賃金の高まりといった見返りを、はじめから期待できない人びとの割合が若年層を中心に増加したことを意味した。

そんななかで、若い世代の労働意識にも注目が集まった。岩間（二〇〇九）は、新入社員の意識調査の時系列分析をもとに、高度成長期が終わったあたりから、会社本位ではなく自分本位の働き方を志向する価値観が徐々に強まっていると指摘する。会社や家族、社会のためではなく、「生きがい」や「自己実現」「やりたいことの追求」を仕事に求める「働くことの私事化」（岩間 二〇〇九）、「労働の消費財化」（寺崎 二〇〇八）が特に若い世代で進んでいるのである。その一方では、雇用不安を反映して、「終身雇用」を支持する割合が一九九九年以降どの世代でも高まっていることが報告されている（労働政策研究・研修機構 二〇一三）。フリーターやニートの増加については、若者の「やりたいこと志向」や労働意欲の低下に求める意識原因説と、若年労働市場の悪化に起因するもので、若者の意識の問題ではないとする構造原因説とが並存する状況にある（玄田 二〇〇一［二〇〇五］）。労働意識の議論は、「若者論」として展開されることが多い。だが、同じ若者世代のなかでも階層によって意識が格差化しているという本章で検討するような可能性については、「仕事のやりがい」の格差が生じているという報告を除いて（米田 二〇一二）、実証の目を向けられることはほとんどなかったといえる。

表6-1　格差の社会認識に関する言説の傾向

	1970〜80年代	1990〜2000年代
社会認識	一億総中流社会	格差社会
主観階層（階層帰属意識）	客観階層からの浮遊	客観階層との対応
労使間・階層間関係	互恵的，利害の一致	断絶的もしくは対立的
労働倫理（勤勉性）	**均一性（？）**	**階層による格差（？）**

表6-1は、ここまで述べた内容を踏まえて、日本社会の社会認識に関わる主要な言説傾向を、二つの時期に分けて整理したものである。日本社会における「地位の上下を問わない勤勉性」が、企業と労働者との間の「互恵的な関係」「利害の一致」によって可能になっていたのだとすれば、日本経済が長期低迷期に入った一九九〇年代以降、このような互恵的関係が若年層を中心に崩れたことが、勤勉性のあり方に影響を与えている可能性があるだろう。

次節以降は、このような社会認識の変化を受けて、労働倫理もまた変容しつつあるのかどうかを実証的に検討しつつ、日本社会の勤勉性のゆくえを考えてみたい。なお、ここまでの議論からわかるように、本章で想定しているのは、主に「稼ぎ主」としての役割を期待されてきた男性労働者に当てはまる議論である。日本経済のなかで「縁辺労働力」として位置づけられてきた女性労働者については、異なる歴史的経緯を踏まえた議論をしなければならないため、ここでは女性労働者については扱わず、今後の課題としたい。

2　男性若年層で階層格差化する労働倫理

分析に使用する調査データ

ここから実証分析に入ろう。まず、男性を分析対象に、勤勉性を意識の側面からとらえた、労働倫理に関する三つの質問項目への回答傾向を世代別に比較する。そのことで、日本社会の労働倫理の特徴とされた「地位の上下を問わない勤勉性」がとりわけ男性の若年層を中心に崩れているのかを検証する。本章で検討する労働倫理の質問項目は、以下のとおりである。

・「働くことは、社会に対する義務である。」（＝労働義務感）
・「たとえ余暇時間が減っても、常に仕事を第一に考えるべきだ。」（＝仕事中心性）
・「働かずにお金を得ることは、恥ずかしいことである。」（＝不労所得への忌避感）

これらの三項目は、二〇〇〇年と二〇〇五年に実施された「世界価値観調査」[3]（以下、WVS 2000、WVS 2005 と表記）と、二〇一〇年に実施された SSP-P 2010 に共通して含まれている質問項目である（表6-2）。いずれも郵送調査で行われている。選択肢はどちらの調査も五段階であるが、選択肢のワーディングは両調査で異なっている。そのため、両調査の回答傾向は大きく異なっている。したがって、度数分布の単純な時点間比較はできないため、主に他の変数との関連性の違いをみるというかたちでの比較となる。

また、同じ二〇一〇年の面接調査 SSP-I 2010 では、「働くことは、社会に対する義務である」（労働義務感）の質問のみが採用されている。後半ではこの調査データを用いた分析も行いたい。

表 6-2 労働倫理の 3 変数の度数分布（男性 21〜60 歳，単位：%）

働くことは，社会に対する義務である。						
	強く賛成	賛成	どちらでもない	反対	強く反対	合計
WVS 2000	13.2	40.3	35.4	8.6	2.5	100.0
WVS 2005	15.3	49.4	28.9	4.9	1.6	100.0
	そう思う	ややそう思う	どちらともいえない	あまりそう思わない	そう思わない	合計
SSP-P 2010	47.8	27.7	12.1	9.1	3.3	100.0
たとえ余暇時間が減っても，常に仕事を第一に考えるべきだ。						
	強く賛成	賛成	どちらでもない	反対	強く反対	合計
WVS 2000	1.5	9.8	31.2	42.5	15.0	100.0
WVS 2005	1.6	11.7	37.8	38.4	10.4	100.0
	そう思う	ややそう思う	どちらともいえない	あまりそう思わない	そう思わない	合計
SSP-P 2010	4.0	13.0	27.1	33.2	22.7	100.0
働かずにお金を得ることは，恥ずかしいことである。						
	強く賛成	賛成	どちらでもない	反対	強く反対	合計
WVS 2000	13.2	23.9	44.2	15.0	3.7	100.0
WVS 2005	10.7	25.6	47.4	11.4	4.9	100.0
	そう思う	ややそう思う	どちらともいえない	あまりそう思わない	そう思わない	合計
SSP-P 2010	28.7	19.6	28.3	12.6	10.9	100.0

表 6-3 コーホート分析の対象サンプル数（男性 21〜60 歳）

	WVS 2000	WVS 2005	SSP-P 2010
80 年代出生コーホート（21〜30 歳）	0	31	117
70 年代出生コーホート（31〜40 歳）	98	72	178
60 年代出生コーホート（41〜50 歳）	112	92	158
50 年代出生コーホート（51〜60 歳）	124	114	219
合計	334	309	672

（注） カッコ内の年齢は，2010 年時点。

コーホート分析でみる男性の世代的特徴

分析にあたっては、WVS 2000、WVS 2005、SSP–P 2010の三時点の調査データを統合し、同じ出生年代ごとにまとめた（表6–3）。そのうえで、各世代の労働倫理の高さが何によって決まっているのかをコーホート分析という手法を用いて分析した結果が、図6–1～6–3である。

三つのグラフから視覚的に確認できるのは、一九八〇年代生まれの世代でのみ、労働倫理の高さが収入階層によって異なっているということである。一九七〇年代生まれ以前の世代ではいずれも、グラフの傾きがほぼフラットであり、世帯年収の高い層から低い層まで、同じ程度の労働倫理を維持している。それに対して、一九八〇年代生まれの世代では、折れ線グラフが右肩上がりの傾きを描いており、世帯年収が低い男性ほど労働倫理も低くなる傾向が生じている。

もっとも若い一九八〇年代生まれの世代では、高い収入層の労働倫理は決して低くない。むしろ、上の世代と比べても高い方である。しかし、世帯年収四〇〇万円未満の低収入層になると、労働倫理が突出して低くなっている。結果として、労働倫理の高さが収入階層によって異なるという、「労働倫理の階層格差」が八〇年代生まれの世代で新たに生じることとなったのである。

同じことを、他の変数の効果や時代効果などの効果をコントロールし、それらの効果も同時にみたのが表6–4の重回帰分析である。「八〇年代生×四〇〇万未満」のダミー変数が三つの従属変数に対していずれもマイナスの有意な効果をもっており、一九八〇年代生まれで、低収入層の労働倫理が低くなっていることがここでも確認できる。職業変数の効果をみると、労働倫理の三変数のいずれにおいても、非正基準カテゴリーの正規雇用と比べ、無職でやや労働倫理が低い傾向があることがわかる。しかし、非正

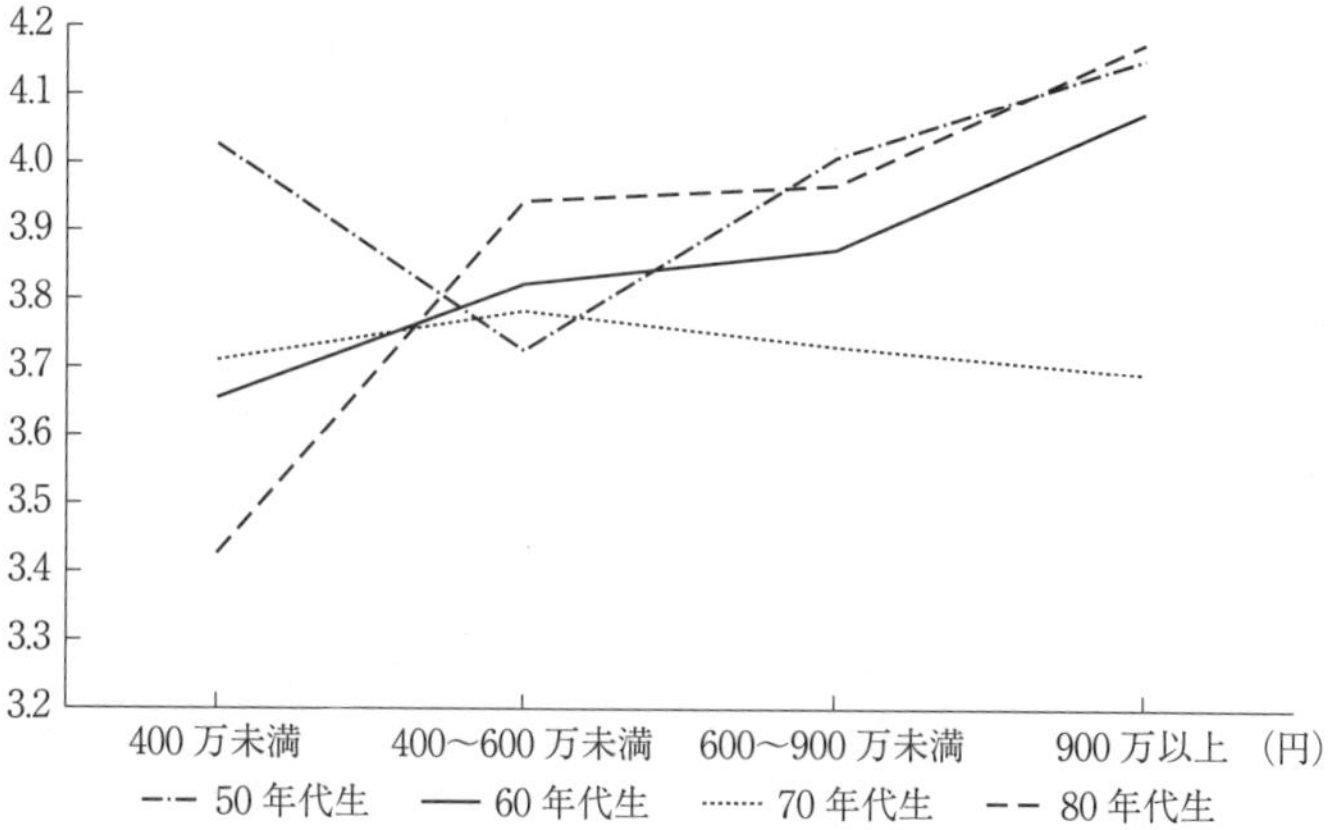

図 6-1 「働くことは，社会に対する義務である」（1〜5 点）**の世帯収入別平均値**（男性 21〜60 歳）

規雇用の労働倫理は正規雇用者と有意な差がない。世間のイメージに反して、非正規雇用者の労働倫理は決して低くないのである。

次に、調査年の効果をみると、「労働義務感」以外の二変数では、有意な効果がない。つまり、この一〇年で日本人の労働倫理は全体的に高まってもいないし、低下してもいない。「労働義務感」のみ、近年になるほど高まっているようにみえる。とくに、二〇一〇年で急激に上昇しているようにみえるのは、二〇一〇年調査の選択肢のワーディングが、他の二時点の調査と異なるために回答分布が変わったことが原因である（表6-2）。選択肢が同じである二〇〇〇年と二〇〇五年の間でも有意な高まりはみられるものの、わずかな差であるためあまり確定的なことはいわないほうがよさそうである。

さらに、コーホート（世代）ごとの効果をみると、基準カテゴリーになっている一九五〇年代生まれがもっとも高く、六〇年代生まれ、一九七〇年代生まれと若くなるにつれて労働倫理が低下する傾向がみられる。しかし

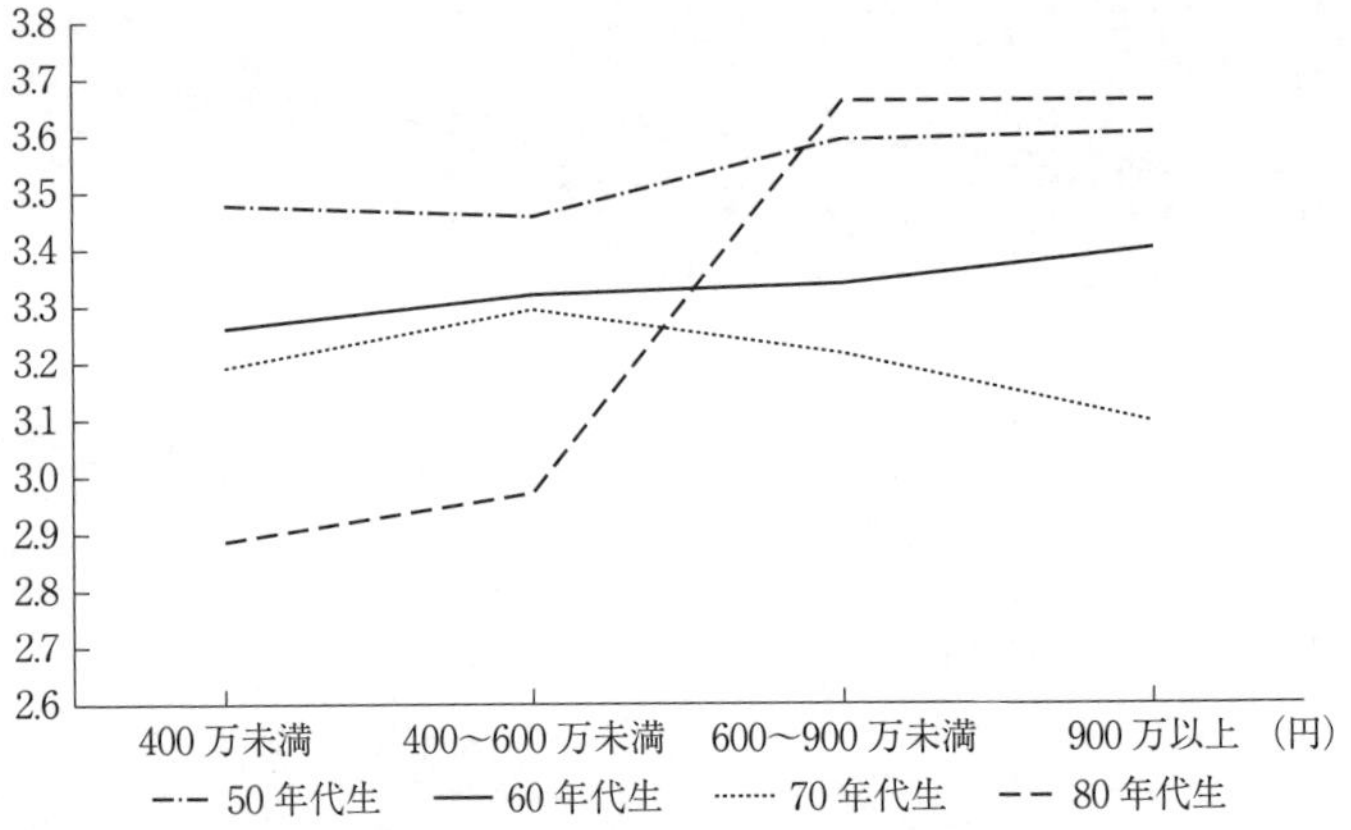

図 6-2 「たとえ余暇時間が減っても，常に仕事を第一に考えるべきだ」（1～5 点）の世帯収入別平均値（男性 21～60 歳）

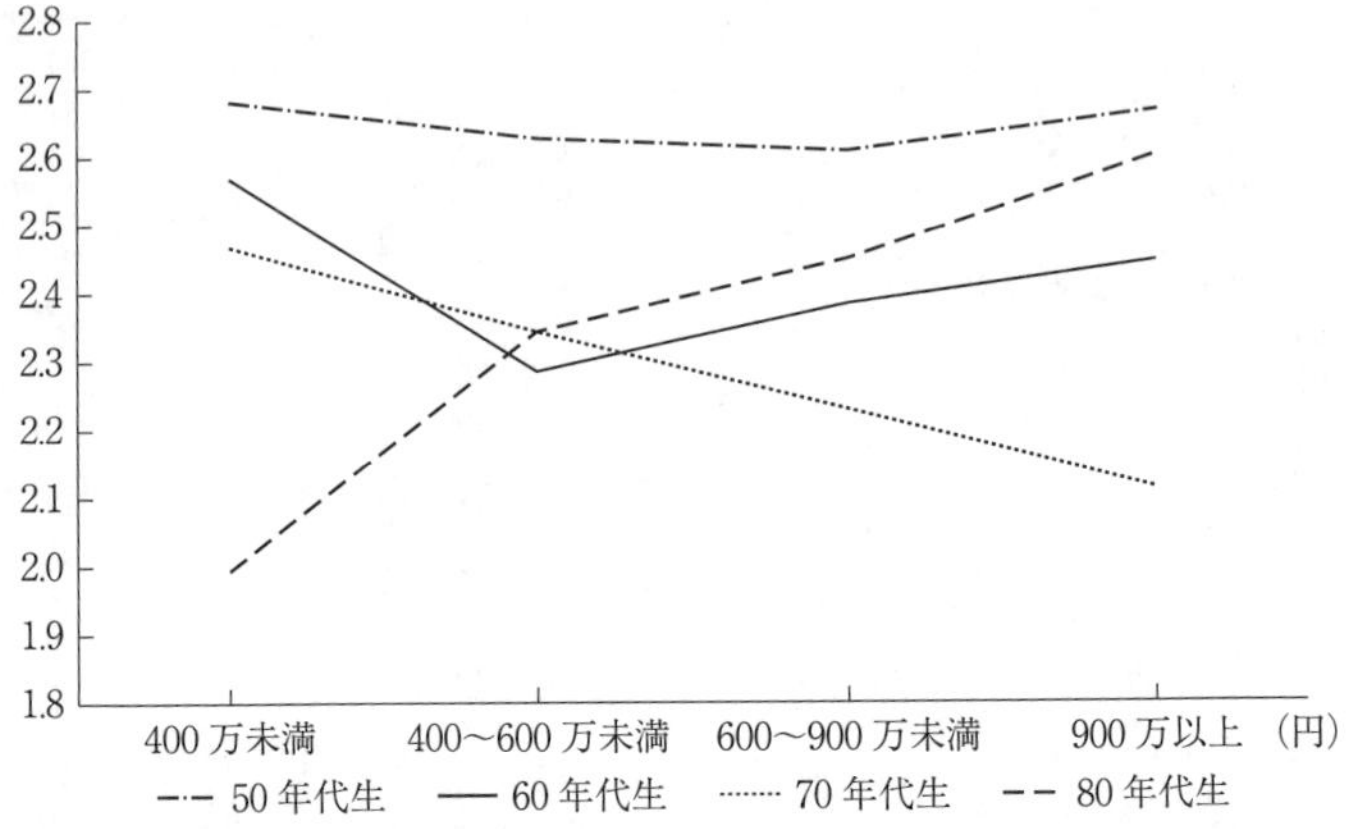

図 6-3 「働かずにお金を得ることは，恥ずかしいことである」（1～5 点）**の世帯収入別平均値**（男性 21～60 歳）

表 6-4　労働倫理の規定要因のコーホート分析（重回帰分析，男性 21～60 歳）

	働くことは社会に対する義務	余暇時間が減っても，仕事を第一に考えるべき	働かずにお金を得ることは恥ずかしい
初等教育	−0.043	0.007	−0.010
高等教育	0.031	−0.040	−0.041
中等教育（基準）	——	——	——
非正規	−0.009	0.000	0.006
自営	−0.001	0.101**	−0.005
無職	−0.076*	−0.084**	−0.067*
正規（基準）	——	——	——
世帯年収 400 万未満	**−0.100****	**0.019**	**−0.060**
世帯年収 400–600 万未満	−0.098**	−0.021	−0.050
世帯年収 600–900 万未満	−0.036	0.000	0.005
世帯年収 900 万以上（基準）	——	——	——
調査年 2005 年	0.091**	0.055	−0.001
調査年 2010 年	0.300***	0.013	0.078
調査年 2000 年（基準）	——	——	——
60 年代出生コーホート	−0.050	−0.105**	−0.078*
70 年代出生コーホート	−0.101**	−0.145**	−0.117**
80 年代出生コーホート	**−0.057**	**−0.044**	**−0.054**
50 年代出生コーホート（基準）	——	——	——
60 年代生 × 600–900 万	−0.001	−0.022	0.002
70 年代生 × 600–900 万	0.033	0.034	0.019
80 年代生 × 600–900 万	−0.019	−0.036	−0.004
60 年代生 × 400–600 万	0.037	−0.034	0.025
70 年代生 × 400–600 万	0.064	0.062	0.05
80 年代生 × 400–600 万	−0.005	−0.045	−0.071
60 年代生 × 400 万未満	−0.036	0.004	0.01
70 年代生 × 400 万未満	0.026	0.052	0.025
80 年代生 × 400 万未満	**−0.093***	**−0.111****	**−0.091***
決定係数 R^2	0.085***	0.057***	0.036**
N	1188	1189	1189

*= p<0.05，**= p<0.01，***=p<0.001

もっとも若い一九八〇年代生まれでは、年長世代の五〇年代生まれと比べて有意な差がみられない。つまり、一九八〇年代生まれでは、労働倫理の低下傾向が下げ止まっただけでなく、ゆり戻し傾向が生じているのである。これは全体でみた場合であって、収入層別にみた場合は、図6-1~6-3のグラフでも確認したように、一九八〇年代生まれの低収入層では、どの世代のどの収入層と比べても、労働倫理が低いという結果になっている。以上の結果をみると、労働倫理の三項目は、「労働義務感」「仕事中心性」「不労所得への忌避感」とそれぞれ異なる側面を聞いているにもかかわらず、その世代的傾向はほぼ共通していることがわかる。

この「労働倫理の階層格差」は、先行する世代においては生じていなかった新しい事態である。一九八〇年代生まれの若い世代では、「階層の上下を問わない勤勉性」は失われつつあるということなのだろうか。ただし、ここで明らかになったのは、労働倫理という意識のレベルでの変化であり、実際の働きぶりがどの程度異なっているのかまではわからない。したがって、この結果をもってただちに「若年低収入層は勤勉でない」と結論づけることは差し控えるべきである。

通説との違い

新たな変化がみられた若い世代の労働倫理について、これまでの通説と照らし合わせた考察を、二点に分けて行ってみよう。一点目は、若い世代における労働倫理の低下という問題である。

今回の分析結果では、一九五〇~七〇年代生まれまでは、若い世代ほど労働倫理が低くなる傾向がみられる。しかし、もっとも若い一九八〇年代生まれになると、労働倫理は年長世代と比べて低くないことに加え、階層による意識の差が新たに生じている。これは、若者論でいわれがちな「労働意識の低下」とは異なる事態であり、労働をめぐる意味の考察が、新しいステージに入ったことを示唆している。

二点目は、一九八〇年代生まれで新たにみられた労働倫理の階層格差、すなわち世帯年収と労働倫理の関連に、どのような因果関係を想定できるかという問題である。両者の関連は、「高い（低い）労働倫理→高い（低い）収入」という因果関係によって生じたのだろうか。それとも、「高い（低い）収入→高い（低い）労働倫理」という因果関係によって生じたのだろうか。もし仮に前者の因果関係だとすれば、労働倫理の低い人間が、勤勉でないがゆえに経済的に下降するという議論が可能である。これは、「貧困や失業は本人の怠惰・努力不足によるもの」だとして、競争社会における「適者生存」を善しとするアメリカの社会ダーウィニズムの理論や、近年の日本で台頭してきた「自己責任論」が想定しているようなロジックである（Beder 2000、湯浅 二〇〇八）。

また、「規律訓練の失敗」ゆえに勉学や就労への勤勉さを欠いた若者が「低学歴→低階層」という経路をたどるという見方（居神 二〇〇七）や、「消費者として主体化」されたがゆえに勤勉さを欠いた若者が「下流」に陥る（内田 二〇〇七〔二〇〇九〕）といった議論も、同じような因果関係を想定しているといえる。しかし結論をいえば、この種の議論が想定する因果関係が生じている可能性はきわめて低い。

なぜなら、もし労働倫理の低さが低収入に結びつくならば、それは世帯の収入ではなく個人の収入との関連でより顕著に表れるはずだからである。しかし、（ここでは省略しているが）実際にはそうはなっておらず、若い世代で労働倫理と強い関連をもつのは世帯年収のほうであった。また、若年フリーター（非正規雇用者）の労働倫理が、（収入をコントロールしない状態でも）正規雇用者と比べて低くないことも、有力な反証材料の一つである。もし低い労働倫理が低い収入につながるのだとすれば、「低い労働倫理→フリーター化（非正規雇用への就業）→低い個人収入」という因果連鎖が生じるはずである。しかし、そう解釈しうるような傾向はデータからは見出せない。そういう経路をたどる若者が存在しないという意味ではなく、統計的に確認できるほどの現象としては確認できないということである。

このように考えると、本章の分析で見出された労働倫理の階層分化は、「低い労働倫理をもつものが勤勉でないがゆえに低所得に陥る」という、社会ダーウィニズムや「自己責任論」が想定するような因果関係ではなく、「若年低所得層のもつ何らかの生活条件や生活実感が労働倫理を低下させている」という因果関係であると解釈することができるだろう。さらに、世帯年収との関連ということで考えられるのは、世帯年収の低さが、単身世帯であるか、親世帯や配偶者などの同居者がいるかの違いに因っているという可能性である。しかし、SSP-P 2010 調査でみるかぎり、同居する親や配偶者の有無は、労働倫理の高さにほとんど無関係であった。

格差社会化が進行するなかで、若い世代の勤勉性にも階層格差が生じはじめた。このことの意味を、次節以降でもう少し踏み込んで考えてみたい。

3　若者のリバタリアン化と「互恵的義務」の消失

リバタリアン化する若者意識

前節で、一九八〇年代生まれの若年世代において、労働倫理の階層分化が生じていることがわかった。

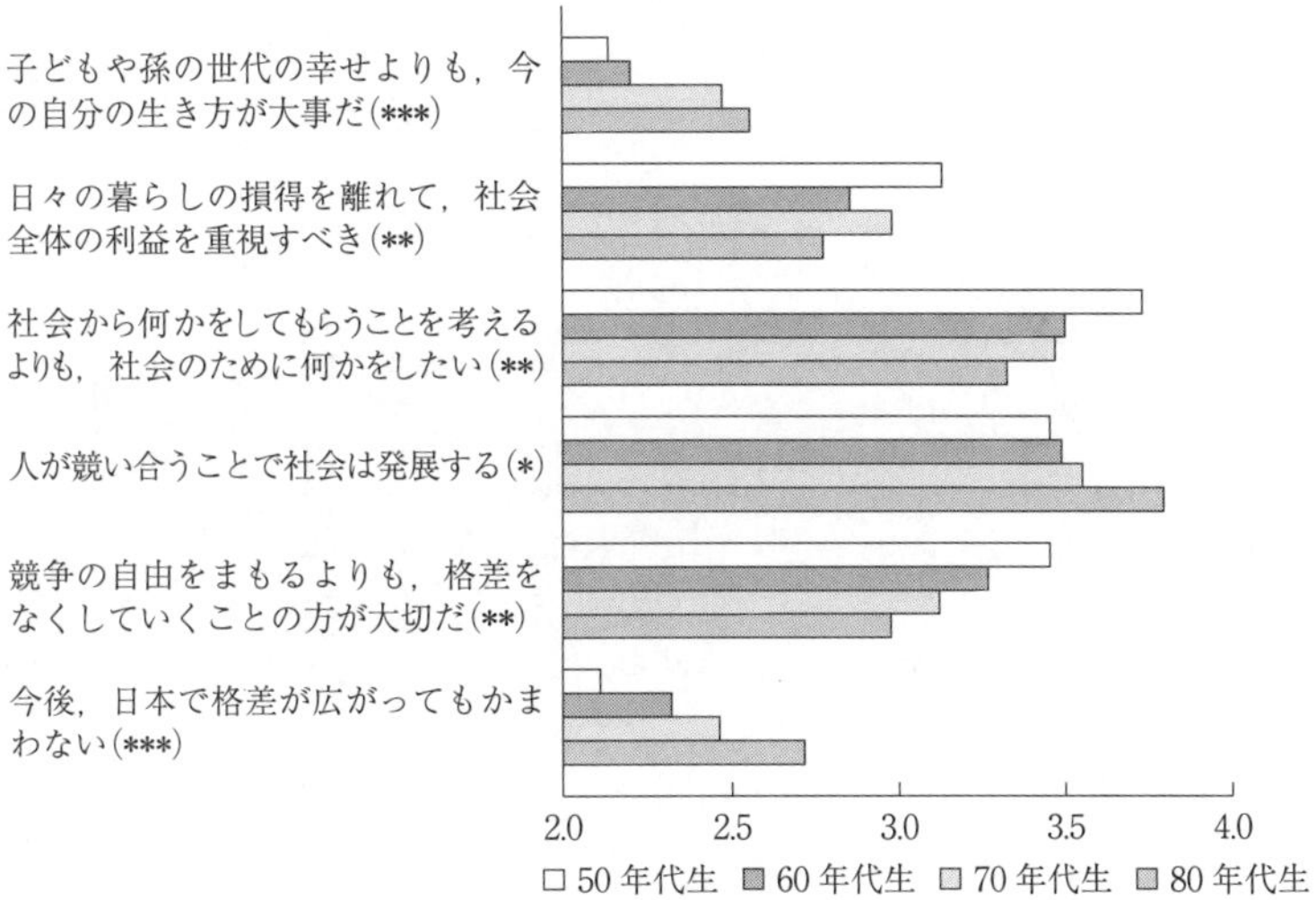

*= p<0.05, **= p<0.01, ***=p<0.001

（注） 使用データは，上の 4 項目は SSP-P 2010（21〜60 歳），下の 2 項目は SSP-I 2010（25〜60 歳）。SSP-I 2010 では，1980 年代生まれのサンプルは，80〜85 年生まれしか含まれていない。

図 6-4 若い世代の価値観のリバタリアン化（男性のみ）

若年層に何が生じているのだろうか。いったん労働倫理を離れて、別の視点から八〇年代生まれの若者意識の特徴をみてみよう。

図6-4は、いくつかの価値観に関する回答の平均値を、年齢層別にみたものである。このグラフをみると、八〇年代生まれの世代は、以下のような特徴をもっていることがわかる。八〇年代生まれの男性は、「子どもや孫の世代の幸せよりも、今の自分の生き方が大事だ」と考えており、「日々の暮らしの損得を離れて、社会全体の利益を重視すべき」とは思わない傾向がある。「社会から何かをしてもらうことを考えるよりも、社会のために何かをしたい」という傾向が弱く、「人が競い合うことで社会は発展する」と考え

る傾向がある。そして「競争の自由をまもるよりも、格差をなくしていくことの方が大切だ」とは考えず、「今後、日本で格差が広がってもかまわない」と考えている。

つまり、一九八〇年代生まれの若者は、「子孫のため」であれ「社会のため」であれ、今の自分を犠牲にする生き方には否定的であり、競争こそが社会を発展させると考えると同時に、競争の結果生じた格差に対して、政府が再分配というかたちで救いの手を差し伸べることに消極的だということである。

以上の傾向を一言でまとめれば、若年層の価値観はリバタリアン化しているということになるだろう。リバタリアニズムとは、個人の自由を極度に重視する思想である。他者の権利を侵害しないかぎり、個人の選択の自由は最大限尊重されるべきだという考え方である。経済活動においては、「格差の是正」や「安全性の確保」という観点から政府が介入したり、規制を設けたりするべきではなく、あくまで個人の自己責任のもとでの自由な活動に任せるべきだと考える。一九八〇年代生まれの若者たちは、年長世代と比べて、自己責任にもとづく個人の自由を重視するリバタリアン的な価値観を身につけているといえる。

ただし厳密にいえば、上記の傾向は「世代による差」ではなく「加齢による差（ライフステージによる差）」である可能性も否定できない。彼らも歳を取るにつれて「個人の自由」ばかりを重視しなくなり、年長者たちと同じ価値観をもつようになるかもしれないからである。しかし少なくとも、「未既婚」や「子どもの有無」といったライフステージをコントロールしても、八〇年代生まれがリバタリアン的であるという傾向は消えなかった。したがって、八〇年代生まれ世代のリバタリアン的志向が、加齢によって消えることのない世代的な特徴である可能性は比較的高いと考えてよいだろう。

表6-5 「働くことは社会に対する義務である」と価値観の関連の世代間比較
（男性25〜60歳，相関係数）

	80年代生	70年代生	60年代生	50年代生
「世の中のためになる仕事」重視	**0.648*** **	0.348***	0.318***	0.216***
社会から何かしてもらうことよりも，社会のために何かをしたい	**0.420*** **	0.266***	0.190**	0.241***
日々の暮らしの損得を離れて，社会全体の利益を大切にすべき	**0.321** **	0.202**	0.220***	0.171**
募金や寄付をしている	**0.256***	0.196**	−0.006	0.118
成功観「成功するための努力」重要	−0.065	0.113	**0.138***	**0.186** **
成功観「運やチャンスに恵まれる」重要	**−0.246***	−0.149*	0.016	0.084

*= p<0.05, **= p<0.01, ***=p<0.001
（注） 使用データはSSP-I 2010。SSP-I 2010では，1980年代生まれのサンプルは，1980〜85年生まれしか含まれていない。

価値観の変化と社会認識の変化

一九八〇年代生まれの若年男性は、リバタリアン的な価値観をもっている。リバタリアン的な価値志向においては、労働倫理もまた、個人の価値観や動機によって担保されることになるだろう。「社会や組織のために」という義務感からではなく、あくまで「この仕事をやりたい」「役に立ちたい」という個人の価値観や内発的動機があるかどうかに左右されるのである。そのことを、労働義務感の質問項目を用いて、他の意識項目との関連でみてみよう。表6-5の上の四項目は、社会貢献志向や利他志向についての価値観を聞いたものである。下の二項目は、今の社会で成功するために重要な条件は何だと思うかを聞いており、日本社会に対する人びとの認識を表すものといえる。これらの意識項目と労働義務感との相関係数を見比べると、世代による価値観の違いが明瞭に浮かび上がる。

まず、上の四項目の世代別比較から読み取れるのは、若い世代になるほど、労働義務感の強さが、社会に貢献したいという志向や利他志向の有無に大きく左右されるようになっているということである。逆にいうと、年長世代ほど、社会貢献志向や利他志向の有無にかかわらず、一定の労働義務感を維持できているのである。それに対して、八〇年代生まれの世代では、社会貢献志向や利他志向のある人しか、労働を社会的義務としてとらえられない傾向が顕著になっている。

この結果からは、前節で確認した若い世代のリバタリアン化が、労働倫理においても生じていることが見て取れる。若い世代にとっての労働は、社会や組織のような「公」のために「私」を滅して奉公するものではなくなってきている。「公」のために働くとしても、公に対する義務感から自分を抑え込んで働くのではなく、「社会や組織に貢献したい」という個人の価値観にもとづく動機があることが前提になってくる。これは、1節で紹介した「働くことの私事化」（岩間 二〇〇九）や「労働の消費財化」（寺崎 二〇〇八）にも通じる変化である。

そして、この若い世代のリバタリアン化とは別に進行しているのが、人びとの社会認識の変化である。そのことを示唆するのは、今の日本社会で成功するための条件を聞いた表6-5の下の二項目の結果である。若い世代になるほど、「真面目に努力し続けることが大事」という成功観が労働義務感と関連しなくなっている。年長世代では、日本は努力が報われる社会だと考える人ほど、労働義務感が強かったのに、その傾向が若い世代でみられなくなったのである。それと入れ替わるかのように、若い世代では「運やチャンスが重要だ」というハプニング的成功観との関連が生じるようになっている。今の社会での成功が、運やチャンス次第だと考える人ほど、労働義務感が弱い。このような結果は、社会の上昇移動のルールにかかわる社会認識が労働倫理に影響していることを示すものであり、若い世代の一部で、「社会のために勤勉に働くことの報われなさ」の感覚が生じている可能性を示唆しているといえよう。

低階層において失われやすい「互恵的関係」

結局のところ、労働に対する義務感というものも、社会や組織からの「見返り」があるかどうかに依存しているという意味で、きわめて「互恵的」なものなのである。この互恵的義務の感覚が若い世代で薄れてきたということが、価値観の変化と社会認識の変化とが同時進行する様子から見て取れる。「一生懸命努力すれば豊かな生活ができる」であれ「この会社で真面目に働けば、定年まで面倒をみてくれる」であれ、社会や組織との間の互恵的な義務として労働が強く位置づけられていた時代(世代)であれば、個人の価値観の如何にかかわらず、強い労働義務感が維持される。逆に、若い世代の労働義務感が、「社会のために貢献したいかどうか」という個人の価値観に大きく左右されるようになっているということは、働くことが、社会や組織と労働者との間の互恵的な義務としての性格を弱め、その分、個人を起点とした意味をもつようになっているということなのである。

彼らが、ボランティアやNPO活動がさかんになっていく時代のなかで育ち、「社会貢献したいからNPOで働く」という生き方が珍しくなくなった最初の世代であることも興味深い。個人の価値観を起点とした労働倫理を身につけた彼らは、自分が働くことを納得するために、社会貢献という「意味づけ」を必要としたのかもしれない。実際、働く目的として「社会のために役に立ちたい」を挙げる新入社員の割合は二〇〇〇年代に入ってから増加傾向である(厚生労働省 二〇一三)。

このような背景のもとで、社会との互恵的な感覚を得にくい若年低収入層において、仕事の意味づけがうまく見出せず、労働倫理が低下しはじめているということなのではないだろうか。若い世代における労働倫理の階層化は、このような価値観の変化と社会認識の変化とが組み合わさって生じたものなのである。

4 労働の意味づけと勤勉性のゆくえ

世代経験の重要性

本章では、「一億総中流社会」から「格差社会」へという社会認識の変化のなかで、成人男性の労働倫理がどのように変化しつつあるのかを分析した。その結果、一九八〇年代生まれの男性若年層で、世帯収入の多寡によって労働倫理の階層格差が生じていることが明らかになった。この世代は、年長世代と比べて労働倫理のレベルは低くないにもかかわらず、低収入層では大きく低下している。つまり、「地位の上下を問わない勤勉性」が若い世代で揺らいでいる可能性があるのである。労働倫理の階層格差化は、前節でみたように、若い世代における価値観の変化と社会認識の変化とが組み合わさって生じたものである。

そうだとすれば、階層化の生じた一九八〇年代生まれの人格形成期における世代経験がどういうものだったのかが問題になってくる。彼らより一つ上の世代である一九七〇年代生まれは、バブル崩壊後の就職氷河期に就職活動をし、苦戦を余儀なくされた「ロスジェネ世代」が含まれる。二〇一〇年調査時点でほぼ三〇代だったこの世代は、格差社会化の荒波を真っ先に被った世代である。それにもかかわらず、労働倫理の階層格差化がみられないのはなぜだろうか。それは、一九九〇年代初頭までの「一億総中流」の社会意識の名残をとどめた雰囲気のなかで人格形成をした世代経験が関係しているのではないかと考えられる。

それに対して、一九八〇年代生まれの世代は、日本経済が好調だった頃をほとんど知らず、右肩上がりの経済成長をイメージできない。彼らの目に映る日本社会は「一億総中流」の社会ではなく、はじめから「格差社会」であった。そのような状況で人格形成期を過ごした八〇年代生まれの世代は、自らの客観的な階層的地位に準拠した労働倫理を身につけるようになったのではないだろうか。

基底的な「心的準備状態」としての労働倫理

以上の解釈を踏まえたうえで、若年低階層の労働倫理の低下が、世帯年収の格差として現れていたことについてあらためて考察してみたい。

たとえば、「仕事にやりがいをもって取り組んでいるか」という、実際の仕事に対するコミットメントについては、とくに若年層において、職業階層による格差が生じていることが、一九七九年と二〇〇〇年代との時点間比較から明らかになっている（米田 二〇一一）。具体的には、専門職や管理職・事務職といったホワイトカラーに比べて、下層ブルーカラーの仕事のやりがいが低下していた。また、非正規雇用も仕事のやりがいが低い。

それに対して、本章で見出された労働倫理の階層格差は、正規／非正規間の待遇による格差や職種・

個人収入の格差としては現れず、本人以外の稼ぎも含めた世帯収入による格差として現れていたのはなぜだろうか。[4] 今回分析した労働倫理は、日々取り組んでいる目の前の仕事に対するコミットメントではなく、仕事一般に対する価値観あるいは「心的準備状態」としての意識である。そのために、日々の職業経験を反映する職業階層ではなく、経済的な豊かさの生活実感を表す指標である収入階層が、労働倫理を左右する要因になっているということではないだろうか。

また、一九八〇年代生まれは、二〇一〇年の調査時点でほぼ二〇代である。これからさらに職業経験を積んでいくなかで、職業的地位や企業内の地位による労働倫理の格差が新たに生じてくる可能性も否定できない。

本章の考察は、限られた変数の分析に依拠しており、決して十分なものではない。また、労働に対する一般的な心的準備状態である労働倫理の傾向を分析したものであり、この結果からただちに、行動レベルでの勤勉性に変化が生じたということもできない。しかし少なくとも、若い世代において従来とは異なる新たな労働の意味づけが生じつつあるということはいえそうである。

一九八〇年代出生世代における労働倫理の格差は、これから職業経験を積むことで変化が生じていくかもしれない。また、「地位の上下を問わない勤勉性の崩壊」という新たな動きの予兆は、今のところ一九八〇年代生まれの若い世代にしか確認されていない。一九九〇年代以降に生まれた新しい世代が労働市場に参入したときに、「勤勉性の階層格差」は見出されるのだろうか、それとも、一九八〇年代生まれにのみ生じた一時的な現象となるのだろうか。これらの問いを明らかにするには、一〇年後、二〇年後の検証を待たねばならない。

1　引用文には一部不適切な表現も含まれているが、当時の表現をそのまま掲載した。

2　飯田が文中で述べている「中意識」については若干の注釈が必要である。日本人の「『中意識』がすこぶる強い」ということの根拠は、階層帰属意識の質問で自らを「中」と答える割合が、一九七〇年代に九割にも達したというデータにもとづいている（本書第1章参照）。しかしその後の研究により、階層帰属意識の回答が「中」に集中することは、日本に特殊なものではなく、先進国に共通する現象であることが明らかとなった。現在の知見にもとづけば、一九七〇年代の日本人の「中意識が強い」ことの根拠は、主観的な階層認知が客観的な社会経済的地位によって規定されないという、「浮遊する階層意識」（吉川 二〇〇九）の時代であったということに求めるべきだろう。

3　世界価値観調査は、世界数十か国が参加している国際的な調査プロジェクトである。一八歳以上の男女を対象に、多段無作為抽出法でサンプルを抽出し、二〇〇〇年調査からは郵送法で回答を得ている。二〇〇〇年調査の有効回収数は一三六二票、二〇〇五年調査の有効回収数は一〇九六票。

4　本章では省略しているが、専門職／管理職／事務職などといった職種の違いや、ホワイトカラーとブルーカラーによる違いも、労働倫理においては生じていないことを確認してある。

コラム⑥　宗教の二面性――否定的イメージと人の幸せ

二〇歳前後の大学生は、もっとも宗教に縁遠い世代である。かつては、地下鉄サリン事件もあって、若い人でも宗教のことを耳にしたり、目にすることがあった。しかしそのオウム真理教の事件も一九九五年のことであるから、今の大学生にとっては記憶にない。

日本で宗教を信じる人は多くはない。三割くらいである。とくに現在の大学生の世代で信仰をもつ人の割合は一割にも満たない。科学技術が発展し、合理的な考え方で豊かになってきた現代社会において、迷信や呪術を含む不合理な宗教を信じるなんて、それこそ信じられないというのが、多くの日本人の感覚である。ところが一方でお寺や神社や教会などの数は、全国で一八万といわれている。全国どこに行っても目にするコンビニの数が五万弱であるから、宗教施設はコンビニの三倍以上もあることになる。つまり一軒のコンビニをみたら、その周りに三軒か四軒の宗教施設があることになる。多くの人びとはこれほど多くの宗教施設に取り囲まれて生活しているということに気づいてさえいないだろう。

日本では信仰をもつ人の割合が、一九六〇年代から三割程度であまり変化がないが、ヨーロッパの国々では、信仰をもつ人の割合がかなり減少し、半数以下になってしまった国も多い。これを世俗化という。学校教育の成果にもとづけば、マリアの処女懐胎を信じるのは難しいし、神がアダムとイブを作ったことは進化論的には納得できない。科学的な世界観が広まったために、宗教の物語は信じがたくなった。社会の発展によって、宗教を信じる人が減ったのだと考えるかもしれない。しかし、一方で世界のトップを走り続けているアメリカ合衆国は、大部分の人がキリスト教を信仰している信心深い国で、聖書に反する進化論を教えない学校も存在する。そのほか、フィリピンや南米の信仰率も高いし、エジプト、インドネシアなどのイスラム圏の信仰率も高く、イスラム圏では世俗化しているといわれるトルコですら、八割以上の人が信仰していると答える。スウェーデンなど日本よりも信仰率が低い国もあるが、それでも世界のなかで日本人のおよそ三〇%という信仰率は低い方である。海外で日本人は無宗教だといわれるのももっともなことである。

日本では、宗教を信仰する人が少ない。そしてそれを多くの日本人は残念なこと、よくないことと思っていない。宗教を信仰しても、実際にお金持ちになったり、幸せになったりはしない。むしろお金を巻き上げられることがあるくらい、と思っている。

　しかし世界的にみれば、すなわちグローバルな視点でいえば、宗教を信じる人は幸せである。**表1**は、二〇〇八年の国際比較調査（ISSP 2008）の結果から、宗教性と幸福感との間の相関係数と重回帰分析の結果を示したものである。相関係数rは、宗教を信じる人ほど幸せを感じていれば、その値は正で大きくなり、宗教を信じる人ほど不幸であれば、逆に相関係数は負の値となる。この表をみれば、多くの国で宗教を信じれば信じるほど、幸福感が高まることがわかる。日本はその相関係数が、〇・〇三四と非常に小さい値で統計的に有意な値ではない。相関係数ではマイナスの値を示す国が七カ国あり、そのうちポルトガル、ハンガリー、スロヴェニア、ラトヴィア、ブルガリアの五カ国では有意なマイナスの値を示す。しかし、年齢、教育、世帯所得をコントロールした重回帰分析では、標準化偏回帰係数βが有意な負の値を示す国はない。これは、計量的にいえば、世界中で宗教を信じて不幸になる国はないということである。そして、日本においても宗教を信じれば幸せになるとまでは断言できないが（宗教性と幸福感が正の有意な関連を示

表1　宗教性と幸福感との関係

調査対象国	相関係数 r	重回帰分析 β
ニュージーランド	.087[b]	.078[a]
オーストラリア	.074[b]	.069[a]
アメリカ合衆国	.178[b]	.185[b]
カナダ	.062[a]	.055
デンマーク	.015	.065[a]
スウェーデン	.011	.048
ノルウェー	.049[a]	.069[a]
オランダ	.026	.040
オーストリア	.024	.080[a]
ポルトガル	−.105[b]	.007
スペイン	.016	.099[b]
フランス	−.009	.057
イタリア	.050	.125[b]
アイルランド	.065[a]	.124[b]
北アイルランド	.132[b]	.122[b]
スイス	.053[a]	.084[b]
イギリス	.097[b]	.082[a]
西ドイツ	.069[a]	.105[b]
東ドイツ	.113[b]	.167[b]
チェコ	.049[a]	.116[b]
スロヴァキア	.015	.055
ポーランド	.012	.095[b]
ハンガリー	−.115[b]	.018
スロヴェニア	−.113[b]	.005
ラトヴィア	−.092[b]	−.012
ブルガリア	−.084[b]	−.023
ロシア	.002	.067[a]
キプロス	−.036	.012
イスラエル	.145[b]	.179[b]
チリ	.097[b]	.139[b]
日本	.034	.059
フィリピン	.088[b]	.085[b]

[a] $p \leq 0.05$（片側検定）　[b] $p \leq 0.01$（両側検定）
（出所）Jagodzinski・真鍋（2013: 94）より表記を一部変更，省略し作成。

すデータもあるが)、不幸せになるという傾向も示されてはいないのである。

多くの日本人は、宗教は、怪しいもの、うさんくさいもの、だまされてお金を巻き上げられるもの、と思っている。しかし、計量分析の結果からは宗教を信じたら不幸になる、とはいえない。

宗教には二つの面がある。しかし多くの日本人は、宗教といえばそのうちの一方しか思い浮かべない。それは、宗教は神様や絶対的な超越者などのお告げに従うことというイメージである。絶対者への帰依である。たしかにこれは宗教の一面である。そしてこれが「神様のお告げ」という言葉によって、非合理的な言動に盲目的に従う、だまされている、というイメージにつながる。一方で宗教は「この世に生きる人の道」という側面がある。宗教には超越と倫理の二面がある。

宗教を信じることは、幸せに寄与するだけではない。**表2**の重回帰分析の結果をみれば、宗教的な心は大切という人は、ボランティア活動やNPO、NGO活動により参加することがわかる。性別や年齢、教育年数などをコントロールしても、宗教的な心の変数は、〇・一三八と有意な正の値を示している。表は省略するが、同じような分析をすれば、宗教的な心は大切という人は、利他的な行動をし、国政選挙や自治体の選挙の際に投票に行き、美術鑑賞や音楽鑑賞をし、読書をよくする。宗教を信じる人はまた、社会の利益を優先したり、社会のために働くといった社会貢献意識や社会的責任感を高める。宗教を信じることが、いろいろな望ましいと考えられる行動に結びついているのである。これが宗教のもう一つの面なのである。

宗教は多くの人にとって望ましい行動に導く基本となる価値の一つである。もちろんこれは、世界の国々においてあてはまり、日本においてもあてはまる。しかしながら、多くの日本人は宗教の倫理的側面に気づいておら

表2　ボランティア・NPO・NGO活動

	重回帰分析
	β
性別	.060*
年齢	.098***
教育年数	.156***
婚姻状態	.037
職業威信	.055*
無職ダミー	−.040
世帯収入	.037
都市規模	−.011
宗教的な心は大切	.138***
調整済み決定係数	.069***
N	1455

* p<.05　*** p<.001
(出所)　横井・川端(2013: 86)より表記を一部変更，省略し作成。

ず、むしろ、宗教を悪いものとみなしている。日本人の対宗教イメージが悪い原因の一つには、マスコミの報道にもある。宗教団体の活動の、たとえば社会に貢献するようなよい面は、あまり報道されていない。

東日本大震災後の支援活動において、伝統宗教も新宗教教団もさまざまに活動し、支援を行った。義捐金や救援物資を送るばかりでなく、ボランティア活動をし、読経などで犠牲者の供養をした。何よりも一〇〇カ所以上の宗教施設が被災者を受け入れ、避難場所となった。従来の公園や小学校などの避難所だけでは十分ではない。避難所を増やすために、宗教教団と連携し、災害協定を結ぶ自治体が増えている（稲場 二〇一三）。今後、人口の多い地域で大きな災害があった際に、宗教施設なしに避難をすることは、おそらく不可能である。

すべての宗教のすべての活動が優れているわけではない。不幸な事件やよくない活動もある。しかし一方で、宗教教団や宗教そのもののプラスの側面も数多くある。それらにも注意を払う必要があるだろう。

第7章　誰が市民活動を担うのか
――ボランティアの階層的変容

1　市民社会の幕開け？

ボランティア黎明期――二つの大震災がもたらした光景

一九九〇年代から二〇一〇年代にかけての約二〇年間は、日本における市民活動史において特別な意味をもつ期間である。この間、二つの大震災により、日本の市民活動に大きな変動が起こった。

一九九五年に発生した阪神・淡路大震災は、約六四〇〇人にのぼる死者、約二五万棟の全半壊という多大な被害をもたらした。一方で、多くの人びとが不運に遭った人びとに「何かできることはないか」と思いを馳せ、救援・支援活動にあたるきっかけともなった。災害ボランティア活動が大規模に展開する様子は、国内外のメディアに大々的に取り上げられた。それは日本社会の新たな共同性の兆しとして、多くの人びとの目に印象的に映ったことだろう。その気運の高まりは、研究者の想像を超えるほどのレベルであり、「ボランティア革命」とさえ表現された（本間・出口 一九九五）。一九九五年は、それまでボランティア活動にかかわったことのない一般の人びとが活動に参加する大きな契機になったとして、「ボランティア元年」と呼ばれている。

このような市民活動のうねりは一過性にとどまらず、一九九七年のナホトカ号重油流出事故でも多くのボランティアが活躍した。一連の災害下でのボランティアの活躍からその重要性が認識され、持続的な市民活動を支援しようという声が高まり、一九九八年には「特定非営利活動促進法（NPO法）」が制定された。こうした展開を振り返り、『平成一二年度国民生活白書――ボランティアが深める好縁』（経済企画庁 二〇〇〇）では、ボランティア・NPOが人びとの交流の深化に、そして地域生活の豊かさに寄与する二一世紀の社会に重要な主体として位置づけられている。

こうして幕を開けた二一世紀であったが、またしても二〇一一年にさらなる悲劇が日本を襲った。いうまでもなく、東日本大震災である。マグニチュード九・〇という観測史上最大の地震は、戦後日本において最大級の津波被害から原発事故被害まで、広域かつ甚大な複合被害をもたらした。この震災直後からも、被災地では物資の仕分けや避難所でのケア、津波で浸水した家屋の泥出しなど、災害ボランティアによって多様な活動がおこなわれた。震災後一年間で被災三県（岩手県・宮城県・福島県）だけでも、その数はのべ約九九万人にのぼる（全国社会福祉協議会 二〇一二）。阪神・淡路大震災以後の災害ボランティアの経験が、多くの場所で活かされたといわれている。

未曾有の東日本大震災のなかで強調されたのは、市民同士の助け合いの重要性だった。予期せぬ異常事態を前にして人は一人では非力であり、他者との関係性のなかで生きることの大切さが再認識された。二〇一一年の「今年の漢字」に「絆」が選ばれたように、あの年ほど、人と人とのつながりが声高に叫ばれたことはなかっただろう。振り返ると、二〇一〇年代は「失われた二〇年」という言葉に表象されるような社会経済的状況の厳しい局面のなかで、その余波が「無縁社会」化として人間関係にも及んでいることが指摘されていた。そうした最中に起こった大震災に対し、数少ない希望の一つとして象徴化されたのが、助け合う「市民」たちの姿だったのである。

市民社会の理想と現実

このように、日本ではあたかも二つの大震災を契機にボランティア活動が日本社会に浸透し、市民社会の礎が築かれたかのような風潮があった。自由で平等な市民が、自分のおかれた立場に関係なく社会に参加できる社会を「市民社会」と呼ぶならば、そのような社会の到来を予感した人もいただろう。

実際に、一九九〇年代以降の全世界的な「市民社会論ルネサンス」(山口 二〇〇四)のなかで、日本でもまさに「ボランティア」を新たな市民社会の担い手として期待を寄せる論考がいくつも提出された(似田貝 二〇〇八、田中 一九九八、山下・菅 二〇〇二)。たとえば山下・菅(二〇〇二)は、それまで自己犠牲や奉仕といったマイナスイメージが付与され一部の人が行う奇特な行動とみなされていた「ボランティア」は、阪神・淡路大震災における災害ボランティアの活躍により、誰にでも気軽に参加できる活動へと置き換えられ、「ボランティア」という言葉に肯定的な意味が付与されたと論じている。このような変化から、新たな市民社会の構築可能性が示唆されている。

しかし、現実は必ずしもそのとおりにはなっていない。本章で示す大意を先取りしていうならば、多くの人が、どんな立場であっても、市民活動にボランティアとして参加できる、という状況が実現しているとはいいがたい。たしかに先の二つの大震災下において、多くの「ごく普通の市民」（渡戸 一九九五：四〇）が災害ボランティアとして活躍する姿は、紛れもない現実であったろう。しかしあの光景は、局所的・一時的にみられたものであった可能性がある。日本人の市民活動への参加というものを、時空を超えた俯瞰的な視点から眺めたとき、その実態は近年の市民活動に対する社会的な関心の盛り上がりに釣り合っているわけではない。具体的には、「市民活動参加者の量的増加」も「市民活動参加者の階層的不偏化」も、人びとが思っているほどには起きていない。この点について、これから詳しく説明していこう。

「市民」とは誰か？――市民活動における階層性への注目

「ボランティア」という社会現象は、市民社会が成熟してきていることの根拠としてとらえられてきた。その根拠となる観点としてあげられているのは、「ボランティア活動経験者が増加している」という観点と、「高階層や上層階級に偏った活動から、誰でも参加できる階層不偏的な活動へと変化している」という観点である。前者は「量的増加の命題」、後者は「階層不偏化の命題」と呼ばれている（仁平 二〇〇三）。本章ではどちらの命題にも触れるが、とくに着目するのは後者である。ではなぜ、市民活動に参加する人びとの階層性が問題とされなければならないのか。

ここで、市民社会論の議論を簡単に振り返っておこう。大まかにいうと、市民社会論は近代的市民社会論と現代的市民社会論の二つに分けられる。K・マルクスを筆頭とする近代的市民社会論における市民社会は、「ブルジョア市民社会」の性格をもち（篠原 二〇〇四：一〇〇）、そこで想定される「市民」

は「『財産と教養（Besitz und Bildung）』という表現に集約されうる上層市民層に属する人々」（山口 二〇〇四：一六三）であった。それに対し、一九九〇年代以降の世界的な規模での「市民社会論ルネサンス」のなかで展開された現代的市民社会論では、市民の範囲が広範な社会階層の人びとに拡大され、「『生活者からなる大衆市民社会』への転回」（同書：一六三）が論じられる点に特徴があった。すなわち、現代的市民社会の重要な特徴として、「広範な社会階層の人びとの参加」という側面に重きをおかれているのである。

そうであるならば、現代的市民社会の担い手として注目されている「ボランティア」に関しても、その階層性が問題とされてしかるべきである。もし市民活動に参加する人びとが、「ブルジョア市民社会」というように等しく財産や教養に恵まれた人びとであるならば、それは「生活者からなる大衆市民社会」とはいいがたい状況である。そのような階層的な偏りが生じているとしたならば、それはある特定の層における参加に対する障壁があるとも考えられる。また本来、市民活動領域は、労働市場領域で力をもちにくい人びとが、社会に参画する回路として存在していることが望ましいと考えられる。にもかかわらず、資源の豊富な人びと、すなわち労働市場領域で力をもつ人びとがやはり市民活動領域でも力をもっている場合、資源の少ない人びとがコミュニティ形成や他者との交流といった側面において不利益を受けている可能性すらある。よって、ボランティアとして市民活動を担う「市民」とはいったい誰なのかを、社会階層の観点からとらえておくことも重要な社会学的営為の一つといえるのである。

したがって本章では、現代日本における市民活動の実態を、とくに社会階層との絡み合いのなかから解きほぐし、市民活動がどのように変容してきたのかを明らかにしたい。次節では、市民活動をめぐる

「量的増加の命題」と「階層不偏化の命題」について、社会学で知られている知見を紹介していく。

2　市民活動の本当の姿

事実・その一——市民活動への参加率はほとんど変わっていない

まず、どれくらいの人が市民活動に参加しているかという量的側面を確認しよう。

日本の市民活動の水準の国際的な位置づけをとらえるために、二〇〇八年の「ギャラップ世界世論調査(Gallup World Poll)」の結果をみてみよう(OECD 2009)[1]。この調査によると、前の月に何らかの組織でボランティア活動をした人の割合は、アメリカが四一・九%ともっとも高く、中国が三・九%ともっとも低く、日本は二四・七%と中程度となっている。多くの国際比較調査では、キリスト教文化圏である欧米諸国で市民活動に参加する人が多いことが示されている。たしかにこの調査データでも、アメリカに次いでニュージーランド(四一・五%)、カナダ(三八・一%)が上位を占めている。日本はそれらに及ばず、ボランティア活動に参加しているのは二五%前後である。なお、総務省が五年ごとに実施する「社会生活基本調査」の二〇一一年の結果でも、一〇歳以上の国民のうち、年に一回以上、ボランティア活動に参加している人は二六・三%と示されている(総務省統計局 二〇一二)。よって、日本のボランティア人口は、「ほぼ四人に一人」と考えられる。

そして重要なのが、こうした日本のボランティア人口は、この数十年間ほとんど変わっていないという事実である。ボランティア人口の推移を継時的にとらえる際に問題となるのが、「ボランティア」という言葉の広まりの影響である。それまで社会福祉の専門家や実務家のみが使っていた「ボランティア」という語は、一九九〇年代に一般の人びとにも浸透したといわれている。この言葉の広まりが、実態としてのボランティアの数の変化をみえにくくするおそれがある。実際、全国社会福祉協議会が把握するボランティア数は、一九八〇年代は二、三〇〇万人であったのが、一九九五年には五〇〇万人を超え、二〇〇〇年代には七〇〇万人台を推移している（全国社会福祉協議会 二〇一一）。しかし、ここにはそれまで「ボランティア」と呼ばれなかった活動が「ボランティア」と呼ばれるようになったために新たにカウントされ、結果的に増加したようにみえている可能性がある。

こうした問題に対応するために、仁平（二〇〇三）は「ボランティア」という言葉が十分に普及する以前の市民活動をとらえる際には、「ボランティア」という語を使わないで量的推移をとらえるという方法を採用している。ここでも同様に、総務省の「社会生活基本調査」の結果から、その量的推移を確認しよう。この調査では、一九八六年に「社会奉仕」、九一年と九六年に「社会的活動」、二〇〇一年、二〇〇六年、二〇一一年に「ボランティア活動」の語で、それぞれの参加率を把握している。その結果が図7-1である。

図7-1をみるとわかるように、これら市民活動の参加率は、二五〜三〇％の間を安定的に推移している。豊島（一九九八）は、同じ「社会生活基本調査」の一九九〇年代までのデータを参照し、「社会的活動」の参加率が横ばい状態であることを指摘しているが、そのような状態が二〇〇〇年代に入っても続いている。そして強調されるべきは、一九九六年の数値は阪神・淡路大震災の後に、二〇一一年の数値は東日本大震災の後に得られたものであるという点である。たしかに二〇一一年では、すべての年齢

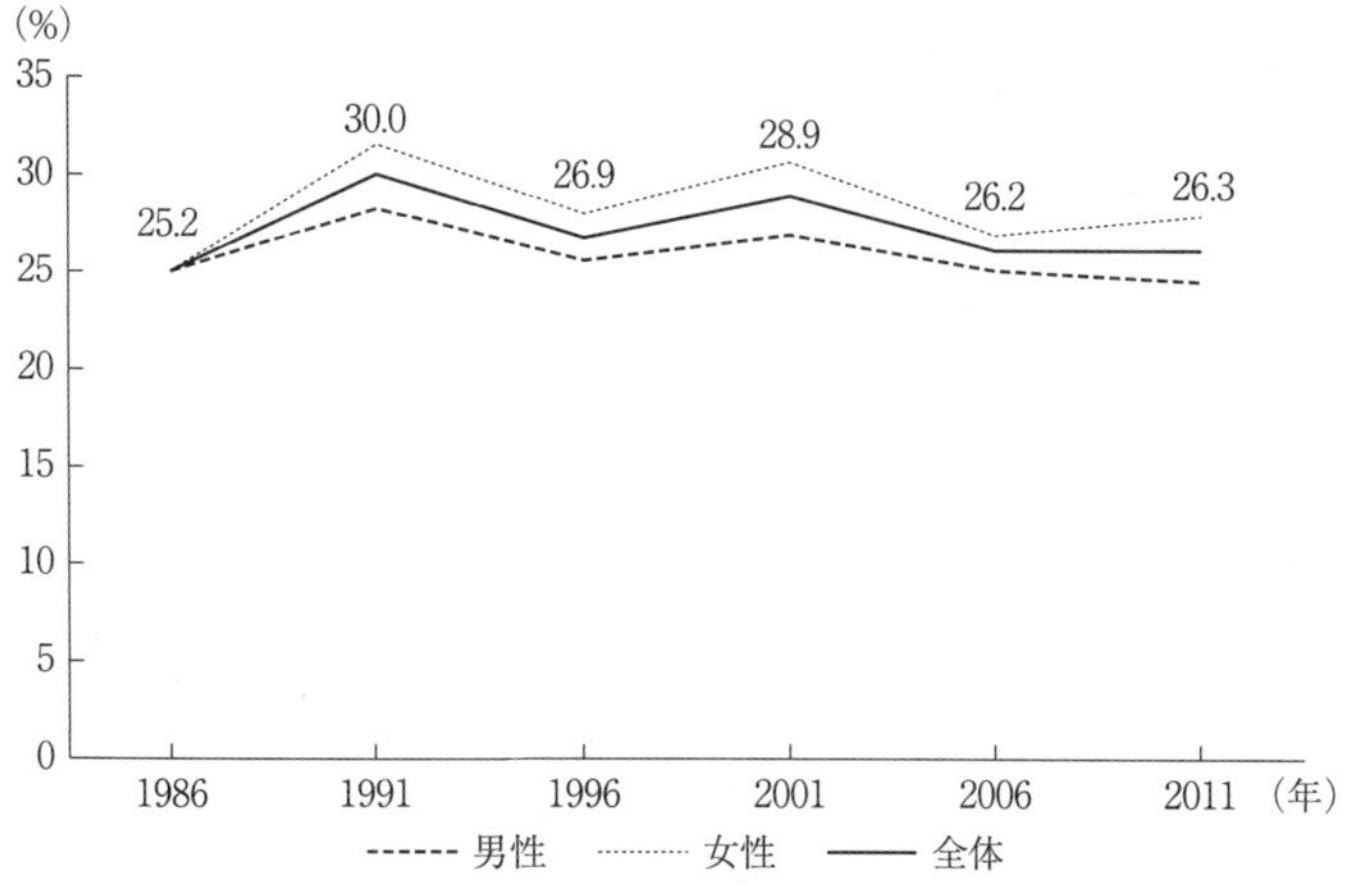

(注) 表中の数値は全体の値。
(出所) 総務省統計局「社会生活基本調査」(各年の結果)より。

図 7-1　市民活動の参加率の継時的推移

層において「災害に関係した活動」の参加率は二〇〇六年と比べると上昇していたが、全体のボランティア活動の参加率(二六・三%)は、二〇〇六年の二六・二%から〇・一%の上昇にとどまっていた。大震災の発生後には多くのボランティアが活躍したが、それはマクロな規模のボランティア人口を拡大させるほどのものではなかったのである。以上をもって、「量的拡大の命題」は支持されているとはいいがたい。

事実・その二——市民活動の担い手には階層性がある

次に、誰が、あるいはどのような社会階層の人が市民活動に参加しているかという質的側面を確認しよう。

これまで社会学では、社会経済的な資源を豊富にもつ人、すなわち高階層の人ほど、市民活動に参加しやすいことが指摘されてきた(Musick and

Wilson 2007）。これを「資源仮説（resources theory）」という。この仮説には、資源がなければ人びとはボランタリーな活動に参加することはできない（Musick et al. 2000: 1541）という意味が含まれている。この考え方は「良きことを為したいという欲求は多かれ少なかれ均等に分配されているが、その欲求を満たす資源は分配されていない」（Wilson and Musick 1999: 244）という前提から導かれている。つまり、人びとの行動は合理的な判断にもとづいており、資源が豊富な場合でないと、無償の参加行動は選択されにくいということである。実際にその証拠として、高収入、高学歴、管理職であることが、市民活動への参加を促進する効果をもつと、多くの研究によって実証されている（Musick and Wilson 2007）。

同じように日本の研究でも、市民活動参加者に高階層の傾向がみられることが指摘されてきた（平岡一九八六、三上一九九一、仁平二〇〇三、二〇〇八、二〇一一、Taniguchi 2010、豊島一九九八、二〇〇〇）[2]。以下では、全国調査によって得られた社会調査データによって、市民活動への参加と社会階層の関連をとらえてきた先行研究を取り上げよう。

まず豊島（一九九八、二〇〇〇）は、一九九五年のSSM調査のデータを用いて、高等学歴層や高所得層、管理職や大企業ホワイトカラー職の人ほど、社会的活動への参加頻度が高いことを確認している。そして、「ボランティア活動は、『誰でも参加できる当然の活動』という生活行動様式にまで成熟しておらず、生活にゆとりがある一部の人びとによって、いわば『エリート的な』活動という側面が未だに払拭できない現状にあるといえよう」（豊島一九九八：一六八）と結論づけている。この豊島論文の追試として二〇〇五年のSSM調査データを分析したのが、仁平（二〇〇八）である。そこではボランティア活動への参加頻度の重回帰分析によって、教育年数や世帯年収、経営者・役員層、自営・家族従業層がもつ正の効果を確認している。

このように、日本でも市民活動の参加者には階層性があると認められていることがわかる。その一方で最近の研究では、市民活動への参加と社会階層の関連が見出されにくくなっていることも示唆されている（仁平 二〇一一、Taniguchi 2010）。そこで「階層不偏化命題」が支持されるかどうかについては、ここでは判断を留保し、次節であらためて詳しくこの命題の検証を行うことにする。

3 階層不偏化命題の検証

階層性の弱まり？

先に述べたように、日本でも市民活動への参加と社会階層の関連が計量的に検討され、その結果、市民活動の参加者に高階層傾向があることが確認されていた。しかし、二〇〇〇年代に実施された全国調査データからは、市民活動への参加と社会階層の関連が弱まりつつあることが示されている。

たとえば仁平（二〇一一）は、二〇〇五年ＳＳＭ調査データでは一九九五年ＳＳＭ調査データに比べて、世帯年収や管理職層の効果が見出せなくなることを確認している。これを踏まえて、「『新しい市民社会』の活動例とされるボランティア活動、市民運動は、他の参加形態に比べ階層の効果は相対的に弱い。しかもその傾向がこの一〇年で生じてきた可能性もある」（仁平 二〇一一：三二五）と述べている。また谷口（Taniguchi 2010）は、二〇〇二年のＪＧＳＳのデータを用いて、高等学歴層や無職層ほどボランティア時間が長いことを確認しているが、仁平（二〇一一）と同様に、ここでも収入や管理職の有意な効果は見出されていない。このように、従来は市民活動参加と社会階層の関連がみられていたのに対し、昨今では両者の関連が明瞭ではなくなってきているようなのである。

とはいうものの、本当に、市民活動への参加に対して、収入や管理職の効果が消失したのだろうか。つまり、収入や職業にかかわらず、日本人は市民活動に参加するようになっているのだろうか。社会階層が市民活動参加に与える影響の弱まりは、資源の多寡に拘束されずに誰もが参加できるという、理想的な市民社会が到来したイメージに安易に結びつけられる可能性もある。そのため、市民活動をめぐる日本社会の現在の状況を、過去の状況との比較から正確にとらえておく必要がある。二〇一〇年代の全国調査データを用いて階層性の弱まりを確認した研究は存在しておらず、新たなデータで谷口（Taniguchi 2010）や仁平（二〇一二）の知見を再検討することも求められる。

そこで三谷（二〇一四）では、比較可能な一九九五年と二〇一〇年の全国調査データを用いて、市民活動参加と社会階層の関連の弱まりが本当に生じているのか、そして生じているとしたら何がそれをもたらしたのかについて検討した。この分析の概要・結果を次に示していこう。

一九九五年と二〇一〇年の時点間比較

分析に用いたデータは、一九九五年一〇～一一月に実施されたＳＳＭ調査のデータ（以下、SSM 1995）と、二〇一〇年一一～一二月に実施されたSSP-I 2010のデータである。分析対象者は、いずれも二〇～六〇歳の男女である。

従属変数となる市民活動への参加の指標として、「社会的活動（ボランティア活動、消費者運動など）」

（SSM 1995）と、「ボランティア・NPO・NGO活動」（SSP-I 2010）への参加頻度を用いた。いずれも五件法で回答が求められているが、回答選択肢が異なるため、回答選択肢一〜三（SSM 1995：「週に一回以上」「月に一回くらい」「年に一回から数回」／SSP-I 2010：「いつもしている」「よくしている」「ときどきしている」）を「一：参加層」とする二値変数とした。

また、変数のワーディングも異なっている。しかしこれらは、総務省による「社会生活基本調査」で用いられている「社会的活動」（一九九〇年代まで）と「ボランティア活動」（二〇〇〇年代以降）の語にほぼ重なり、当時における市民活動の一般的な名称といえる。先に述べた、「ボランティア」という言葉が十分普及する前の市民活動をすくい取れないという問題はむしろ回避されるメリットがあるので、ワーディングの相違をここでは問題化しないことにする。

なお、一九九五年の「社会的活動」の参加率は二三・九％、二〇一〇年の「ボランティア・NPO・NGO活動」の参加率は一九・四％であった。ここからも、先にみた「社会生活基本調査」の結果と同様に、市民活動への参加率はこの一五年間で増えていないことがわかる。

独立変数となる社会階層の指標として、学歴は教育年数を、収入は世帯年収（対数値）を、職業は従業上の地位を用いた。このほかに統制変数として、性別、年代、婚姻状況、六歳以下の子の有無、居住する市郡規模、居住する都道府県を用いた。

表7-1は、市民活動参加を従属変数とした回帰分析の結果である。[3] ここでは統制変数についての結果を省略し、社会階層についての結果のみ示している。

まずSSM 1995を用いた分析結果を確認すると、教育年数、世帯年収、経営者・役員、無職において、

表 7-1　市民活動参加の規定要因（左：SSM 1995／右：SSP-I 2010）

	1995 年		2010 年	
	回帰係数	標準誤差	回帰係数	標準誤差
教育年数	0.118***	0.033	0.197***	0.036
世帯年収（対数）	0.249 †	0.130	0.014	0.087
経営者・役員	0.876**	0.261	0.167	0.312
常時雇用（基準）				
非正規雇用	0.189	0.242	− 0.201	0.200
自営・家族従業	0.255	0.182	0.092	0.224
無職	0.463*	0.209	− 0.447*	0.215
N	1,564		1,535	

（注）***：p<.001, **：p<.01, *：p<.05, †：p<.10。

正で有意な値となっている。つまり一九九五年においては、高学歴、高収入、管理職、無職の人ほど、市民活動に参加する傾向がある。今回の分析モデルでも、先行研究（仁平 二〇〇八、二〇一一、豊島 一九九八、二〇〇〇）と同様に、市民活動参加者における高階層傾向や無職の参加傾向が確認できる。

次に、SSP-I 2010 を用いた分析結果を確認すると、教育年数が正で有意な値、無職は負で有意な値になっている。つまり二〇一〇年においては、高学歴の人ほど市民活動に参加し、無職の人ほど参加しない傾向がある。なお世帯年収や経営者・役員に関しては、有意な結果は得られていない。学歴に関しては、先ほどの一九九五年と同様の傾向であり、先の谷口（Taniguchi 2010）や仁平（二〇〇八、二〇一一）の知見とも合致する。無職に関しては、一九九五年では正の値であったが、二〇一〇年では負の値になっている。これは、無職ほどボランティア活動に参加する時間が長い（Taniguchi 2010）という知見とは異なる。また、収入、管理職に関して有意な結果が得られない点は、仁平（二〇〇八）の知見とは異なるが、谷口（Taniguchi 2010）や仁平（二〇一一）の知見とは整合的である。

持続する学歴効果、消える収入・職業効果

以上の分析から、次の三点が明らかになった。第一に、一九九五年も二〇一〇年も変わらずに、高学歴の人ほど市民活動に参加する傾向があった。第二に、一九九五年では高収入や管理職の人ほど市民活動に参加する傾向があったが、二〇一〇年ではそのような傾向はなかった。第三に、一九九五年では無職の人は市民活動に参加する傾向があったが、二〇一〇年では逆に参加しない傾向があった。

まず、学歴に一貫してプラスの影響がみられたという第一の点については、階層性の弱まりとは逆の現象といえる。一九九〇年代にも二〇〇〇年代にも、市民活動参加と学歴の関連が認められていたが、二〇一〇年においても同様の結果が確認された。以上から、市民活動参加と学歴の関連は、通時的に存在しているといえる。ちなみに、学歴を教育年数（連続変数）ではなく学歴三カテゴリー（離散変数）として、市民活動への参加率を示したのが図7-2である。[4]

図7-2をみると、中等学歴層と初等学歴層において比較的大きく参加率が低下していることがわかる。そのため、学歴間における参加率の傾斜（偏り）が強まっている。表7-1において、一九九五年と二〇一〇年の教育年数の回帰係数を比較すると上昇してみえるのは、教育達成の高くない人びとにおける参加率の低下が影響していると考えられる。

一方で、収入や管理職の影響がみられなくなっているという第二の点は、まさに階層性の弱まりといえる結果のように思われる。ではなぜ、一九九五年にはみられていた収入や管理職の効果が消えたのか。これまで市民活動に参加しなかった低収入や管理職以外の人びとの参加が増えたために、このような結

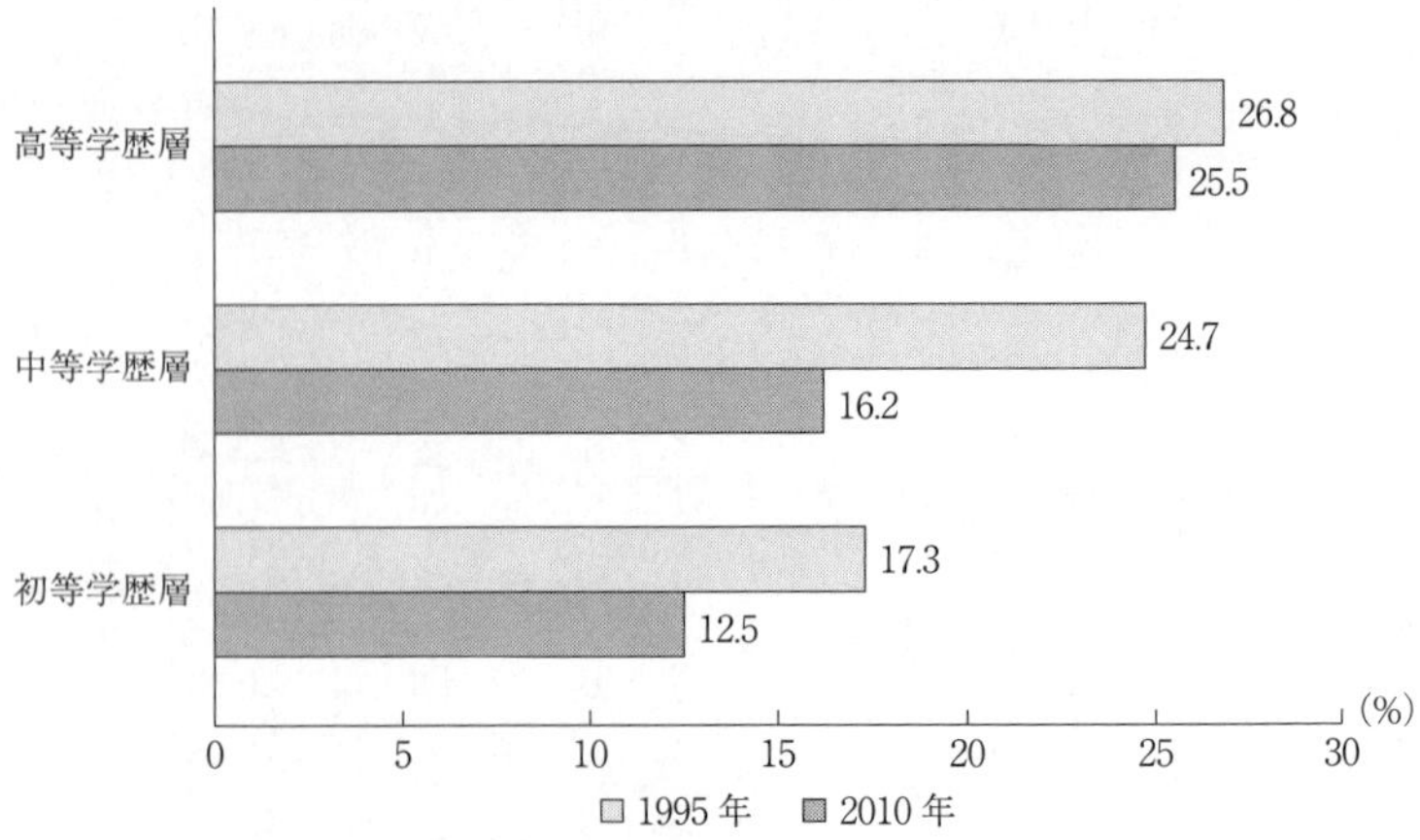

図 7-2　学歴別の市民活動への参加率（上：SSM 1995 ／下：SSP-I 2010）

果が得られたのだろうか。ここでも、収入と職業をカテゴリー（離散変数）として、市民活動への参加率を示した図7-3、図7-4をみてみよう。

図7-3をみると、収入高位層と収入中位層の参加率が低下していることがわかる。また図7-4をみると、経営者・役員の参加率が著しく低下していることがわかる。つまり、これまで参加率の低かった層の参加がさかんになったのではなく、これまで参加率の高かった層の参加が少なくなったことで、結果的に参加率の傾斜（偏り）が小さくなり、収入や管理職にプラスの影響がみられなくなったというわけである。

このように、これまでの市民活動の主な担い手だった層の参加が低下してるという動向と軌を一にするのが、無職が近年では参加しない傾向にあるという第三の点である。今回のデータの無職の内訳をみると、既婚女性（専業主婦と推測される）が一九九五年では約八九％、二〇一〇年では約七八％であった。いずれも既婚女性が大多数であり、彼女たちの参加の低下が、無職の参加傾向

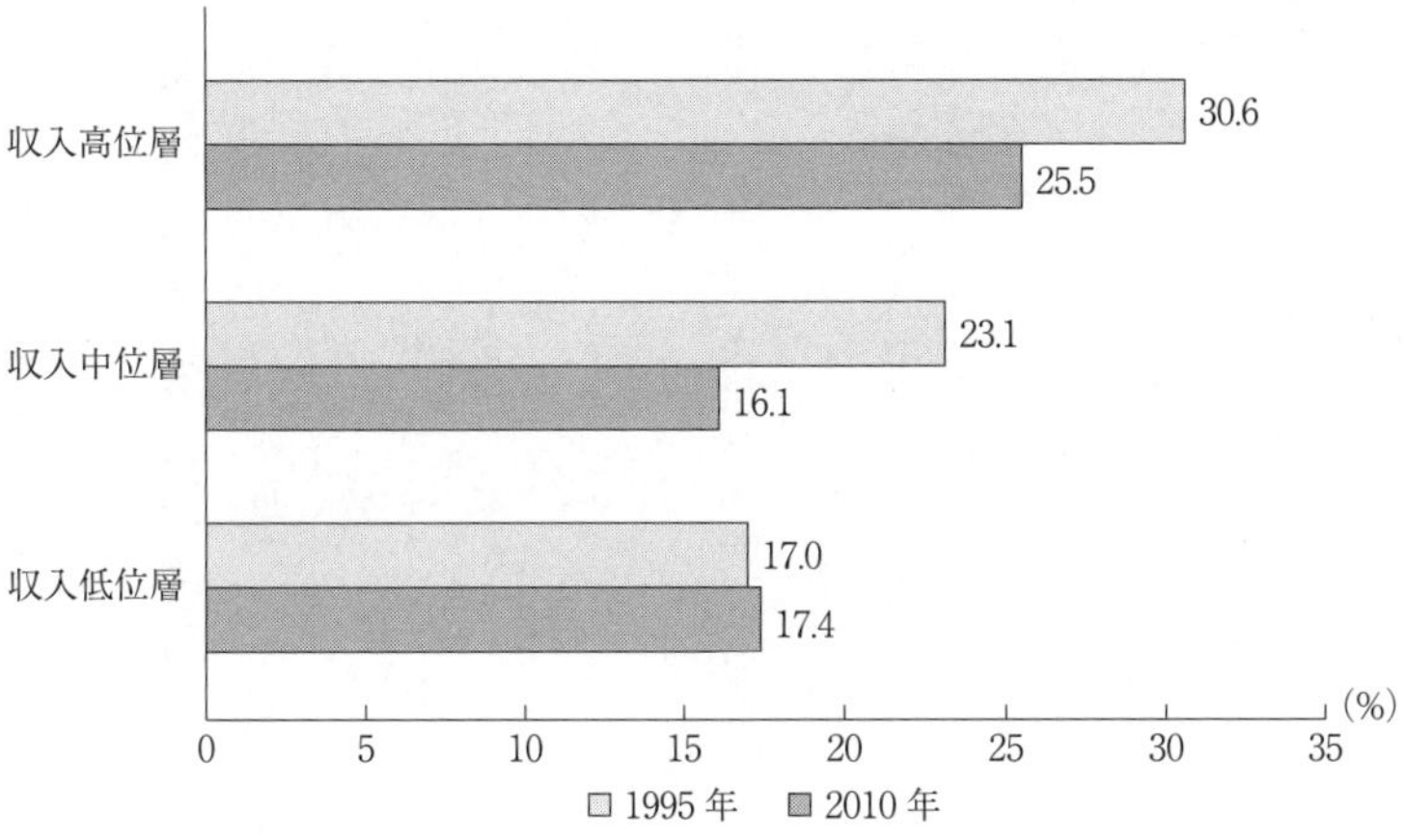

図 7-3　収入別の市民活動への参加率（上：SSM 1995 ／下：SSP-I 2010）

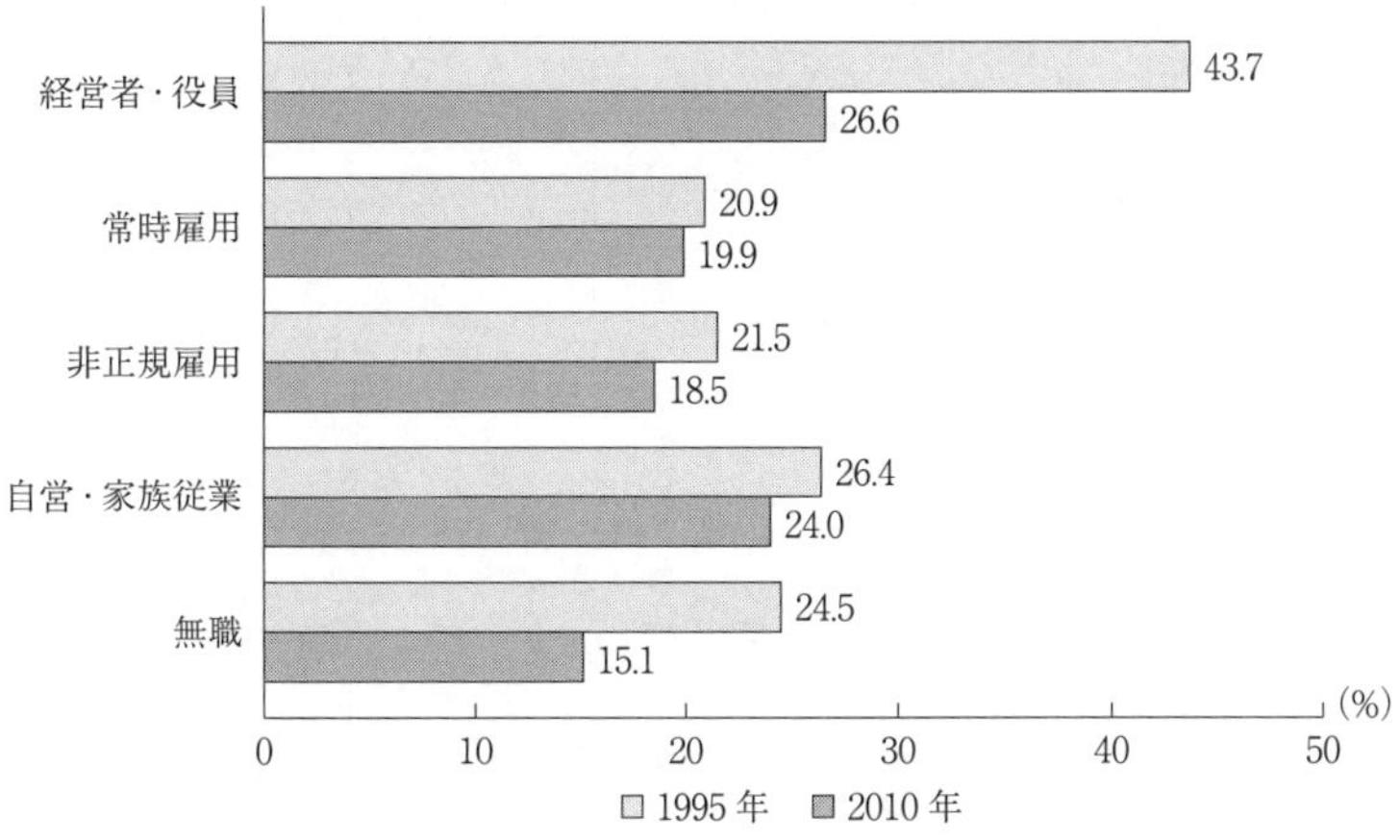

図 7-4　職業別の市民活動への参加率（上：SSM 1995 ／下：SSP-I 2010）

の弱まりにいくらか影響していると推測される。[6]

市民活動における「静かな変容」？

今回の分析の結果を簡潔にまとめよう。市民活動への参加において、学歴については階層性が持続している一方で、収入や職業の階層性は弱まっていた。ただし、その階層性の弱まりは、中流以上の層や管理職といった相対的にみて生活にゆとりのある層の参加の低下が関与している可能性が示唆された。すなわち、「市民活動への参加は学歴によって階層分化されている」、そして「これまでの市民活動の主な担い手の参加の低下によって、収入・職業における階層性は弱まっている」ということである。

かつて吉川（一九九九）は、通時的に分布が大きく変わらない階層帰属意識に対する、潜在的な社会階層の影響力の変化を「静かな変容」と表現した。まったく同じ現象とはいえないが、市民活動に関しても、分布は変わらないが規定要因の変化がたしかに生じていた。

では、今回の結果から「階層性の弱まり」が生じているといえるか。つまり、「階層不偏化命題」を支持することができるのか。答えはノーである。なぜなら、学歴がもつ市民活動参加への影響力は依然大きいからである。また、収入や職業の影響力の弱まりは、「高階層や上層階級に偏った活動から、誰でも参加できる階層不偏的な活動へと変化している」ことを意味しているわけではないからである。

今回の結果で新たに示唆されたことは、高収入層や管理職層といった、社会経済的に恵まれた層が、あまり市民活動に参加しなくなっているという点である。この現象をよりよく理解するために、次節では市民活動参加に近接する行動・意識と社会階層の関連をみることで、より多角的に考察してみたい。

4 市民活動に近接する行動・意識と社会階層の関係

非カタカナ語の活動ではどうか？——Kパターンの再検証

市民活動は、公共領域で主に組織的に行われる向社会的行動[7]である。では、私的領域で主に個人的に行われる向社会的行動には階層性がみられるのか。ここでは、家族以外の他者に対するボランタリーな援助活動を取り扱う。

対人援助と社会階層の関係については、鈴木（一九八七）が提唱した「階層的二相性（Kパターン）論」が有名である。これは、「ボランティア」の語を用いずに要援助者に対するボランタリーな対人援助を分析対象とすると、行動率は上位階層と下位階層で高く、中位階層で低くなるという「Kパターン」が出現する、という議論であり、福岡県で行われた社会調査データによって見出された。鈴木はこのKパターンを、高階層に傾斜したカタカナにふさわしい開明性をもつ「ボランティア活動部分」（Vパターン）と、低階層に傾斜した伝統的・自然発生的な「相互扶助的行為部分」（Λパターン）とが合成された複合パターンであると解釈している。

一九八〇年代に提示されたこの「階層的二相性（Kパターン）論」を、二〇一〇年代の調査データで再検証したのが三谷（二〇一二）である。ここでは、二〇一〇年一月に実施されたSSP-P 2010のデータを用いて検証している。注目したのは、「高齢者とかかわること（家族以外の人に対する介助、日常のお世話、話し相手など）」の頻度を尋ねる質問項目である。これによって鈴木（一九八七）と同様に、「ボラン

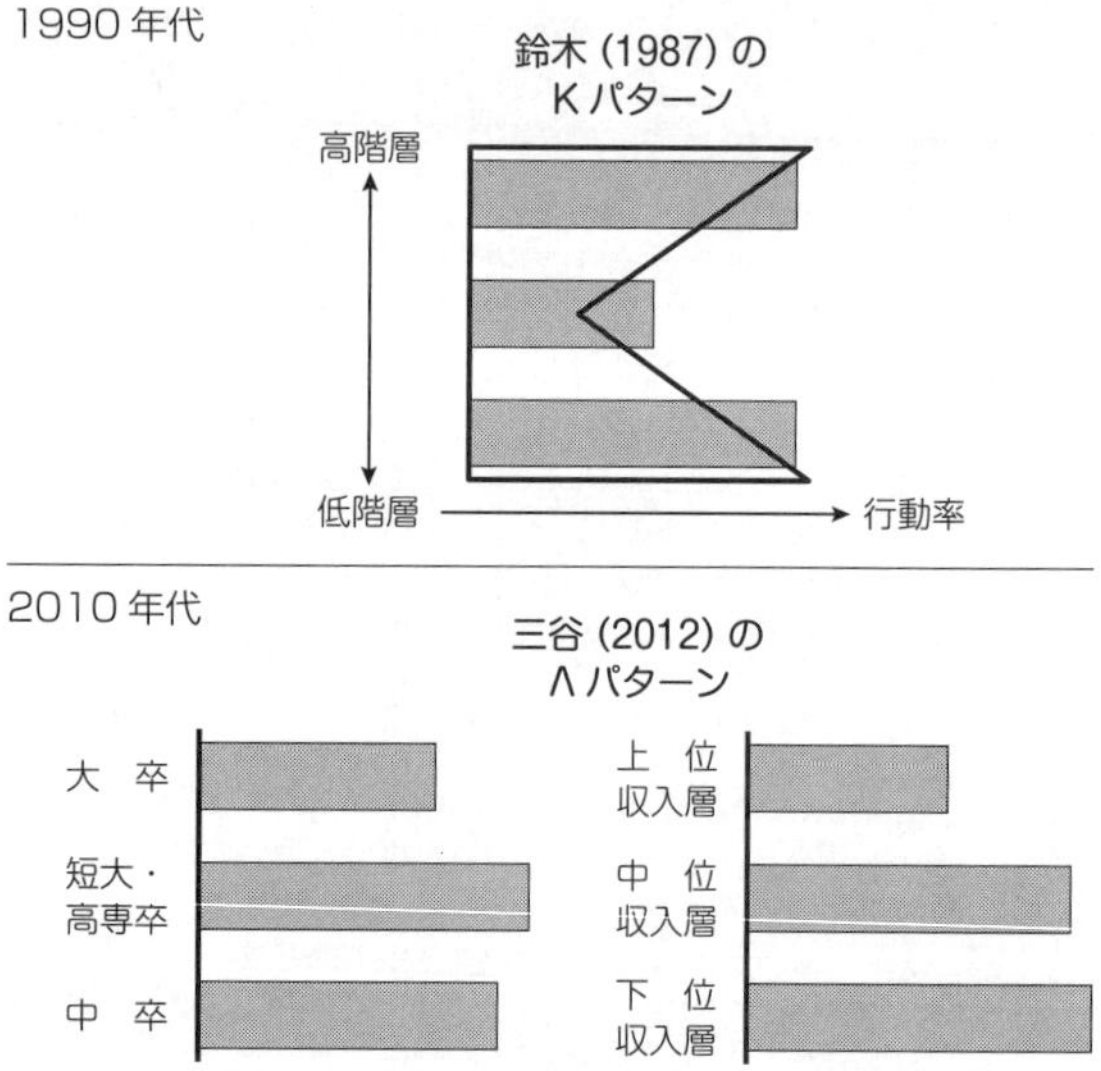

図 7-5　対人援助のパターン

ティア」という語を用いない対人援助に注目できる。

分析結果を模式的に示したのが図7-5である。[8] 今回の分析では、Kパターンではなく、低階層（とくに低収入）ほど行動率が高いというΛパターンが見出された。つまり、市民活動だけでなく私的領域における対人援助においても、近年は高階層があまりおこなっていないという傾向がみられるのである。

意識は階層化していないのか？――向社会性の規定要因

それでは、行動の心的準備状態といえる「意識」には階層性がみられるのか。

向社会的行動と関連する意識の一つとして、向社会性があげられる。ボランティア活動への参加行動は、向社会的態度によって規定されることが実証されている（Janoski et al.1998）。SSP-I 2010では、この向社会的態度に該当すると考えられる三つの質問項目が含まれている。質問項目は、「社会から何かしてもらうことを考えるよりも、社会のために何かをしたい」「自分の日々の暮らしの損得を離れて、社

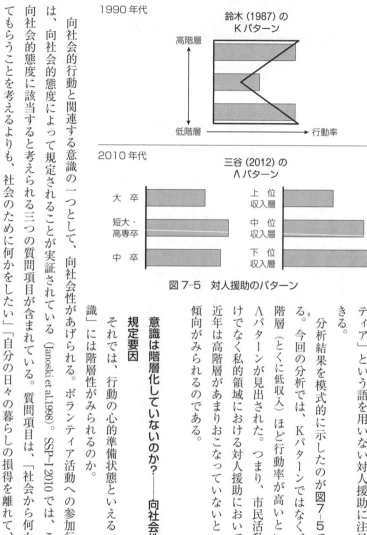

会全体の利益を大切にすべきだ」「私は世の中の仕組みや出来事をくわしく知っておきたい」である。吉川（二〇一四）と同様に、これら三項目の主成分得点を求め「向社会性」とした。この主成分得点と「ボランティア・NPO・NGO活動」への参加頻度（五件法）の関連を確認すると、相関係数は〇・二一（一％水準で有意）、性別・年齢・社会階層を統制した重回帰分析では、標準偏回帰係数〇・一八（一％水準で有意）であった（N=1635）。よって、向社会性は市民活動参加と関連があるとみなせる。

では、向社会性には階層性がみられるのか。向社会性の規定要因についての重回帰分析の結果（吉川二〇一四：一八〇）を参照すると、教育年数は正で有意（一％水準）という結果である。世帯年収（対数変換）に関しては、有意な結果は得られていない。職業に関しては、農業が（上層ホワイトカラー職に比べて）負で有意（五％水準）であるものの、その他の職業間では有意な差はみられない。すなわち、主に高学歴の人ほど、向社会性が高いということは確実にいえそうである。なお、そもそも決定係数が低いため（調整 R^2=.025）、「向社会性が社会にムラなく広がっている」（吉川 二〇一四：一八〇）と、向社会性の社会における遍在性が指摘されている。

以上の知見を踏まえると、行動の前段階にあると想定される意識もまた、階層性はそれほど大きくないといえる。強いていうならば、学歴による向社会性の階層性はあるという点である。この点は、先にみた市民活動参加に対して一貫した学歴効果が認められることとも整合性がある。一方で、収入や職業は、向社会性を高める条件とはなりにくいのである。

参加を促すもの、促さないもの

ここまで、社会経済的に恵まれた層が、市民活動に参加することが減っているという点をより深く考察するために、市民活動に近接する行動・意識の階層性を確認した。その結果、私的領域における対人援助においても高収入層の行動率が低いことがわかった。また、高収入や管理職層だからといって向社会性は強まらないことがわかった。どうやら、現在の日本では、経済力の大きさや特権的な職業的地位は、市民活動や対人援助、社会貢献への意欲を高めるわけではないようである。

その理由については考察の余地があるが、一つの可能性として考えられるのは、高階層者に対して市民的役割を要求する社会的圧力が現在は大きくないという点である。かつては、その土地の有力者は地域の活動のリーダーとして推されやすく、社会的役目を担わなければならないという状況があったと考えられる。そのような旧来の封建的なあり方を批判的にとらえる風潮が広がるなかで、市民活動を恵まれた地位の人びとに任せるということがなされなくなってきた。そのことが、市民活動参加における高収入層や管理職層の参加の低下となって現れてきた可能性が考えられる。

一方で、学歴の高さは安定して市民活動参加を促進していることがわかった[9]。それだけでなく、行動の前段階の意識（向社会性）もまた、学歴が高くなるほど強まることも見出された。学歴が市民活動参加や向社会性に影響する理由については、高等教育機関における社会問題への関心の喚起や、市民としてのスキル（組織力、情報収集能力など）の涵養といった「社会化機能」に説明を求められるだろう（学歴による意識形成過程については次章を参照されたい）。すなわち、現代日本における市民活動の参加は、経済力や職業的地位ではなく、高等教育によって方向づけられているといっても過言ではないのである。

5　これからの市民活動と社会階層

本章では、現代日本における市民活動の実態を、とくに社会階層の観点からとらえ、市民活動がどのように変容してきたのかを検討してきた。

本章が示してきたのは、「多くの人が、どんな立場であっても、市民活動にボランティアとして参加できる」という理想的な市民社会の到来には、まだほど遠い現実があるということである。市民活動への参加において階層性の弱まりがみられるとはいえ、それがイコール「高階層や上層階級に偏った活動から、誰でも参加できる階層不偏的な活動へと変化している」ことを意味するわけではない。なぜなら、学歴という一点については、低学歴層と高学歴層の間における参加しやすさの差は依然として大きいからである。また、収入や職業の影響力の弱まりは、これまで市民活動の主な担い手だった人びとの市民活動領域からの撤退という、あまり喜ばしくない事実によって生じている可能性があるからである。

学歴に関して今回見出された知見は、教育達成の低い人びとが、コミュニティ形成の決定・実施や他者とのコミュニケーション過程に関与することが難しい状況が続いていることを示している。こうした人びとの声をすくい上げることのできるような参加の回路をいかに確保していくべきか、今後の市民活動にとって考えられるべき課題が残されている。

また、相対的にみて生活にゆとりがある層の参加が低下していることも、私たちに新たな課題を投げかけている。この点は、市民活動論や社会階層論のなかでこれまで言及されなかった論点である。高階層者の活動参加が少なくなっている事実をどのように受け止めるべきか、日本社会におけるこの現象の含意を考えていく必要があるだろう。これが第5章で示されたリベラルの弱体化とも連動しているとしたら、こうした潮流の根幹に何があるのかを社会学的に究明していくことが求められる。

二一世紀の社会においては、少子高齢化の進行、マイノリティ問題や環境問題への対応など、ますます市民が自分たちの手でコミュニティを形成し、問題解決を目指していく必要に迫られている。そうした状況のなかで市民活動は、人びとの協働の場として必要とされ続けるだろう。市民活動というものがより民主的なものへと成熟し、より多様な人びと同士の関わり合いの場となっていくかを、社会階層という観点から注視していくことも、広義の階層意識研究が担っている重要な課題の一つであると思われる。

1　各国における調査は、農村部を含む全国の一五歳以上の住民一〇〇〇人程度に対して行われている。"Have you volunteered your time to an organization in the last month?"（あなたは、先月いずれかの組織でボランティア活動をしましたか）という質問項目が用いられている。

2　市民活動参加と社会階層の間に、線形の関連がみられないことを確認する研究もある（稲月 一九九四、鈴木 一九八七）。これらはいずれも、「ボランティア」という語をワーディングに含めずにとらえた援助活動と社会階層の関連を検討している。一九八〇年代の調査データを用いた鈴木（一九八七）や稲月（一九九四）はいずれも、「階層的二相性（Kパターン）」がみられることを確認している。

3　具体的には、都道府県をクラスターレベルに設定し、居住地域の影響を取り除いた固定効果ロジット・モデル（SSM 1995）とランダム効果ロジット・モデル（SSP-I 2010）による推定結果である。これらのモデルは、ハウスマン検定によって選択された。分析の結果の読み取り方は、通常の回帰分析と変わらない。分析の詳細については、三谷（二〇一四）を参照。

4 SSM 1995では旧制尋常小学校（六年）、中学校（九年）を「初等学歴層」、高校（一二年）を「中等学歴層」、短大・高専（一四年）、大学（一六年）、大学院（一八年）を「高等学歴層」とした。SSP-I 2010では中学校（九年）を「初等学歴層」、高校（一二年）を「中等学歴層」、専門学校（一三年）、短大・高専（一四年）、大学（一六年）、大学院修士課程（一八年）、大学院博士課程（二一年）を「高等学歴層」とした。

5 SSM 1995では世帯年収五〇〇万円以下を「収入低位層」、六〇〇万円以上八〇〇万円未満を「収入中位層」、九〇〇万円以上を「収入高位層」とした。SSP-I 2010では世帯年収四〇〇万円未満を「収入低位層」、四〇〇万円以上七五〇万円未満を「収入中位層」、七五〇万円以上を「収入高位層」とした。これらは各カテゴリの割合が約三割になるように分類された。

6 一方で、二〇一〇年の方が無職のなかの男性比率が高くなっており、彼らの大多数が非参加層となっていた点も注目される。一九九〇年代後半以降の不況の長期化のなかで無職のなかの失業者割合が高まったことで、無職全体の参加傾向が弱まった可能性もある。

7 向社会的行動とは、他者や集団に利益を与える自発的行動をいう。このうち、他者や集団に対し、計画的・組織的に時間・労力を提供する行動をボランティア行動（volunteering）という。

8 クロス集計だけでなくロジスティック回帰分析からも、低階層効果（Λパターン）が見出された。

9 私的領域における向社会的行動（対人援助）については、高学歴だからといって行動率が高くなるわけではない。学歴の効果は、公的領域における向社会的行動（市民活動参加）に限定的である。

コラム⑦　都市とネットワーク

近年、ＮＨＫによって「無縁社会」に関する取材やキャンペーンが展開され、さらには、朝日新聞によって「孤族の国の私たち」という特集が組まれるなど、日本において、人びとのつながりに対する関心が高まっている。それは、ユーキャン新語流行語大賞において、二〇一〇年に「無縁社会」が、そして二〇一一年に「絆」がノミネートされたことからも、うかがうことができるだろう。このようなつながりへの関心は、とくに「つながりの格差」や「社会的孤立」へと注がれており、その規定構造に関する研究が進められている。そうした研究は、大きく二つのアプローチに分けることができる。

第一に、社会階層や社会的地位による差異に注目するアプローチである。この観点からは、たとえば正社員と比べてパート・アルバイトは職場の相談相手が少ないことや（内閣府 二〇〇七）、高学歴の人の方が配偶者からのサポートを受けやすいことなどが指摘されている（石田 二〇一一）。これら、社会階層や社会的地位による差異に注目するアプローチは、本書の問題関心とも関わるものであり、第7章で関連した議論がなされている。

そして第二に、地域間の差異に注目するアプローチである。この観点からは、とくに都市と農村のつながりの差異に注目しながら、古くから検討を重ねてきた、都市社会学によるアプローチをあげることができる。

都市社会学は、社会学の黎明期を支えたドイツの社会学者Ｇ・ジンメルを嚆矢とし、二〇世紀初頭のアメリカ・シカゴ大学を中心にして成立した学問である。その成立時期からとくに重点的に検討がなされてきたのは、都市におけるつながりの喪失や孤立であった。なぜなら、都市では仕事や家族生活などの場所や時間、関心が分割され、その場その場で限定された役割を担いながら人間関係が形成されていくことにより、精神的・感情的なつながり（第一次的紐帯）から、より表面的で一時的、非人格的なつながり（第二次的紐帯）が優勢になってくると考えられたからである（ワース 一九三八＝二〇一一）。さらに、社会学の黎明期を支えたテンニースやデュルケムも、大都市を人びとのつながりが失われた場所として描いているなど、「都市＝つながりの喪失された場所」というイメージは、古くからさまざまな時代や社会において共有され、大きな影響をもたらしてきたといえるだろう。このような議論は、都市におけるコミュニティの喪失を強調することから、コミュニティ喪失論としてまとめられている（ウェルマン 一九七九＝二〇〇六）。

しかしながら、そうしたコミュニティ喪失論については、長い間、実証的な検証をおこなうことが難しかった。なぜなら、調査票によってつながりを測定する調査技法がなかなか確立されなかったため、人びとのつながりをより規模の大きい標本調査によって調べることが難しかったからである。ところが、一九七〇年代の終わりごろから、社会調査におけるパーソナル・ネットワークの調査技法が確立しはじめたことにより、状況が大きく変わっていく。パーソナル・ネットワークは個人を中心としたつながりを指すものであるが、ネーム・ジェネレータと呼ばれるものなどをはじめとして、パーソナル・ネットワークに関するさまざまな調査技法が現在に近いかたちで確立されたのは、とくに一九八〇年代になってからであった。そのことによって初めて、従来から議論されていたコミュニティ喪失論を実際に検証することが可能となった。そして、一九九〇年代に入ると、日本においてもパーソナル・ネットワークに関する調査技法を用いた調査がおこなわれ、実証的な検討がなされるようになったのである。

そうしたなかで、北米を中心とした社会調査によって明らかとなったのは、従来から多くの人びとが想定していた、コミュニティ喪失論とは逆のものであった。社会調査によって人びとのパーソナル・ネットワークのさまざまな側面について調べてみると、都市はつながりが失われている場所であるどころか、農村と比べ、むしろ都市の方が友人を中心とした非親族的なつながりが豊富であるなど、活発なコミュニティが存在する場所であることが明らかとなったのである。では、なぜ都市の方が農村よりもつながりが豊富という結果が出てきたのであろうか。こうした傾向については、C・S・フィッシャー（一九七五＝二〇一二）による、下位文化理論の観点からの説明が有力視されている。フィッシャーによれば、人口が集中し、交通機関の発達した都市の方が、より多くの人びとと出会う機会が豊富であり、ネットワークの選択性が増大する。したがって、より選択的に形成する非親族的なつながり、つまりは選択縁が形成されやすくなるというのである。そして、そうした選択縁は似た者同士でつながる傾向（同類結合）がより強いため、それが多様な下位文化を生み出す原動力となり、都市でより多くの下位文化が生まれる。さらには、それらの下位文化が相互に影響を与え合うことにより、都市ではむしろ活発なコミュニティが形成されるというのである。

そして日本においても、さまざまな地域や全国を対象とした調査研究によって、都市の方が農村と比べて友人

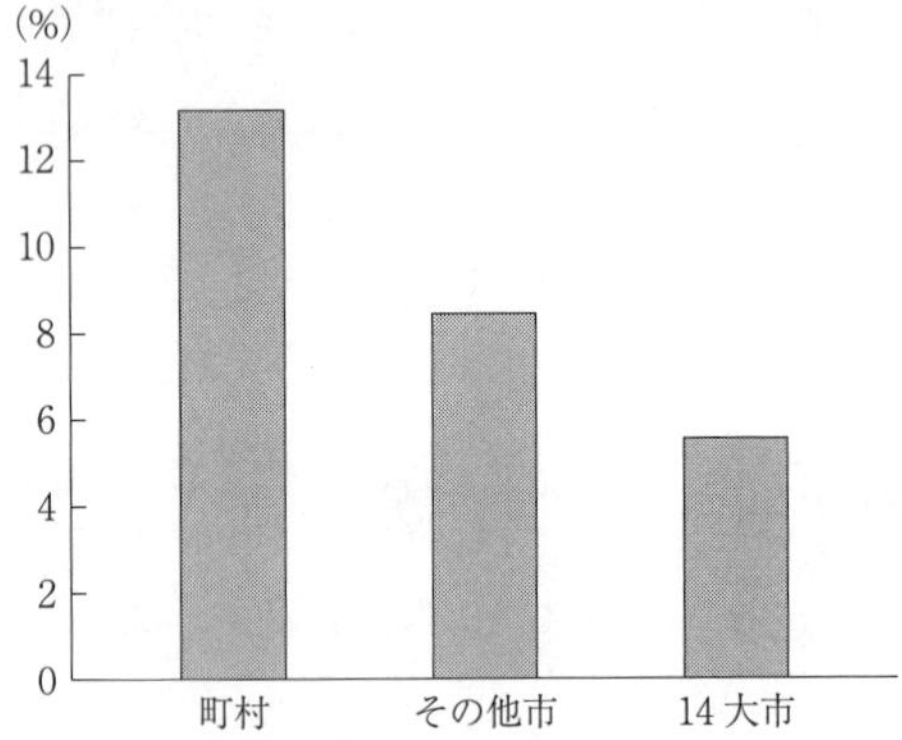

（注） 石田（2011: 89）の表 3-3 より作成。

図 孤立者の割合の差異

を中心とした非親族的なつながりが豊富であることが明らかとなっているし（赤枝 二〇一一）、石田（二〇一一）による孤立者（誰にも頼れない人）の規定構造の検討からも、従来のイメージとは逆に、農村の方が孤立者の割合が高いことが指摘されている（図）。つまり、現代日本において無縁になりやすい地域は、従来のイメージとは逆に、農村の方なのである。これらの事実から考えると、日本においてつながりに関するサポートをおこなう必要があるのは、都市よりも農村であるといえる。

このように、都市と農村のつながりの差異を明らかにするにあたっては、パーソナル・ネットワークに関する調査技法の確立という、方法上の発展が大いに寄与していたといえる。そしてそのことは、実態をより緻密に明らかにするとともに、広く共有されているイメージを変えるような、新しいイメージを提示することにもつながったのである。近年では、インターネットや携帯電話の普及に加え、ソーシャル・ネットワーキング・サービス（SNS）の利用者の増加など、社会においてさまざまな変化が生じている。そうした社会の変化に応じて、オンライン上とオフラインでのネットワークを分けたうえで検討するなど、社会調査におけるパーソナル・ネットワークの調査技法や分析枠組みについても、新しいものが次々と生み出されている。そして、関係を取り結んでいる相手の社会階層が階層帰属意識へ影響を与えることが指摘されるなど（星 二〇〇〇）、パーソナル・ネットワークは階層意識の規定構造を明らかにしていくうえでもさらなる応用が期待されている。パーソナル・ネットワークの調査技法の発展は、都市と農村のつながりの差異に関してだけではなく、より広い領域で、新たなイメージや知見を生み出す可能性を秘めているのである。

第8章　階層意識の学歴差を考える
——社会意識の再埋め込み

1　混迷する階層意識研究の再興をめざして

「手探り」の時代

日本の階層意識研究が、現在の陣容になったのは一九八〇年代のことである。その「コンテンツ」は、第一に人びとの主観のなかにある階層の姿を知ることであり、第二に階層が人びとの主観に及ぼしている影響力を知ることである。前者は狭義の階層意識研究、後者は広義の階層意識研究と呼ばれ（原 一九八八）、本書の第Ⅰ部と第Ⅱ部の主題を構成している。

けれども読者は、本書の前半と後半のトーンの異なりに気づかれたのではないかと思う。というのも、第Ⅰ部においては（五段階）階層帰属意識に焦点を絞り込んで、密度の濃い議論が展開されているのに対し、第Ⅱ部における労働、政治、市民活動についての知見は、いずれも繊細で微妙な傾向を記述するものであり、しかも研究の「重心」が時代とともに変遷しているからである。この章では、そのように論点を見定めにくい階層意識研究の第二の「コンテンツ」について、学歴の影響力を軸としつつ考えていきたい。

階層意識の研究は、社会的地位の上下がわたしたちの考え方や行動様式にいかなる影響を及ぼしているかということに関心をもってきた。しかしこの課題自体が今、世界的にみても国内的にみても、混迷のなかにある。突き詰めるとそれは、「マルクス主義や近代化理論という、これまで階層研究を主導してきた巨大理論が有効性を失ってしまった」（原・盛山 一九九九：三八〜三九）という研究潮流に起因するものだといえる。

かつての階層（階級）意識研究では、産業社会における個人の立ち位置の自覚を、即自的階級（class in itself）とし、民主主義社会を構成する市民としての個人の構えを、対自的階級（class for itself）として、これらを議論の根幹においていた。そして、二〇世紀の急速な産業構造の変動が、人びとの主観のなかの新しさ、豊かさ、積極性、合理性などとどのように対応しているかを突き止めることが目指された。そこでは、物理学における理論と実験の関係のように、理論命題を検証するための調査計量が重ねられていた。そこに命題を提供していたパラダイムが、マルクス主義と近代化理論であったというわけだ。だが、国際社会における冷戦終結とともにこれらが無効化してしまったことにより、階層意識研究を方向づける道筋は、突如として見定めにくくなった。

それ以来、日本の階層意識研究は、マートンのいう「セレンディピティ」（理論の掘り出し）を期待しつつ（マートン 一九四九［一九五七］＝一九六一）、社会調査データを「手探り」で分析し、繊細で複雑な実態を報告するようになったのだった。気がつけば、この「手探り」の時代は、もう三〇年近くも続いていることになる。

SSM調査における階層意識の探究

一九八五年と九五年のSSM調査の階層意識項目をあらためて見直すと、その当時、階層意識研究がどのような展望をもっていたのかを知ることができる。

その第一は、学術的な「要衝」である階層帰属意識をめぐる議論を深めていくことであった。具体的には、「職業」「収入」「学歴」「生活のゆとり」……というように個別のトピックを特定して尋ねる領域別階層帰属意識や領域別生活満足度、「高い地位につくことは、あなたにとってどの程度重要ですか」と地位競争へのコミットメントの強さを問う階層重視度、あるいは「暮らし向き」や「生活水準向上感」などが調査項目として導入されている。

さらに、こうした自身の社会的地位に対する認知・評価と近接する階層意識として、「日本社会の上層は何パーセント、下層は何パーセントいると思いますか」と尋ねる階層イメージや（第4章参照）、「今の日本社会は資産の格差が大きすぎる」「今の日本は平等がいきすぎている」「大きな資産を持てるようになるかどうかは、本人の努力次第だ」などの「階層社会（格差社会）」に対する人びとの構えも多様な言葉で尋ねられるようになった。

第二の方向性は、社会に対する人びとのかかわり方、すなわち社会的オリエンテーションの階層性を探ることであった。社会的地位と人びとの価値観や行動の関係をみる調査計量は、政治的態度や政治参加、労働者としての産業・就労への構えへの着目に始まる（第5章、第6章参照）。一九八五年以降は、そこに性別役割分業意識に代表されるジェンダー意識や家族観と、学歴意識（学歴観、教育観、高学歴志向など）が加わり、現在「定番」と目されている階層意識項目が、ほぼ出揃うことになった。[1]

第三の方向性は、ライフスタイルや文化的活動の階層による「傾斜」を測り出すことであった。具体的には、クラシック音楽の鑑賞、美術館・博物館の利用、歴史や小説の本を読む頻度、歌舞伎・能・文楽・華道・茶道・書道などの日本の伝統文化への接触、カラオケ・パチンコの嗜好、スポーツ新聞や女性週刊誌の購読などという大衆文化への親しみ、スポーツの実践など、多様な文化活動に見出される階層性が検討されている。これらは文化の階層性、あるいは階層文化と呼ばれるものである。

文化の階層性への関心の起源は、ヨーロッパにおいて興隆していた文化的再生産論に求められる（ブルデュー 一九七九＝一九九〇）。その流れを汲んで導入されたこれらの調査項目は、従来のように心理学的尺度を用いて人びとの主観の内奥を探るのではなく、個々の対象者の日常的な社会的活動の様子を尋ね、その背後にある「ソフトウェア」の階層性を知ろうとするものである。第7章で扱われている市民活動も、関心は異なるが、同様の考え方で研究されている。社会的な活動を階層意識だとみなすことの妥当性については議論は分かれるだろうが、新しい社会学理論にもとづいた視点から、階層意識研究の新局面が開拓されはじめたのだ。そして結論からいえば、このとき導入された社会的活動を尋ねる調査項目のいくつかは、現代人の性向の階層による「傾斜」を描き出す実効力をもつものであった。

ただし、分析の結果わかった重要な事実は、階級という「型枠」が欧米社会ほどはっきりしていない現代日本社会においては、文化的活動の階層による「傾斜」は、職業階級の対応物ではなく、学歴やジェンダーによって形成される文化的性向だということであった（片岡 二〇〇〇、中井 二〇一一）。

緩やかな階層の「傾斜」

日本の階層意識研究は、二〇〇〇年頃からさらに歯切れが悪くなりはじめた。まず、一九九五年SSM調査データの分析結果からは、次の二点が指摘された。

第一は、職業的地位、経済力、学歴という主要な階層変数の階層意識に対する全般的な影響力が、仮説理論や先行研究から期待されるほど強いものではなくなりつつあるということであった。本書の随所で言及されている階層帰属意識の「静かな変容」という現象は、むしろこの潮流の例外として注目されたのだといえる。そして第二は、従来から主要な論点とされてきた政治的態度や権威主義的態度において、階層による「傾斜」がはっきりしなくなっており、むしろ新しく導入された文化的活動や学歴意識などにおいて、明瞭な階層性が見出されるという論点の遷移であった（吉川 二〇〇〇）。

その後の二〇〇五年SSM調査においては、新たに開発された社会的態度や社会的活動の調査項目が数多く投入されたが、混迷を打開するにはいたらなかった。というのも、頼みの綱であった権威主義的伝統主義や性別役割分業意識の階層による「傾斜」が、ほとんど確認できなくなっているにもかかわらず、新しく導入されたトピックからは、これらに代わる階層意識の論点が掘り出されなかったからである。結局、この時点で階層意識研究に加えられた知見は、社会的にマジョリティの立場にある人たちが格差を肯定する意見をもっているということや、文化的活動や消費活動に学歴とジェンダーによる「傾斜」があることの再確認など、わずかなものにとどまった（吉川 二〇〇八、二〇一一）。

一九七〇年代までの階層意識研究においては、「種々の社会的態度が、多かれ少なかれ階層差をもっていることは周知の事実であり、階層として収入階層をとっても、職業階層をとっても、学歴をとっても、主観的階層をとっても、この事実を検出することが非常に多い。むしろ逆に階層差のない社会的態度を見出すことが困難なくらいである」といわれていた（安田 一九七一：五二〇）。

ところが、今や階層意識を標榜することができるトピックは決して多くはなく、調査データから「手探り」で新局面の開拓を試みても、そこに見出される階層性の「傾斜」は、ごく緩やかなものにすぎない。わたしたちは今、良質の階層調査データが示す微かな因果性を、消極的なトーンでレポートせざるをえない状況におかれているのだ。そして、この混迷状況が、総格差社会を読み解く調査科学と銘打った「SSPプロジェクト」を立ち上げるきっかけの一つとなったのだった。

階層のパワーダウン

このような階層意識研究の煮え切らない実情は、ただ人びとの考え方や行動様式が性質を変えたことだけに起因しているわけではない。というのは、時期をほぼ同じくして、これらを予測・説明する側にある階層構造自体の様子が変わったことが指摘されているからだ。

「格差社会の到来」という言説は、一見すると地位の上下差の拡大を意味しているようにみえる。だがむしろそこで問題化されているのは、格差や不平等の拡大とともに、階層システムの不確実性が高まっているということである。もはや周知のとおり、この三〇年ほどの間に日本型雇用慣行といわれた労働市場のシステムが崩れ、転職数が増え、非正規雇用者が増え、雇用や賃金をめぐる諸状況が不安定化した。「階級」や「階層」という従来の言葉ではなく、わざわざ「格差」という別の言葉を使って現状が論じ直されるのは、そういう質の異なりに注目するためだといえる。

この変化は、社会的地位の流動化、階級の「死」などとも呼ばれ、階層研究者の目下の共通課題となっている。他方、それを包含する現代社会理論においては、再帰的近代社会における「脱埋め込み」、あるいは「個人化」という言葉を使って、社会的地位が個人をつなぎとめる力の弱まりが指摘されている（コラム⑤参照）。

かりに、産業社会と諸個人の間に二〇世紀にみられたような固定的な対応関係が維持されていれば、人びとはしっかりと社会に埋め込まれ、そこから自分の社会的アイデンティティを獲得することができるだろう。そしてその状態は、諸個人のものの考え方や行動様式を、よくも悪くもゆらぎのない確たるものにする。しかし、階層構造自体が流動化や不確実化を進めると、階層がアイデンティティやオリエンテーションをかたち作る経路は、確実性を失っていく。このような時代変化を考えれば、階層意識研究でこの間に観測された階層のパワーダウンは、現代人の日常生活において、産業や階層のプレゼンスが低下したために生じている面もあるとみるべきだということになる。

他方、階層のプレゼンスの低下は、人びとのアイデンティティの源泉、すなわち代わりの「埋め込み先」となる生年世代とジェンダーの存在感を相対的に大きくすることにもなる。こんにちの階層変数と階層意識の不明瞭な関係の背景には、階層それ自体がパワーダウンしたうえに、生年世代やジェンダーが、階層的地位とは重ならない位置へと徐々に移動して、固有の影響力をもつようになったということがあるのだ。簡単にいえば、社会意識を左右する要因の関係性にほつれが生じているのだ。

職業的地位・経済力・学歴

現代日本社会における階層意識の階層性の弱まりという現象は、もう一つ重要な変質をともなっている。それは職業的地位の影響力が弱まり、代わって経済力と学歴の影響力が強まるという、階層の内部における規定因の入れ替わりである。これは一九八〇年代から進行していた事実なのだが（吉川 一九九八）、あらためて再帰的近代の理論を援用すれば、人びとが近代産業社会の主軸であった職業的地位から「脱埋め込み」され、隣り合って接している経済力と学歴という階層変数に「再埋め込み」されているのだと理解することができる（吉川 二〇一四）。

では、この先の人びとのものの考え方や社会的活動を左右する要因として、経済力と学歴ではどちらに注目すべきなのだろうか。概していえば、現代日本社会では両者の影響力はほぼ拮抗しており、どのような社会的態度を扱うかによって、その結論は異なる。

けれどもこの数年、どちらかというと経済力に重点をおいた議論が声高に語られる傾向があるように思われる。日本社会では、戦後期においては「われわれ労働者」、高度経済成長期においては「一億総中流」というように、かつては地位のメルクマール（目印）としてお金の問題ではなく、社会のかたちやしくみを表す言葉が用いられてきた。ところが、現在これらに代わって広く一般に使われている言葉は「貧困」、つまり経済力を意味する言葉となっている。たとえば高齢期の生活格差であれ、ワーキングプアの問題であれ、教育の階層差であれ、不平等のメルクマールが、とかく所得や財産に定められることが多いのだ（白波瀬 二〇一〇）。この傾向は、おおよそバブル経済後、つまりは職業的地位の流動化に合わせて進行した。たしかに経済大国日本においては、「お金の問題」に焦点を定めることは、わたしたちの日常生活を産業・市場・消費へと結びつけ、多くの人の理解を得やすい。また、金銭的な格差ならば、税金の再配分などの政策によって手を加えていくこともできる。

だが、社会学的な階層意識研究までもが「財布の中身」によって「社会の心」（吉川 二〇一四）が変化するという、身も蓋もないミクロ経済学的な仕組みに論点を絞り込んでもよいのかどうかは、注意深く考える必要があると思う。階層構造研究は、近代社会における解決の難しい構造的不平等を論じてきた。そのときの焦点は職業的地位であったわけだが、それが今、徐々に流動化、あるいは空洞化している。この状況にあって、これまでの階層研究の知見を新しい階層意識研究に受け渡すためには、経済決定論だけではなく、大人の人生の起点にある学歴にも、同じように、あるいはそれ以上に目配りをしておく必要があるとはいえないだろうか。そのような考えから、以下では、あえて学歴の社会意識形成作用に焦点を絞って論じていく。

2　学歴と階層意識

学歴の影響力を解剖する

まず、学歴を変数としてどのように操作化するかということについて考えたい。学歴にはさまざまな観点がある。それは「義務教育修了」「高校卒業」「短期大学卒業」「四年制大学卒業」というような達成学歴段階のカテゴリー、学校歴（出身校名）、入試難易度、文科系・理科系というような専攻、あるいは、大卒／非大卒境界（学歴分断線）などである。これらの学歴指標の社会意識への影響力はそれぞれ微妙に異なるのだが、「学歴が高いほど○○になる」という基本命題は、どの指標を用いた場合でもほぼ共通している。そこでこの章では、多様な学歴変数のうちの「教育年数」に一貫して注目し、簡便のためにこれを学歴と表現することにする。

学歴による社会意識形成の効果は、さまざまな社会的態度について確認されている。具体的にあげるならば、学歴が高いほど階層帰属意識が高く（第1章、第2章）、生活満足度も高い。読書や図書館利用の頻度が高く、博物館や美術館に行く頻度が高く、プレミアム商品を買ったり、海外旅行に行く頻度も高い。加えて高学歴層は政治的な理解度が高く、政治参加やボランティア活動参加に積極的であり（第7章）、環境保護意識も高い。そして子どもの教育に熱心で、性別役割分業に否定的で、多様な考え方をもつことを容認し、ネオ・リベラリズム的格差観をもち、反権威主義的である（第5章）というような傾向である（吉川 二〇〇八、二〇一一、二〇一四）。

もっとも、「学歴が高い（低い）こと」が社会意識に違いをもたらすメカニズムについては、研究の歴史が浅いこともあって、これまで十分に検討されることはなく、学校教育による社会化（価値観形成）、学歴の象徴的価値の作用、学歴下降回避のメカニズムなどが複合しているというように、やや曖昧に推測されるに留まってきた。そこで次に、これを整理しよう。

まず、「学歴が高いほど○○意識をもちやすい」という傾向は、当然ながら社会の表面に現れる実態（ゼロ次の相関関係）をともなっている。要するに、ある人の学歴がわかれば、理由はともあれ、その人の考え方を、ある程度予測できるのだ。

これはたしかに現実の重要な切り口ではあるのだが、階層意識研究の議論のスタートラインはこの水準ではなく、「学歴が高いことが○○意識を高めるはたらきをもつ」という因果的な影響力に設定されている。そして階層調査のデータからこの因果関係を確認する場合は、回帰分析モデルが適用される。この技法は、分析に同時に投入されている他の要因の影響力を計量的に取り除いて考えることを可能にする。そしてこのモデルに同時に投入する独立変数（効果を検討・コントロールする要因）についても、およそ統一されている。通常、従属変数に任意の社会的態度や活動の様子をおいてそれらの階層性を検討する場合、独立変数側では、性別と年齢の効果をコントロールしつつ、主要な階層要因である学歴、職業、経済力を投入して直接効果をみることがなされてきたのだ。この分野の議論のベースとなっているこの多変量解析の基本の型を、筆者は社会意識論型回帰モデルと呼んでいる（吉川 二〇一四）。

この章では、SSP-I 2010 調査を用いて、性別（男性が0、女性が1の値を与えたダミー変数）、対象者年齢（二五〜五九歳）の効果を統制しつつ、学歴（教育年数）、経済力（世帯年収対数値）、職業的地位（上層ホワイトカラーを基準カテゴリーとし、下層ホワイトカラー、自営業、熟練ブルーカラー、非熟練ブルーカラー、農業、無職のダミー変数。〈Erikson and Goldthorpe 1992〉）を独立変数に投入したOLS重回帰分析を行う（モデル1）。

この社会意識論型回帰モデルからはいろいろな知見を得ることができるのだが、学歴に焦点を絞って考えるならば、このモデル内では、二つの間接経路の影響を取り除いて学歴の社会意識形成効果をみていることになる。第一は、学歴の地位形成機能（学歴メリトクラシー）の影響力の統制である。学歴の地位形成機能というのは、高い学歴を得れば、高い職業的地位に就きやすく、経済的にも豊かになりやすいという人生における地位形成の連鎖（結晶化）を指す。この因果連鎖があるため、学歴は従属変数として投入される社会的態度に対して、しばしば間接的な効果をもつ。しかしこの場合、直接の形成要因は職業的地位や経済力であるわけだから、通常はこの効果の存在をもって学歴による階層意識形成がなされているとはみなさない。

第二は、生年世代と男女のジェンダーによる達成学歴水準の異なりがもたらす擬似相関の統制である。生年世代と階層変数の関係は、一九八〇年代までは、高学歴化と被雇用化という社会変動を背景に、若年では大卒・ホワイトカラー被雇用層が多く、壮年・高齢では非大卒の自営業やブルーカラー層が多いという状況にあった。さらに、年功序列を背景にして、対象者の年齢が高いことは、役職や安定した高収入とも結びついていた。急激な変動期が過去のものとなっているこんにちでは、前述した関係性のほつれのために、対象者年齢と階層変数はもはや以前のように大きく共変動するわけではないが、現在でも年齢と学歴の間には負の相関関係がみられる。よって、生年世代による社会的態度の異なりは、学歴による社会的態度の異なりに多少の疑似相関を生じさせる。

ジェンダーについても、かつては女性の教育達成は男性よりも低い傾向にあり、多くの女性たちが非正規雇用（パート）に従事する傾向があり、それゆえに一つの職の継続年数も短く、管理職にもなりにくく、仕事によって得られる収入も少ない……というように、女性が産業社会においてあからさまに不利な立場におかれていた。こうした傾向は現在は総じて弱まりつつあるものの、依然として深刻な結びつきの実態がある。それゆえにジェンダーの作用についても統制する必要がある。

これらを踏まえると、階層意識研究において学歴の影響力を論じる場合は、生年世代、ジェンダー、職業的地位、経済力の作用を計量的に取り除いた直接効果を検討の対象とすべきだということになる。

学歴評価の介在

ここでは，この学歴の影響力に，さらにもう少しメスを入れたい。というのも，すでに述べたように，そこにはいくつかの社会意識形成プロセスが考えられるからである。

まず学校で受けた教育の総量が多いことや，大学などの上級の教育機関で教育を受けたことにより，知識量が増えたり，判断力や価値観が形成されたりするという教育効果がある。学校の公的な機能は人材の形成と差異化にあるのだから，この効果こそが学歴がもつ作用の本質だとみることができる。もっとも，これらは学齢期にはたらく作用なので，理屈のうえでは，社会に出た後にその効果が変化することは考えられない。

学歴の影響力としては，これとは別に，達成学歴を高く評価することを介して社会意識が形成されるという経路も考えられる。ここではこれを学歴評価の効果というように呼ぶ。たとえば自分の学歴を地位の指標とみたり，自分が達成した学歴に満足していたりする場合，その評価にもとづいて，考え方や行動様式が形成されることが予想される。これは，学歴の象徴的価値をリアルタイムで評価したものだといえる。さらに，学歴社会や受験競争をどのようにみているかということの学歴ごとの違いも，学歴の影響力を媒介している可能性が考えられる。ここで重要なことは，学歴評価は社会状況に応じて変化しうるので，これらが介在している場合は，学歴の社会意識形成効果が，随時強まったり弱まったりする可能性があるということである。

このような学歴評価の介在の様子を知るために，ここでは以下の四つの要因を検討する。

学歴自覚　自らの学歴（教育年数や学校歴）について、現時点の社会全体のなかで相対評価したものをここでは学歴自覚と呼ぶ。その指標としては「現代の日本社会における最高の水準を1、最低の水準を10とすると、現在のあなたご自身（の学歴）はどのくらいにあたると思われますか」という調査項目（学歴一〇段階階層帰属意識）を反転して用いる。

学歴満足　自らの学歴についての満足度を「満足している」から「不満である」までの五件の尺度で尋ねたものを学歴満足とする。

学歴有効性　「今の日本では、大学を卒業していないと社会に出てから不自由な思いをする」という意見に対する賛否（五件尺度）を尋ねたものを用いる。

受験有効性　「受験競争の経験は人生にとってプラスになる」という意見に対する賛否（四件尺度）を尋ねたものを用いる。

分析の手続きとしては、社会意識論型回帰モデルをモデル1とし、そこにこれらの四変数を投入したものをモデル2として結果を比較検討していく。

図8-1には、学歴による社会意識形成の経路をまとめている。まずモデル1では、図の下部に示した地位形成要因とデモグラフィック要因を経由する間接効果をコントロールしたうえで学歴の影響力が算出される。続いてモデル2においては、図の上部に示した学歴評価が投入されることで、学歴の影響力に変化がみられるかどうかを検討する。モデル2において依然として学歴が従属変数に対する直接効果を保っている場合、教育効果の存在が強く示唆されることになる。

ただしこの場合でも、直接効果のすべてが教育効果であると同定できるわけではなく、このモデルでは検討していない別の経路を通った効果もここに含まれることに留意しなければならない。たとえば、大学を出ていることが、失業や貧困のリスクを低下させ、それが社会意識のあり方に影響を及ぼすということや、大学を出ていることが配偶者を得るのに有利にはたらき、それが家族観に作用するという効果などは、この直接効果に含み込まれる。

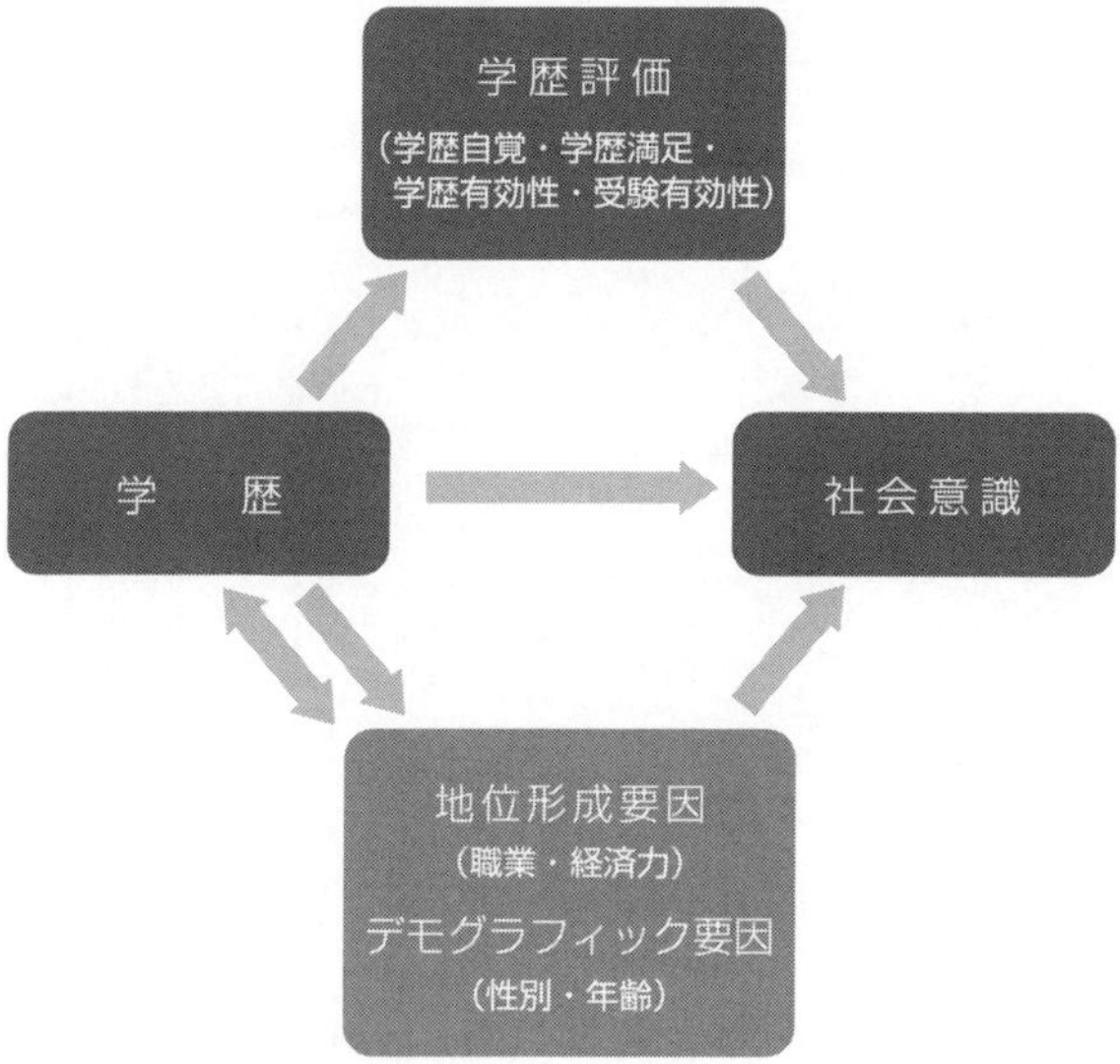

図 8-1　学歴による社会意識形成の経路

社会意識形成経路の分析

従属変数としては、ここでは五段階階層帰属意識、高学歴志向（「子どもにはできるだけ高い学歴をつけさせるのがよい」という意見への賛否）、ネオ・リベラリズム的格差観（主成分得点）、政治的理解度（「政治のことは難しすぎて、自分にはとても理解できない」という意見への賛否）、プレミアム商品購入頻度、歴史や小説の本を読む頻度、の六つの社会的態度についての分析結果を順次示していく。これらはいずれも社会意識の階層による「傾斜」を測り出してきた社会的態度や社会的活動頻度であり、とりわけ学歴が有意な直接効果をも

表 8-1　階層帰属意識への学歴の影響力

		モデル1			モデル2		
	相関係数	回帰係数		標準偏回帰係数	回帰係数		標準偏回帰係数
	r sig.	B	標準誤差	β sig.	B	標準誤差	β sig.
性別	0.042	0.130	0.042	0.082**	0.104	0.041	0.065*
年齢	0.026	0.005	0.002	0.059*	0.003	0.002	0.034
学歴（教育年数）	0.281**	0.068	0.011	0.173**	0.011	0.012	0.028
世帯年収（対数値）	0.304**	0.200	0.023	0.222**	0.188	0.022	0.209**
上層ホワイト（基準）							
下層ホワイト	0.031	−0.211	0.062	−0.105**	−0.163	0.060	−0.081**
自営	−0.063*	−0.340	0.075	−0.126**	−0.326	0.073	−0.121**
熟練ブルー	−0.061*	−0.251	0.072	−0.101**	−0.235	0.070	−0.094**
非熟練ブルー	−0.196**	−0.458	0.067	−0.208**	−0.389	0.065	−0.177**
農業	−0.043	−0.490	0.167	−0.073**	−0.428	0.162	−0.063**
無職	−0.012	−0.194	0.064	−0.097**	−0.189	0.062	−0.095**
学歴自覚	0.362**				0.104	0.013	0.228**
学歴満足	0.243**				0.067	0.018	0.096**
大卒学歴有効性	0.009				−0.014	0.015	−0.022
受験競争有効性	0.089**				0.044	0.021	0.051*
決定係数		R^2=.177**　調整 R^2=.172**			R^2=.235**　調整 R^2=.227**　ΔR^2=.057**		

n=1,440

つことが知られているものである。[2]

表8-1は五段階階層帰属意識についての分析結果である。モデル1においては第1章でも示されたとおり、高い因果的説明力（R^2=.177）と多元的な形成要因、学歴の高いゼロ次相関（r=.281）と直接効果（β=.173）などを確認できる。モデル2において学歴評価の四変数を投入すると、まず決定係数の増分（ΔR^2=.057）が大きいことがわかる。これは学歴自覚（β=.228）と学歴満足（β=.096）が階層帰属意識に対して直接効果を加えているためである。

そして、モデル1では有意な正の値であった学歴が高いほど階層帰属意識が高いという関係は、学歴評価を投入することで有意ではなくなることが読み取れる。これは、学歴の社会意識形成効果の多くが、現時点での学歴評価を介したものであることを意味している。つまりわたしたちは、自分の学歴が日本社会において高い

表 8-2　高学歴志向への学歴の影響力

	モデル1				モデル2		
	相関係数	回帰係数		標準偏回帰係数	回帰係数		標準偏回帰係数
	r　sig.	*B*	標準誤差	*β*　sig.	*B*	標準誤差	*β*　sig.
性別	−0.015	−0.037	0.051	−0.020	−0.111	0.047	−0.061*
年齢	0.111**	0.014	0.002	0.153**	0.012	0.002	0.127**
学歴(教育年数)	0.205**	0.078	0.013	0.172**	0.073	0.014	0.160**
世帯年収(対数値)	0.137**	0.079	0.028	0.075**	0.064	0.026	0.060*
上層ホワイト(基準)							
下層ホワイト	0.069**	0.082	0.075	0.035	0.089	0.069	0.038
自営	−0.038	−0.203	0.091	−0.065*	−0.102	0.085	−0.033
熟練ブルー	−0.139**	−0.352	0.087	−0.124**	−0.217	0.081	−0.076**
非熟練ブルー	−0.038	−0.075	0.082	−0.030	−0.026	0.076	−0.010
農業	−0.052*	−0.515	0.195	−0.069**	−0.430	0.180	−0.057*
無職	−0.009	−0.033	0.078	−0.014	0.039	0.072	0.017
学歴自覚	0.122**				0.020	0.015	0.038
学歴満足	−0.036				−0.069	0.021	−0.085**
大卒学歴有効性	0.288**				0.153	0.018	0.209**
受験競争有効性	0.325**				0.262	0.024	0.261**
決定係数		R^2=.090**　調整 R^2=.083**			R^2=.226**　調整 R^2=.219**　ΔR^2=.137**		

n=1,454

方なのかどうか、あるいは自分の学歴に満足しているかどうかということを見定めた結果として、階層帰属意識を決めているということである。一見するとこれは、当然のルートを確認しているにすぎないように思われるだろう。しかし、この先の分析結果からわかるとおり、五段階階層帰属意識について見出されたこの媒介プロセスは、その他の社会的態度の分析結果とは大きく違っている。

表8-2は、高学歴志向について、同様の分析モデルで検討したものである。ここではモデル2において学歴評価を投入することにより、因果的説明力が大きく向上することが目を引く(ΔR^2=.137)。これは、大卒学歴に有効性を感じ、受験競争に人生における意義を感じている人ほど、次世代に高い学歴を求め、自分の学歴に不満であるほど、次世代に高い学歴を求めるという効果が加わるためである。けれども、モデル

表 8-3　ネオ・リベラリズム的格差観への学歴の影響力

	モデル1				モデル2		
	相関係数	回帰係数		標準偏回帰係数	回帰係数		標準偏回帰係数
	r sig.	B	標準誤差	β sig.	B	標準誤差	β sig.
性別	−0.219**	−0.400	0.055	−0.199**	−0.428	0.055	−0.213**
年齢	−0.123**	−0.012	0.003	−0.114**	−0.012	0.003	−0.119**
学歴（教育年数）	0.219**	0.071	0.014	0.141**	0.066	0.016	0.131**
世帯年収（対数値）	0.169**	0.129	0.030	0.113**	0.119	0.030	0.104**
上層ホワイト（基準）							
下層ホワイト	0.014	−0.019	0.080	−0.008	−0.010	0.080	−0.004
自営	0.013	0.003	0.098	0.001	0.012	0.097	0.003
熟練ブルー	0.022	−0.022	0.094	−0.007	−0.005	0.093	−0.002
非熟練ブルー	−0.091**	−0.182	0.088	−0.065*	−0.166	0.088	−0.059
農業	−0.046	−0.339	0.214	−0.041	−0.334	0.212	−0.040
無職	−0.108**	−0.094	0.084	−0.037	−0.073	0.083	−0.029
学歴自覚	0.094**				−0.007	0.017	−0.012
学歴満足	0.081**				0.019	0.024	0.021
大卒学歴有効性	0.010				−0.004	0.020	−0.005
受験競争有効性	0.152**				0.166	0.028	0.152**
決定係数		R^2=.119**	調整 R^2=.113**		R^2=.142**	調整 R^2=.133**	ΔR^2=.022**

n=1,448

2をよくみると、教育年数の高学歴志向に対する直接効果は、モデル１の場合とほぼ同様の大きさを保っている（β=.172→.160）。よって、学歴や社会状況をどう評価しているかということに左右されることなく、自らの学歴が高ければ、子どもに高い学歴を与えようとする直接的な因果関係があるということになる。

それでは、格差観に対する学歴の影響力についてはどうだろうか。表8-3をみてみよう。格差観については次の四項目を主成分得点化し、ネオ・リベラリズム的格差観とする。[3]

・チャンスが平等に与えられるなら、競争で貧富の差がついても仕方ない
・競争の自由をまもるよりも、格差をなくしていくことの方が大切だ（反転）
・今後、日本では格差が広がってもかまわない

表８-４　政治的理解度への学歴の影響力

	モデル１				モデル２		
	相関係数	回帰係数		標準偏回帰係数	回帰係数		標準偏回帰係数
	r　sig.	*B*	標準誤差	*β*　sig.	*B*	標準誤差	*β*　sig.
性別	0.260**	0.541	0.058	0.243**	0.529	0.059	0.238**
年齢	−0.085**	−0.013	0.003	−0.116**	−0.012	0.003	−0.109**
学歴（教育年数）	−0.302**	−0.144	0.015	−0.260**	−0.125	0.017	−0.225**
世帯年収（対数値）	−0.147**	−0.063	0.032	−0.050	−0.065	0.032	−0.051
上層ホワイト（基準）							
下層ホワイト	0.029	0.051	0.086	0.018	0.037	0.086	0.013
自営	−0.026	0.046	0.105	0.012	0.052	0.105	0.014
熟練ブルー	0.006	0.090	0.100	0.026	0.106	0.101	0.031
非熟練ブルー	0.146**	0.352	0.094	0.114**	0.334	0.095	0.108**
農業	0.008	0.193	0.225	0.021	0.170	0.224	0.019
無職	0.056*	−0.018	0.090	−0.006	−0.006	0.090	−0.002
学歴自覚	−0.231**				−0.054	0.019	−0.084**
学歴満足	−0.108**				0.011	0.026	0.011
大卒学歴有効性	0.061*				0.043	0.022	0.048
受験競争有効性	0.027				0.042	0.030	0.035
決定係数		R^2=.176**　調整 R^2=.170**			R^2=.185**　調整 R^2=.177**		ΔR^2=.009**

n=1,461

・今の日本では収入の格差が大きすぎる（反転）

分析の結果、モデル１においては学歴が高いほど自由競争による格差を肯定する考えをもつという有意な傾向がみられる（β=.141）。そして学歴評価を投入したモデル２をみると、受験競争を肯定する考えをもつことが自由競争による格差を肯定することにつながることが確認できる（β=.152）。しかし、学歴のネオ・リベラリズム的格差観に対する直接効果は、モデル２において投入した変数の影響を受けることなく、ほぼ同じ有意な正の値を維持している（β=.141→.131）。

続いて表８-４は「政治のことは難しすぎて、自分にはとても理解できない」という政治的理解度についての五件尺度の回答をみたものである。モデル１では性別（女性）、年齢（若年）、

表8-5　プレミアム消品購入頻度への学歴の影響力

	モデル1				モデル2		
	相関係数	回帰係数		標準偏回帰係数	回帰係数		標準偏回帰係数
	r　sig.	B	標準誤差	β　sig.	B	標準誤差	β　sig.
性別	0.045	0.072	0.047	0.041	0.065	0.047	0.037
年齢	−0.191**	−0.014	0.002	−0.152**	−0.014	0.002	−0.152**
学歴（教育年数）	0.273**	0.077	0.012	0.177**	0.077	0.014	0.176**
世帯年収（対数値）	0.191**	0.140	0.026	0.142**	0.138	0.026	0.139**
上層ホワイト（基準）							
下層ホワイト	0.128**	0.075	0.069	0.034	0.076	0.069	0.035
自営	0.000	0.007	0.084	0.002	0.008	0.084	0.003
熟練ブルー	−0.130**	−0.281	0.080	−0.104**	−0.277	0.081	−0.103**
非熟練ブルー	−0.118**	−0.168	0.075	−0.070*	−0.166	0.076	−0.069*
農業	−0.074**	−0.441	0.179	−0.062*	−0.445	0.180	−0.063*
無職	−0.033	−0.080	0.072	−0.036	−0.075	0.072	−0.034
学歴自覚	0.125**				−0.006	0.015	−0.011
学歴満足	0.104**				0.011	0.021	0.014
大卒学歴有効性	0.046				0.005	0.018	0.007
受験競争有効性	0.065				0.031	0.024	0.033
決定係数		R^2=.138**　調整 R^2=.132**			R^2=.140**　調整 R^2=.131**　ΔR^2=.001		

n=1,460

学歴（少ない教育年数）、職業（上層ホワイトカラー職との比較において非熟練ブルーカラー職であること）が、政治的理解度の低さを予測する有意な効果を示している。なかでも学歴の効果（β=−.260）の大きさがとくに目を引く。モデル2をみると、そこに学歴自覚が高いほど政治的認知度が高いという効果（β=−.084）が付加されることが確認できる。しかし学歴評価の媒介によって、学歴の直接効果が大きく低下することはなく、有意な正の（教育）効果が保たれている（β=−.225）。

表8-5では、プレミアム商品の購入頻度から、消費の階層性をみている。モデル1からは、若年、高学歴、高世帯年収の層および上層ホワイトカラー職においてプレミアム商品の購入頻度が高いことがわかる。しかしモデル2において投入した学歴評価の四変数はいずれも有意な効果を示さず、因果的説明力に変化は生じてい

表 8-6　読書習慣への学歴の影響力

	モデル1						モデル2			
	相関係数		回帰係数		標準偏回帰係数		回帰係数		標準偏回帰係数	
	r	sig.	B	標準誤差	β	sig.	B	標準誤差	β	sig.
性別	0.053*		0.148	0.063	0.063*		0.150	0.064	0.064*	
年齢	−0.016		0.005	0.003	0.039		0.005	0.003	0.040	
学歴(教育年数)	0.344**		0.186	0.016	0.317**		0.189	0.018	0.323**	
世帯年収(対数値)	0.139**		0.083	0.035	0.062*		0.083	0.035	0.062*	
上層ホワイト(基準)										
下層ホワイト	0.050		−0.008	0.093	−0.003		−0.009	0.093	−0.003	
自営	0.014		0.038	0.113	0.010		0.031	0.114	0.008	
熟練ブルー	−0.133**		−0.257	0.108	−0.070*		−0.264	0.109	−0.072*	
非熟練ブルー	−0.107**		−0.129	0.101	−0.040		−0.133	0.102	−0.041	
農業	−0.070**		−0.646	0.242	−0.067**		−0.653	0.243	−0.068**	
無職	0.024		0.042	0.097	0.014		0.041	0.097	0.014	
学歴自覚	0.182**						−0.008	0.020	−0.011	
学歴満足	0.114**						−0.001	0.028	−0.001	
大卒学歴有効性	0.023						−0.015	0.024	−0.016	
受験競争有効性	0.053*						0.018	0.032	0.014	
決定係数			R^2=.139** 調整 R^2=.133**				R^2=.140** 調整 R^2=.131**		ΔR^2=.000	

n=1,464

ない。

最後に、表8-6において歴史や小説などの本を読む頻度について分析した。これは階層文化としての読書習慣をみるものである。モデル1をみると、学歴が高いほど読書の頻度が高いという強い関係を確認できる（β=.317）。しかし、モデル2において学歴評価の四変数を投入しても、やはり因果的説明力には変化がみられず、学歴の有意な正の直接効果（教育効果）が維持されている。

学校教育による意識形成

本章では、学歴が生成する階層意識の「傾斜」を、現代日本の階層意識研究の混迷状況を打開するための手がかりとみて議論を進めてきた。

学歴が、多くの階層意識項目に対して影響力をもち、階層意識の重要な規定因となっていることはすでに知られていた事実だが、ここでは学歴がどのような経路で階層意識に影響を与えているのかを検討した。これは、階層意識が人生のどの時点で、いかなる要因によって形成・変容するのかを知ることにつながる。そして以下の四点が明らかになった。

第一に、地位アイデンティティの中核的指標である階層帰属意識に対する学歴の影響力は、人びとが自分の学歴を現時点でどう評価しているかということに左右されるということがわかった。自分の学歴がどのような序列的位置にあるとみているか（学歴自覚）、あるいは自分の学歴をどの程度ポジティブな気持ちでみているか（学歴満足）が、地位アイデンティティを高める直接的な要因として重要であり、学歴と地位アイデンティティの連関は、こうした現時点での学歴評価を介して成り立っていることが明らかになったのだ。

このことは、達成された属性（achieved ascription）としての「学歴ステイタス」を、人びとがその時々の社会状況に応じて不断にモニタリングすることによって、地位アイデンティフィケーションが成立していることを示している。第1章でもみてきたとおり、学歴は過去四半世紀の間に、階層帰属意識に対する直接の影響力を高めてきた。ここでの分析結果にもとづくならば、これは、学校教育のはたらきが変化したために生じていたり、学歴と他の独立変数との関係性が大きく変わったために生じていたりするわけではなく、人びとが自分の学歴を正確に見定めるようになったことによってもたらされたものだと推測することができる。[4]

第二に、高学歴志向に関しては、学歴あるいは学歴社会・受験競争をどのように評価しているか、あるいは自分の学歴にどの程度満足や不満を感じているかということによって、子どもに高い学歴をつけさせるべきだと考えるかどうかが決まることが明らかになった。ただし、それは自分の高い学歴が高学歴志向に対してもつ影響力を受け渡すはたらきをしているわけではなく、学歴が高いことそれ自体もまた、子どもに対して高学歴を望むことと直接結びついている。

吉川（二〇〇六）は、相対リスク回避という欧米において提唱された合理的選択にもとづく教育機会の構造的不平等の理論をもとにして、現代日本社会においては学歴下降回避のメカニズムが強く作用しているということを主張している。これは、親が大学を卒業していれば、子どもには大卒以上の学歴を得させたいと望むため大学進学を後押しするが、親が非大卒である場合は、自分と同じ教育水準にいれば、その先への進学を目指す強い動機をもちにくいものだという考え方である。そしてこのようなそれぞれの親子の合理的判断の集積として、大卒／非大卒フィフティ・フィフティの学歴分断社会が世代を超えて継承されるということも主張されている（吉川　二〇〇九）。

この章で確認された事実は、自分の学歴が高ければ、学歴や受験の効用や、自分の学歴についての評価がどうであるかということにかかわらず、とにかく子どもに高い学歴を望むという直接的な因果関係である。すなわちこれは現代日本社会において学歴下降回避のメカニズムが作動していることを傍証する結果だとみることができるだろう。

第三は、ネオ・リベラリズム的格差観や政治的理解度の高さに対する学歴の影響力についてである。これらにおいては、学歴評価を分析に投入することで説明力にわずかな向上がみられるものの、学歴が高いほど自由競争にもとづく格差を肯定し、政治に対する高いリテラシーをもつという直接効果には、学歴評価はほとんど干渉しない。このことは、学歴と政治的意見の関係性が、「学歴ステイタス」の評

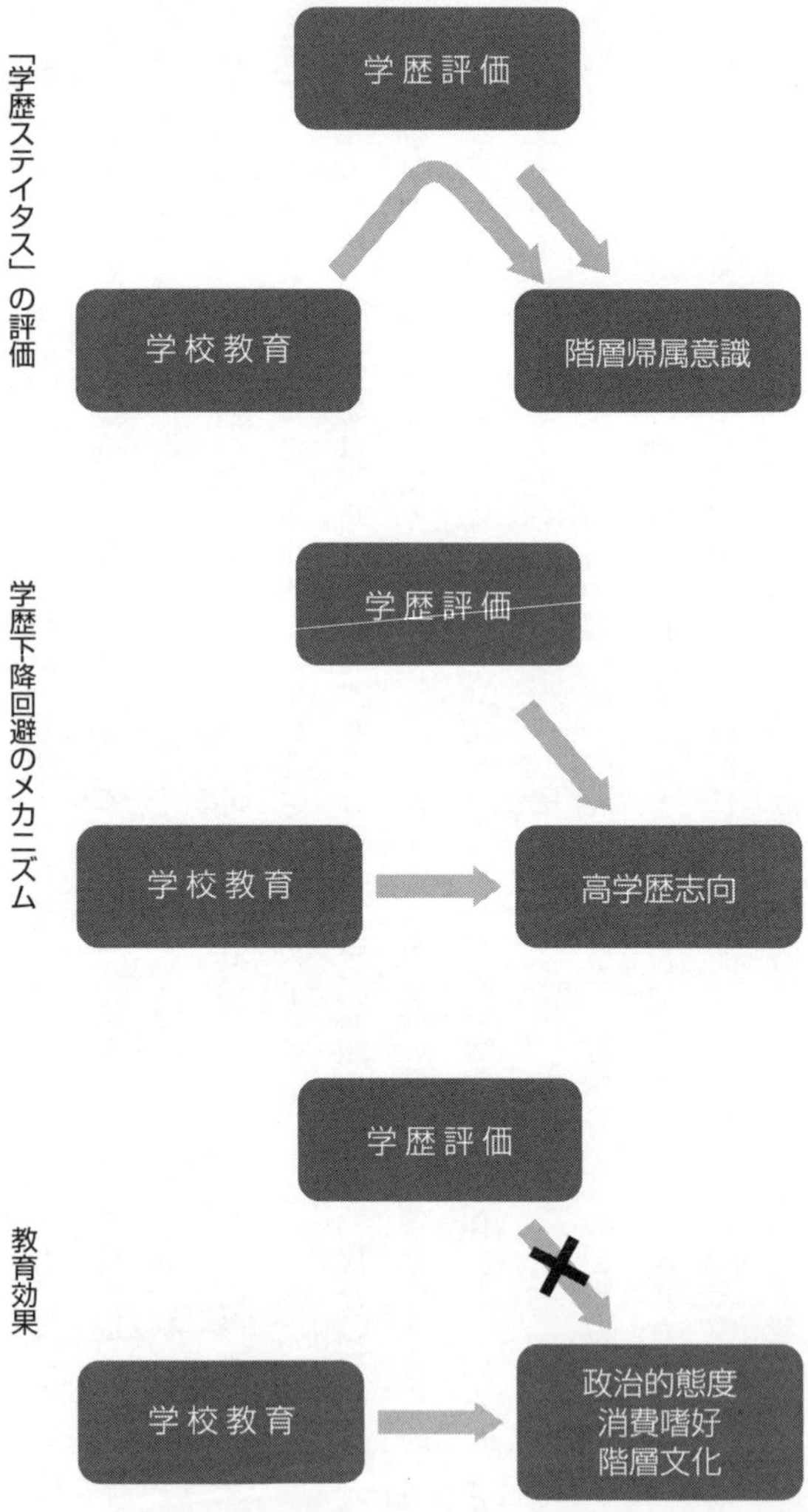

図 8-2　学歴による階層意識形成（まとめ）

価や、エリートとしての責務（ノブレス・オブリージュ）を介して成立しているのではなく、直接的な教育効果によって形成されるものであることを示唆している。

第四に、プレミアム消費と読書習慣にみられる学歴による「傾斜」については、学歴が、学歴評価を介することなくこれらの社会的活動に作用するためであることが確認された。そこに示唆されるのは、

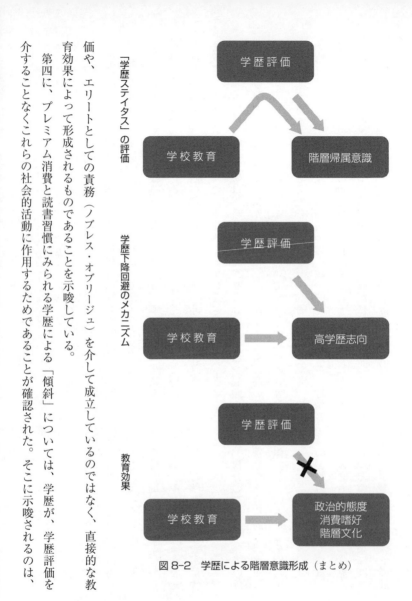

階層文化の要素である趣味や嗜好が、主として教育効果によって学齢期に形成されているということである。プレミアム消費や読書習慣は、現代日本社会においては、学校教育によって形成された「高学歴ハビトゥス」とでも呼ぶべきものなのだ。

このように、階層帰属意識に対する学歴の効果は「学歴ステイタス」の評価によるものであり、高学歴志向に対する学歴の効果は学歴下降回避のメカニズムによるものであり、政治的態度や消費嗜好、階層文化についていては、教育効果が重要であるというように、階層意識の局面ごとに、学歴の影響力は少しずつかたちを異にしている。以上をまとめると、図8-2のようになる。

3 社会意識を測量する意義

この章では、階層意識研究の混迷の一因として、職業的地位の空洞化・形骸化を指摘した。学歴による階層意識形成のプレゼンスの増大は、その後に生じている再埋め込みのプロセスの主要なものの一つとして理解できる。ただしその局面で発生する学歴の影響力は一様ではない。学歴は地位アイデンティフィケーションの局面では、たしかに学歴の象徴的価値の作用を発揮する。これはA・ギデンズの言葉でいえば象徴的通標（シンボリック・トークン）としてのはたらきだということになる。他方で学歴は人材の形成と振り分けの公的な機能、ギデンズのいうエキスパート・システムとして、次世代の同型的再生産や地位の位階秩序の「ソフトウェア」である階層文化の形成の役割も担っている。これらの多元的なプロセスによって学歴＝学校教育は、わたしたちを再帰的に階層システムに埋め込む作用を担っているということができる(ギデンズ　一九九一＝二〇〇五)。

現代日本の社会意識は、幾重にもとらえどころがない。第一に、「社会の心」のどの部分、言い換えればいかなる社会的態度を焦点とすれば、時代のベクトルを把握できるのかという論点の絞り込みが難しい局面を迎えている。第二に、社会階層のいかなる要因が人びとの考え方や日常活動を左右しているのかということについて、単純明快な図式が見出せなくなっている。そして第三に、それぞれの階層要因が「社会の心」を変えていく経路も多岐化して単純ではなくなりつつある。この章では、第三点目について、わたしたちの手元にある有力な「カード」の一つである、学歴の影響力を焦点として示した。

このような複雑で繊細な社会意識形成システムの複合は、現代日本の階層意識を了解しにくいものにみせている。しかしそれは、社会階層と社会意識が繋がりを失ったという事実を示しているわけではない。少なくとも筆者はそう信じる。単純な解釈を許さない状況にある今だからこそ、わたしたちは日本社会の現状から目をそらしてはならない。やはり、調査計量による「測量」の地道な繰り返しと、データの精緻な解析こそが、この先の理論のブレイクスルーをもたらす道筋だといえるだろう。

1　この時代には、ここであげた社会的態度に加えて、不公平感、公正理念、平等意識もさかんに検討され、他方ではセルフディレクション概念、および「社会階層のポストモダン」と呼ばれるものにも注目がなされた。これらについては別稿(吉川　二〇一四)において詳述しているので参照されたい。

ちなみに、この当時「社会階層のポストモダン」（今田 二〇〇〇）と呼ばれたのは、「物質的な豊かさよりも、心の豊かを求める」「もっと多くのものを手にするよりも、これまでに獲得したものを維持することが重要」などの脱物質主義的価値観や、「ボランティア活動・町内会活動」「趣味やレジャー」などをどの程度重視して生活しているかを問う調査項目である。ただし、「階層というもの」に対する人びとの構えが、どの層から変化しはじめているのかということについては有効な帰結が得られないまま、「社会階層のポストモダン」への関心はやがて立ち消えとなっている。それは、産業・経済・階層から人びとの心が離れていく経過を、産業・経済・階層システムの内部の変数を用いてとらえようとするアプローチが、そもそも困難なものであったからだと振り返ることができる。

2　このほかにも階層意識のさまざまな局面に対する学歴の影響力を同じ分析モデルを用いて調べたのだが、紙幅の関係から、ここでは六つの分析結果を示すことにとどめた。

3　ネオ・リベラリズム的格差観を検討する主成分分析の詳細は、吉川（二〇一四：一九五）を参照のこと。

4　ここでは紙幅の関係で分析結果を示すことができなかったが、男性にかぎってデータを比較すると、人びとの学歴ステイタスの見定め方が確実なものになったことにより、学歴の影響力が高くなっていることがわかる。

あとがき

最後まで辿り着けるかどうかハラハラとしましたが、何とか無事に刊行することができました。ちなみに本書は数土が単独の主編者となっていますが、本書の成果は数土一人が代表するものでは決してありません。すでに本文中でも繰り返し述べてきたように、本書は大阪大学の吉川徹をプロジェクトリーダーとするＳＳＰ（Stratification and Social Psychology）プロジェクトの共同成果です。したがって、本書の成果は、ＳＳＰプロジェクト全体に帰せられるものです。本書の企画は、もともとは二〇一二年末に吉川が主導するかたちで始まりました。しかし、吉川が二〇一五年に実施されるＳＳＰ本調査の準備に忙しくなることが予想されたため、幹事の一人である数土が作業を引き継ぐ形で進められました。その間、有斐閣書籍編集第二部の四竈佑介さんをはじめ、執筆者の方々、そしてプロジェクトのメンバーにおおいに助けられました。あらためて心から御礼を申し上げたいと思います。とくに四竈さんには何から何までほんとうにお世話になりました。

和を力としてできあがった本書は、一読していただければわかるように、階層意識に関する魅力的で興味深い論文を集めています。客観的な事実を重視する社会科学において、人びとの意識に焦点をあてた研究は、やや周縁に位置づけられてきたかもしれません。しかし本書を読めば、社会を分析する場合には、とくに意識に焦点をあてることが重要になる場面もあることを知っていただけたと思います。

歌の価値は、歌詞によって伝えられる文学的なメッセージだけにあるのでなく、リズムによって伝えられる音声的な表現にもあると思っています。しかし、文法によって明確に解き明かされるメッセージと異なり、リズムによって伝えられる繊細かつ曖昧な表現を解き明かすことは容易でありません。社会学における社会意識研究の難しさとは、たとえばそのようなものではないかと感じています。このように社会意識は捉えどころがなく、扱いの難しいものですが、しかしだからこそ挑戦しがいがあり、魅力的だともいえます。本書によって、そのことを一人でも多くの人に感じとってもらえることができたなら、大変うれしく思います。

子どもたちの世代のことを考えれば〝研究は魅力的でさえあればよい〟などと悠長なことは言ってはいられません。したがって、社会意識研究にも、急激な少子高齢化によって岐路に立たされている私たちの社会をよい方向にかえていくための何らかの役割を果たしていくことが求められます。今はまだ、その道筋を具体的に指し示すことができているわけではありません。しかし、二〇一五年にプロジェクトの本調査として実施される第一回SSP調査データにもとづいた分析を重ねることで、その道筋も次第にはっきりしてくるものと考えています。少なくとも、私たち一人ひとりが〝自分たちのこと・社会のこと〟をより深く知ることは、社会をよりよいものに変えていくための前提となるはずです。

最後に記さなければならないことがありました。本書は社会調査データの分析をメインとしていましたが、そのなかにはSSPプロジェクトの一環として実施された調査以外のデータも含まれています。

分析のために貴重なデータを利用できたことは、たいへん大きな力となりました。なかでもＳＳＭ調査データの利用について、「二〇一五年社会階層と社会移動調査研究会（二〇一五年ＳＳＭ調査研究会）」のメンバーに関しては二〇一五年ＳＳＭ調査研究会から許可をいただき、また二〇一五年ＳＳＭ調査研究会のメンバーでないものに関しては東京大学社会科学研究所附属社会調査・データアーカイブ研究センターＳＳＪデータアーカイブから「一九九五年ＳＳＭ調査」（二〇〇五ＳＳＭ研究会データ管理委員会）の個票データの提供を受けました。ここに深い謝意を述べたいと思います。また、本書は科学研究費補助金（No. 23223002）による成果の一部となります。

二〇一五年二月

数土　直紀

●編者紹介

数土 直紀（すど なおき）

1965 年生まれ

1995 年，東京大学大学院社会学研究科博士課程修了

現在，学習院大学法学部教授

社会《しゃかい》意識《いしき》からみた日本《にほん》 ◉ 階層《かいそう》意識《いしき》の新次元《しんじげん》

New Dimensions of Social Identification and Consciousness

2015 年 3 月 30 日　初版第 1 刷発行

編　者　数　土　直　紀

発行者　江　草　貞　治

発行所　株式会社　有　斐　閣

郵便番号 101-0051

東京都千代田区神田神保町 2-17

電話 (03) 3264-1315〔編集〕

(03) 3265-6811〔営業〕

http://www.yuhikaku.co.jp/

印刷・株式会社理想社／製本・大口製本印刷株式会社

ISBN 978-4-641-17411-5

執筆者紹介

（◇は編者，執筆順）

◇数土直紀（すど なおき）〔序章・第 4 章〕

現職　学習院大学法学部教授

主著　『信頼にいたらない世界』勁草書房，2013 年。

神林博史（かんばやし ひろし）〔第 1 章〕

現職　東北学院大学教養学部准教授

主著　「『総中流』と不平等をめぐる言説」『東北学院大学教養学部論集』161，2012 年。

前田忠彦（まえだ ただひこ）〔コラム①〕

現職　統計数理研究所データ科学研究系准教授

主著　『心理統計法への招待』（中村知靖・松井仁との共著），サイエンス社，2006 年。

金澤悠介（かなざわ ゆうすけ）〔第 2 章〕

現職　岩手県立大学総合政策学部講師

主著　「社会関係資本からみた社会的孤立の構造」『ソーシャル・キャピタルと格差社会』（辻竜平・佐藤嘉倫編）東京大学出版会，2014 年。

浜田　宏（はまだ ひろし）〔コラム②〕

現職　東北大学大学院文学研究科准教授

主著　『格差のメカニズム』勁草書房，2007 年。

小林大祐（こばやし だいすけ）〔第 3 章〕

現職　仁愛大学人間学部准教授

主著　「雇用流動化社会における働き方と階層帰属意識」『現代の階層社会 3』（斎藤友里子・三隅一人編）東京大学出版会，2011 年。

轟　亮（とどろき　まこと）　〔コラム③〕
現職　金沢大学人間科学系教授
主著　『入門・社会調査法〔第2版〕』（杉野勇との共編著），法律文化社，2013年。

永吉希久子（ながよし　きくこ）　〔コラム④〕
現職　東北大学文学研究科准教授
主著　「日本人の排外意識に対する分断労働市場の影響」『社会学評論』63 (1)，2012年。

松谷　満（まつたに　みつる）　〔第5章〕
現職　中京大学現代社会学部准教授
主著　「底辺民主主義の蹉跌」『再帰的近代の政治社会学』（久保田滋・樋口直人ほか編），ミネルヴァ書房，2008年。

阪口祐介（さかぐち　ゆうすけ）　〔コラム⑤〕
現職　桃山学院大学社会学部准教授
主著　「失業リスクの趨勢分析」『ソシオロジ』170，2011年。

米田幸弘（よねだ　ゆきひろ）　〔第6章〕
現職　和光大学現代人間学部専任講師
主著　「格差社会のなかの仕事の価値志向」『現代の階層社会3』（斎藤友里子・三隅一人編），東京大学出版会，2011年。

川端　亮（かわばた　あきら）　〔コラム⑥〕
現職　大阪大学大学院人間科学研究科教授
主著　『データアーカイブSRDQで学ぶ社会調査の計量分析』（編著），ミネルヴァ書房，2010年。

三谷はるよ（みたに　はるよ）　〔第7章〕
現職　大阪大学大学院人間科学研究科助教
主著　「『市民活動参加者の脱階層化』命題の検証」『社会学評論』65 (1)，2014年。

赤枝尚樹（あかえだ なおき）　〔コラム⑦〕
現職　関西大学社会学部助教
主著　『現代日本における都市メカニズム』ミネルヴァ書房，2015年。

吉川　徹（きっかわ とおる）　〔第8章〕
現職　大阪大学大学院人間科学研究科教授
主著　『現代日本の「社会の心」』有斐閣，2014年。

■索　引

●———アルファベット

●———あ　行

●———か　行

さ　行

●――た　行

な 行

は 行

■参考文献

アベグレン，J. C., 1973＝1974,『日本の経営から何を学ぶか〔新版〕――日本の経営』占部都美・森義昭訳，ダイヤモンド社.

赤枝尚樹，2010,「都市は人間関係をどのように変えるのか――コミュニティ喪失論・存続論・変容論の対比から」『社会学評論』62(2).

ベック，U., 1986＝1998,『危険社会――新しい近代への道』東廉・伊藤美登里訳，法政大学出版局.

Beder, S., 2000, *Selling the Work Ethic: From Puritan Pulpit to Corporate PR*, Zed Books.

ベラー，R. N., 1957＝1996,『徳川時代の宗教』池田昭訳，岩波書店.

バーガー，P.／T. ルックマン，1966＝1977,『日常世界の構成――アイデンティティと社会の弁証法』山口節郎訳，新曜社.

ボーゲル，E. F., 1979＝1979,『ジャパン・アズ・ナンバーワン――アメリカへの教訓』TBS ブリタニカ.

ブルデュー，P., 1979＝1990,『ディスタンクシオン――社会的判断力批判Ⅰ・Ⅱ』石井洋二郎訳，藤原書店.

文春新書編集部編，2006,『論争 格差社会』文藝春秋.

Campbel, A., P. E. Converse, W. E. Miller and D.E. Stokes, 1960, *The American Voter*, John Wiley.

Campbell, A. L., 2012, "Policy Makes Mass Politics," *Annual Review of Political Science*, 15.

センタース，R., 1949＝1958,『階級意識』松島静雄訳，東京大学出版会.

Chiavacci, D., 2008, "From Class Struggle to General Middle-Class Society to Divided Society: Societal Models of Inequality in Postwar Japan," *Social Science Japan Journal*, 11(1).

「中央公論」編集部編，2001,『論争・中流崩壊』中央公論社.

Clark, A. E., P. Frijters and M. A. Shields, 2008, "Relative Income, Happiness, and Utility: An Explanation for the Easterlin Paradox and Other Puzzles." *Journal of Economic Literature*, 46(1).

Cong, Y., J. Fulton and R. Tourangeau, 2011, "More Positive or More Extreme?: A Meta-Analysis Of Mode Differences in Response Choice," *Public Opinion Quarterly*, 75(2).

Couper, M. P., 2011, "The Future of Modes of Data Collection," *Public Opinion Quarterly*, 75(5).

Cusack, T., T. Iversen and P. Rehm, 2006, "Risks at Work: The Demand and Supply Sides of Government Redistribution," *Oxford Review of Economic Policy*, 22.

Dalton, R. J., 1984, "Cognitive Mobilization and Partisan Dealignment in Advanced Industrial Democracies," *Journal of Politics*, 46(1).

———, 2004, *Democratic Challenges, Democratic Choices: The Erosion of Political Support in Advanced Industrial Democracies*, Oxford University Press.

Dalton, R. J. and M. P. Wattenberg eds., 2000, *Parties without Partisans: Political Change in Advanced Industrial Democracies*, Oxford University Press.

de Leeuw, D. E., 1992, *Data Quality in Mail, Telephone, and Face-to-face Surveys*, TT-Publicaties.

———, 2008, "Choosing the Method of Data Collection," D. E. de Leeuw, J. J. Hox, and D. D. Dillman eds., *International Handbook of Survey Methodology*, Routledge, Taylor & Francis.

DeMaio, T. J., 1984, "Social Desirability and Survey Measurement: A Review", C. E. Turner and E. Martin eds. *Surveying Subjective Phenomena*, 2, Russell Sage Foundation.

Dillman, D. A., J. D. Smyth and L. M. Christian, 2009, *Internet, Mail, and Mixed-Mode Surveys: The Tailored Design Method*, John Wiley & Sons.

土場学・小林盾・佐藤嘉倫・数土直紀・三隅一人・渡邊勉編, 2004,『社会を〈モデル〉でみる——数理社会学への招待』勁草書房.

ドーア, R., 2006,『誰のための会社にするか』岩波新書.

遠藤公嗣・木下武男・布川日佐史・本田由紀・後藤道夫・今野晴貴・小谷野毅・河添誠・田端博邦, 2009,『労働, 社会保障政策の転換を——反貧困への提言』岩波書店.

Erikson, R. and J. H. Goldthorpe, 1992, *The Constant Flux: A Study of Class Mobility in Industrial Societies*, Oxford University Press.

エスピン=アンデルセン, G., 1990＝2001,『福祉資本主義の三つの世界——比較福祉国家の理論と動態』ミネルヴァ書房.

Fararo, T. and K. Kosaka, 2003, *Generating Images of Stratification: A Formal Theory*, Springer.

フィッシャー, C. S., 1975＝2012,「アーバニズムの下位文化理論に向かって」広田康生訳, 森岡清志編『都市社会学セレクション 2 都市空間と都市コミュニティ』日本評論社.

Fischbacher, U., 2007, "z-Tree: Zurich Toolbox for Ready-made Economic Experiments." *Experimental Economics*, 10(2).
藤原翔・伊藤理史・谷岡謙，2012,「潜在クラス分析を用いた計量社会学的アプローチ——地位の非一貫性，格差意識，権威主義的伝統主義を例に」『年報人間科学』33.
藤岡和賀夫，1984［1987］,『さよなら，大衆——感性時代をどう読むか』PHP研究所.
福沢諭吉，1872［1942］,『学問のすゝめ』岩波文庫.
玄田有史，2001［2005］,『仕事の中の曖昧な不安——揺れる若者の現在』中央公論新社.
ギデンズ，A., 1991＝2005『モダニティと自己アイデンティティ——後期近代における自己と社会』秋吉美都・安藤太郎・筒井淳也訳，ハーベスト社.
Groves, R. M., F. J. Fowler, Jr., M. P. Couper, J. M. Lepkowski, E. Singer and R. Tourangeau, 2009, *Survey Methodology*, 2nd Edition, John Wiley & Sons.
グローブス，R. M., ほか，2004＝2011,『調査法ハンドブック』大隅昇監訳，朝倉書店.
博報堂生活総合研究所編，1985,『「分衆」の誕生——ニューピープルをつかむ市場戦略とは』日本経済新聞社.
浜田宏・前田豊，2014,「小集団実験による相対的剝奪モデルの検証」『理論と方法』29(1).
原純輔，1988,「階層意識研究の課題と方法」『1985年社会階層と社会移動全国調査報告書2 階層意識の動態』1985年社会階層と社会移動全国調査委員会.
————編，2008,『リーディングス　戦後日本の格差と不平等2——広がる中流意識1971-1985』日本図書センター.
原純輔・盛山和夫，1999,『社会階層——豊かさの中の不平等』東京大学出版会.
橋本健二，2009,『「格差」の戦後史——階級社会　日本の履歴書』河出書房新社.
林雄亮，2008,「現代日本の多元的階層構造」『社会学研究』84.
林英夫，2010,「郵送調査法の再評価と今後の課題」『行動計量学』37(2).
間宏，1996,『経済大国を作り上げた思想——高度経済成長期の労働エートス』文眞堂.
————，1998,『長期安定雇用』文眞堂書店.
Hetling, A., M. L. McDermott and M. Mapps, 2008, "Symbolism Versus Policy Learning; Public Opinion of the 1996 U.S. Welfare Reforms," *American Political Research*, 36

樋口直人，2014,『日本型排外主義——在特会・外国人参政権・東アジア地政学』名古屋大学出版会.
平岡公一，1986,「ボランティアの活動状況と意識構造——都内3地区での調査結果からの検討」『明治学院論叢　社会学・社会福祉学研究』394・395.
日立総合計画研究所，1985,『産業労働における勤勉性に関する研究』総合研究開発機構.
本間正明・出口正之編，1995,『ボランティア革命——大震災での経験を市民活動へ』東洋経済新報社.
星敦士，2000,「階層帰属意識の判断基準と比較基準——準拠枠としてのネットワークの機能」『社会学評論』51(1).
星野崇宏，2009,『調査観察データ統計科学——因果推論・選択バイアス・データ融合』岩波書店.
福沢諭吉，1872［1942］,『学問のすゝめ』岩波書店.
飯田健，2013,「社会的望ましさバイアス——CASI調査による軽減効果」田中愛治監修，日野愛郎・田中愛治編『世論調査の新しい地平——CASI方式世論調査』勁草書房.
飯田経夫，1979［1998］,「『海外投資立国』論」『日本経済——成長の結末』PHP研究所.
居神浩，2007,「規律訓練型社会政策のアポリア」埋橋孝文編『ワークフェア——排除から包摂へ？』法律文化社.
今田高俊，1989,『現代政治学叢書7 社会階層と政治』東京大学出版会.
————，2000,「ポストモダン時代の社会階層」今田高俊編『日本の階層システム5 社会階層のポストモダン』東京大学出版会.
今田高俊・原純輔，1979,「社会的地位の一貫性と非一貫性」富永健一編『日本の階層構造』東京大学出版会.
稲場圭信，2013,「総説 震災復興に宗教は何ができたのか」稲場圭信・黒崎浩行編『震災復興と宗教』明石書店.
稲月正，1994,「ボランティア構造化の要因分析」『季刊 社会保障研究』29(4).
稲上毅，1981,『労使関係の社会学』東京大学出版会.
イングルハート，R., 1990＝1993,『カルチャーシフトと政治変動』村山皓・富沢克・武重雅文訳，東洋経済新報社.
一般社団法人社会調査協会編，2014,『社会調査事典』丸善出版.
石田光規，2011,『孤立の社会学——無縁社会の処方箋』勁草書房.
石田浩，2008,「世代間移動への生存分析アプローチ」渡邊勉編『2005年SSM調査シリーズ3 世代間移動と世代内移動』2005年SSM調査研究会.

石田浩・三輪哲, 2009「階層移動から見た日本社会——長期的趨勢と国際比較（〈特集〉階層論の拡大する可能性）」『社会学評論』59(4).
————, 2011a「社会移動の趨勢と比較」石田浩・近藤博之・中尾啓子編『現代の階層社会 2 階層と移動の構造』東京大学出版会.
————, 2011b「上層ホワイトカラーの再生産」石田浩・近藤博之・中尾啓子編『現代の階層社会 2 階層と移動の構造』東京大学出版会.
石川晃弘, 1982,「『増大』する中流階級」石川晃弘・梅沢正・高橋勇悦・宮島喬編『みせかけの中流階級——都市サラリーマンの幸福幻想』有斐閣.
伊丹敬之, 1987,『人本主義企業——変わる経営　変わらぬ原理』筑摩書房.
Iversen, T. and D. Soskice, 2001, "An Asset Theory of Social Policy Preferences," *American Political Science Review*, 95.
岩間夏樹, 2009,「新入社員の四十年——高度経済成長期からポスト平成不況期まで」小杉礼子編『若者の働きかた』ミネルヴァ書房.
岩田龍子, 1977,『日本的経営の編成原理』文眞堂.
Jagodzinski, W.・真鍋一史, 2013,「国際比較の視座からする宗教性の類似性」『関西学院大学社会学部紀要』116.
Janoski, T., M. A. Musick, and J. Wilson, 1998, "Being Volunteered? The Impact of Social Participation and Pro-Social Attitudes on Volunteering," *Sociological Forum*, 13 (3).
城繁幸, 2004,『若者はなぜ3年で辞めるのか——年功序列が奪う日本の未来』光文社.
Kalmijin, M. and G. Kraaykamp, 2007, "Social Stratification and Attitudes: A Comparative Analysis of the Effects of Class and Education in Europe", *The Journal of Sociology*, 58(4).
上村泰裕, 2000,「福祉国家は今なお支持されているか——ISSP調査による分析」佐藤博樹・石田浩・池田謙一編『社会調査の公開データ——2次分析への招待』東京大学出版会.
神永正博, 2009,『不透明な時代を見抜く「統計思考力」——小泉改革は格差を拡大したのか？』ディスカヴァー・トゥエンティワン.
金澤悠介, 2012,「階層帰属意識は何を測定しているのか？——潜在クラス分析によるアプローチ」前田忠彦編『社会調査関連資源の利活用（1）SSP-I 2010調査の活用事例——統計数理研究所共同利用リポート 287』統計数理研究所.
神林博史, 2010a,「高度経済成長期の階層帰属意識——戦後日本における階層帰属意識に関するノート（1）」『東北学院大学教養学部論集』156.
————, 2010b,「『中』意識の飽和と潜在する変化——戦後日本における階層

帰属意識に関するノート（2）」『東北学院大学教養学部論集』157.
――――，2011,「中流意識と日本社会――階層帰属意識の時代的変化とその意味」盛山和夫・片瀬一男・神林博史・三輪哲編著『日本の社会階層とそのメカニズム――不平等を問い直す』白桃書房.
――――，2012,「『総中流』と不平等をめぐる言説――戦後日本における階層帰属意識に関するノート（3）」『東北学院大学教養学部論集』161.
神林博史・星敦士，2011,「『中』であること・『下』であることの意味――心理・行動パターン分析の試み」斎藤友里子・三隅一人編『現代の階層社会3 流動化のなかの社会意識』東京大学出版会.
苅谷剛彦，2001,『階層化日本と教育危機――不平等再生産から意欲格差社会へ』有信堂高文社.
片岡栄美，2000,「文化的寛容性と象徴的境界――現代の文化資本と階層再生産」今田高俊編『日本の階層システム5 社会階層のポストモダン』東京大学出版会.
片瀬一男・海野道郎，2000,「無党派層は政治にどう関わるのか――無党派層の変貌と政治参加の行方」海野道郎編『日本の階層システム2 公平感と政治意識』東京大学出版会.
経済企画庁，1956,『経済白書（年次経済報告）』http://www5.cao.go.jp/keizai3/keizaiwp/wp-je56/wp-je56-0000i1.html（2014年5月31日取得）
――――，2000,「平成12年度　国民生活白書――ボランティアが深める好縁」内閣府，http://www5.cao.go.jp/seikatsu/whitepaper/wp-pl/wp-pl00/hakusho-00-index.html（2013年12月1日取得）.
吉川徹，1998,『階層・教育と社会意識の形成――社会意識論の磁界』ミネルヴァ書房.
――――，1999,「『中』意識の静かな変容――階層評価基準の時点間比較分析」『社会学評論』50(2).
――――，2000,「大衆教育社会のなかの階層意識」近藤博之編『日本の階層システム3 戦後日本の教育社会』東京大学出版会.
――――，2006,『学歴と格差・不平等――成熟する日本型学歴社会』東京大学出版会.
――――編，2007,『階層化する社会意識――職業とパーソナリティの計量社会学』勁草書房.
――――，2008,「階級・階層意識の計量社会学」直井優・藤田英典編『講座社会学13 階層』東京大学出版会.
――――，2009,『学歴分断社会』筑摩書房.

――――, 2011,「階層意識の現代とゆくえ」斎藤友里子・三隅一人編『現代の階層社会 3 流動化のなかの社会意識』東京大学出版会.
――――, 2012,「総中流の輿論と世論」『三田社会学』17.
――――, 2014,『現代日本の「社会の心」――計量社会意識論』有斐閣.
Kikkawa T., and S. Fujihara, 2012, “Class Awareness in Japan and the U.S.”『理 論 と 方法』27(2).
岸本重陳, 1977,「新中間階層論は可能か」『朝日新聞』1977 年 6 月 9 日夕刊 7 面.
――――, 1978,『「中流」の幻想』講談社.
小林大祐, 2015,「階層帰属意識における調査員効果について――個別面接法と郵送法の比較から」『社会学評論』66(1)(印刷中).
小林淳一・木村邦博, 1997,『数理の発想《アイディア》でみる社会』ナカニシヤ出版.
小林久高, 2002,「漂流する政治意識」原純輔編『講座社会変動 5 流動化と社会格差』ミネルヴァ書房.
Kosaka, K., 1986, “A Model of Relative Deprivation,” *Journal of Mathematical Sociology*, 12(1).
高坂健次, 2000『社会学におけるフォーマル・セオリー――階層イメージに関する FK モデル』ハーベスト社.
――――, 2006,『社会学におけるフォーマル・セオリー――階層イメージに関する FK モデル〔改訂版〕』ハーベスト社.
高坂健次・宮野勝, 1990,「階層イメージ――イメージ形成過程への数理的アプローチ」原純輔編『現代日本の階層構造 2 階層意識の動態』東京大学出版会.
厚生労働省, 2011,「平成 22 年国民生活基礎調査の概況(貧困率の状況)」http://www.mhlw.go.jp/toukei/saikin/hw/k-tyosa/k-tyosa10/2-7.html(2014 年 5 月 31 日取得)
厚生労働省, 2013,「平成 25 年版 厚生労働白書――若者の意識を探る」http://www.mhlw.go.jp/wp/hakusyo/kousei/13/(2014 年 5 月 31 日取得)
厚東洋輔, 1991,『社会認識と想像力』ハーベスト社.
小山雄一郎, 2014,「データの収集――調査員」一般社団法人社会調査協会編『社会調査事典』丸善出版:178.
熊沢誠, 1981 [1993],『新編 日本の労働者像』筑摩書房.
Kumlin, S. and S. Svallfors, 2007, “Social Stratification and Political Articulation: Why Attitudinal Class Differences Vary Across Countries,” S. Mau and B. Veghte (eds.) *Social Justice, Legitimacy and the Welfare State*. Ashgate.
レイブ, C. A./J. G. マーチ, 1975＝1992,『社会科学のためのモデル入門』佐藤

嘉倫・大澤定順・都築一治訳，ハーベスト社.
前田忠彦，2005,「郵送調査法の特徴に関する一研究――面接調査法との比較を中心として」『統計数理』53(1).
間々田孝夫，1990,「階層帰属意識」原純輔編『現代日本の階層構造 2 階層意識の動態』東京大学出版会.
マルクス，K., 1859＝1956,『経済学批判』武田隆夫・遠藤湘吉・大内力・加藤俊彦訳，岩波書店.
松田映二，2008,「郵送調査の効用と可能性」『行動計量学』35(1).
松谷満，2012,「『ポピュリズム』の支持構造――有権者調査の分析から」『歴史評論』751.
マートン，R. K., 1949［1957］＝1961,『社会理論と社会構造』森東吾・森好夫・金沢実・中島竜太郎訳，みすず書房.
Mettler, S. and J. Soss, 2004, "The Consequences of Public Policy for Democratic Citizenship: Bridging Policy Studies and Mass Politics," *Perspectives on Politics*, 2
Meyer-Ohle, H., 2009, *Japanese Workplaces in Transition: Employee Perceptions*, Palgrave Macmillan.
三上芙美子，1991,「ボランティア活動の経済分析」『季刊 社会保障研究』26(4).
三隅一人，1990,「階級帰属意識――その分析価値の消失」原純輔編『現代日本の階層構造 2 階層意識の動態』東京大学出版会.
三谷はるよ，2012,「ボランタリー・ケアラーは誰なのか？――ボランティア的行為における "K" パターンの再検証」『フォーラム現代社会学』11.
――――，2014,「『市民活動参加者の脱階層化』命題の検証――1995 年と 2010 年の全国調査データによる時点間比較分析」『社会学評論』65(1).
三浦展，2005,『下流社会――新たな階層集団の出現』光文社.
三輪哲，2009,「潜在クラスモデル入門」『理論と方法』24(2).
森直人，2008,「『総中流の思想』とは何だったのか――『中』意識の原点を探る」東浩紀・北田暁大編『思想地図』2，日本放送出版協会.
村上泰亮，1977,「新中間階層の現実性」『朝日新聞』1977 年 5 月 20 日夕刊 7 面.
――――，1984,『新中間大衆の時代――戦後日本の解剖学』中央公論社.
Musick, M. A., J. Wilson and W. B. Bynum, 2000, "Race and Formal Volunteering: The Differential Effects of Class and Religion," *Social Forces*, 78(4).
Musick, M. A. and J. Wilson, 2007, *Volunteers: A Social Profile*, Indiana University Press.
長松奈美江・阪口祐介・太郎丸博，2009,「仕事の複雑性スコアの構成――職務内容を反映した職業指標の提案」『理論と方法』24(1).

永瀬圭・太郎丸博，2014,「性役割意識のコーホート分析――若者は保守化しているか？」『ソシオロジ』58(3).
内閣府，2007,『〔平成 19 年版〕国民生活白書』.
――――，2013,『世論調査における郵送調査の結果の比較分析――社会意識について』報告書 .
中井美樹，2011,「消費からみるライフスタイル格差の諸相」佐藤嘉倫・尾嶋史章編『現代の階層社会 1 格差と多様性』東京大学出版会.
中尾啓子，2002,「階層帰属意識と生活意識」『理論と方法』17(2).
直井道子，1979,「階層意識と階級意識」富永健一編『日本の階層構造』東京大学出版会.
直井道子・徳安彰，1990,「政党支持意識――1985 年まで自民党支持率はなぜ減らなかったか」原純輔編『現代日本の階層構造 2 階層意識の動態』東京大学出版会.
NHK 放送文化研究所編，2010,『現代日本人の意識構造〔第 7 版〕』日本放送出版協会.
仁平典宏，2003,「『ボランティア』とは誰か――参加に関する市民社会論的前提の再検討」『ソシオロジ』48(1).
――――，2008,「『参加型市民社会』の階層的・政治的布置――『階層化』と『保守化』の交点で」土場学編『2005 年 SSM 調査シリーズ 7 公共性と格差』2005 年 SSM 調査研究会.
――――，2011,「階層化／保守化の中の『参加型市民社会』――ネオリベラリズムとの関係をめぐって」斎藤友里子・三隅一人編『現代の階層社会 3 流動化のなかの社会意識』東京大学出版会.
日本社会学会調査委員会編，1958,『日本社会の階層的構造』有斐閣.
日本経営者団体連盟，1995,『新時代の「日本的経営」――挑戦すべき方向とその具体策』.
似田貝香門編，2008,『自立支援の実践知――阪神・淡路大震災と共同・市民社会』東信堂.
野村正實，1994,『終身雇用』岩波書店.
――――，2007,『日本的雇用慣行――全体像構築の試み』ミネルヴァ書房.
尾高邦雄，1960［1995］,「日本の階層構造はどう変わったか―中間層の動きを中心として」『尾高邦雄選集 3 社会階層と社会移動』夢窓庵.
――――，1961［1995］,「日本の中間階級――その位置づけに関する方法論的覚書」『尾高邦雄選集 3 社会階層と社会移動』夢窓庵.
――――，1967［2008］,「安田三郎君に答える」盛山和夫編『リーディングス

戦後日本の格差と不平等 1——変動する階層構造 1945–1970』日本図書センター.
————, 1984,『日本的経営——その神話と現実』中央公論社.
OECD, 2009, "Volunteering and Social Support," *OECD Factbook 2009: Economic, Environ-mental and Social Statistics*, OECD.
大竹文雄・富岡淳, 2003,「誰が所得再分配政策を支持するのか？」『ESRI Discussion Paper Series』40.
大竹文雄, 2005,『日本の不平等——格差社会の幻想と未来』日本経済新聞社.
オオウチ, G. W., 1981 = 1981,『セオリー Z——日本に学び, 日本を超える』徳山二郎監訳, CBS ソニー出版.
小沢雅子, 1985,『新「階層消費」の時代』日本経済新聞社.
Pierson, P., 1993, "When Effect Becomes Cause: Policy Feedback and Political Change," *World Politics*, 45
Rehm, P., 2009, "Risks and Redistribution :An Individual-Level Analysis," *Comparative Political Studies*, 42.
労働政策研究・研修機構, 2013,「第 6 回　勤労生活に関する調査（2011 年）」http://www.jil.go.jp/kokunai/reports/documents/report001.pdf（2014 年 5 月 31 日取得）
斎藤貴男, 2000,『機会不平等』文藝春秋.
佐藤博樹, 1982,「現代日本の労働者意識」津田眞澂編『現代の労務管理と労使関係——高齢化・高学歴化への対応』有斐閣.
佐藤俊樹, 2000,『不平等社会日本——さよなら総中流』中公新書.
————, 2008,「階層帰属意識の意味論——帰属分布と地位指標の弱い紐 weak tie」轟亮編『2005 年 SSM 調査シリーズ 8 階層意識の現在』2005 年 SSM 調査研究会.
————, 2009,「階層帰属の意味論——自省的近代における『階層意識』」『社会学評論』59(4).
————, 2011,「転態する階層帰属——階層化社会の『見え姿』をめぐって」齋藤友里子・三隅一人編『現代の階層社会 3 流動化のなかの社会意識』東京大学出版.
佐藤嘉倫, 2000,「高度経済成長の光と影」原純輔編『日本の階層システム 1 近代化と社会階層』東京大学出版会.
盛山和夫, 1990,「中意識の意味——階層帰属意識の変化の構造」『理論と方法』5(2).
————, 1995『制度論の構図』創文社.

――――，2000［2001］，「中流崩壊は『物語』にすぎない」「中央公論」編集部編『論争・中流崩壊』中央公論新社.
社会調査協会編，2014，『社会調査事典』丸善出版.
島田あき子，1990，『日本人の職業倫理』有斐閣.
篠原一，2004，『市民の政治学――討議デモクラシーとは何か』岩波書店.
篠崎武久，2005，「再分配政策への支持を決定する要因――先行研究の結果とJGSSデータを用いた分析結果の比較」『日本版General Social Surveys研究論文集』4.
塩谷芳也・金澤悠介・浜田宏，2012，「ビネット調査による階層帰属メカニズムの検討」『理論と方法』27(2).
白波瀬佐和子編，2008，『リーディングス 戦後日本の格差と不平等3――ゆれる平等神話1986–2000』日本図書センター.
――――，2010，『生き方の不平等――お互いさまの社会に向けて』岩波書店.
Soss, J and S. F. Schram, 2007, "A Public Transformed? Welfare Reform as Policy Feedback." *American Political Science Review*, 101.
総務省統計局，2012，「平成23年 社会生活基本調査」統計局ウェブサイト，http://www.stat.go.jp/data/shakai/2011/index.htm（2014年7月13日取得）.
数土直紀，2010a，「"みえている"ものはみえない」『本』2010年7月号，講談社.
――――，2010b，『日本人の階層意識』講談社.
――――，2013『信頼にいたらない世界――権威主義から公正へ』勁草書房.
鈴木広，1987，「ヴォランティア的行為における"K"パターンについて――福祉社会学的例解の素描」『哲学年報』46.
鈴木良始，1994，『日本的生産システムと企業社会』北海道大学出版会.
Svallfors, S., 1995, "The End of Class Politics? Structural Cleavages and Attitudes to Swedish Welfare Policies," *Acta Sociologica*, 38
橘木俊詔，1998，『日本の経済格差――所得と資産から考える』岩波書店.
橘木俊詔・浦川邦夫，2006，『日本の貧困研究』東京大学出版会.
高畠通敏，1977，「"新中間階層"のゆくえ」『朝日新聞』1977年7月14日夕刊7面.
武川正吾編，2006，『福祉社会の価値意識――社会政策と社会意識の計量分析』東京大学出版会.
武川正吾・白波瀬佐和子編，2012，『格差社会の福祉と意識』東京大学出版会.
竹内洋，1995，『日本のメリトクラシー――構造と心性』東京大学出版会.
――――，2003，『教養主義の没落――変わりゆくエリート学生文化』中央公論

新社.
田中尚輝，1998,『ボランティアの時代――NPO が社会を変える』岩波書店.
田中愛治監修・日野愛郎・田中愛治編，2013,『世論調査の新しい地平――CASI 方式世論調査』勁草書房.
Taniguchi, H., 2010, "Who Are Volunteers in Japan?," *Nonprofit and Voluntary Sector Quarterly*, 39(1).
寺崎正啓，2008,「労働観の脱近代化とフリーター」『国際文化学』19.
轟亮，2000,「反権威主義的態度の高まりは何をもたらすのか――政治意識と権威主義的態度」海野道郎編『日本の階層システム 2 公平感と政治意識』東京大学出版会.
――――，2011,「階層意識の分析枠組――価値意識を中心として」斎藤友里子・三隅一人編『現代の階層社会 3 流動化のなかの社会意識』東京大学出版会.
――――，2013,「インターネット調査の可能性に関するノート――従来型全国調査の予備調査として」轟亮編『国際比較研究の基盤となる中規模社会調査の実施モデルの確立』(平成 22～24 年度科学研究費補助金（基盤研究（B)）研究成果報告書).
轟亮・歸山亜紀，2014,「予備調査としてのインターネット調査の可能性――変数間の関連に注目して」『社会と調査』12.
富永健一，1977,「社会階層構造の現状」『朝日新聞』1977 年 6 月 27 日夕刊 5 面.
――――編，1979,『日本の階層構造』東京大学出版会.
豊島慎一郎，1998,「社会参加にみる階層分化――社会階層と社会的活動」片瀬一男編『1995 年 SSM 調査シリーズ 7 政治意識の現在』1995 年 SSM 調査研究会.
――――，2000,「社会的活動」高坂健次編『日本の階層システム 6 階層社会から新しい市民社会へ』東京大学出版会，143-159.
内田樹，2007［2009］,『下流志向――学ばない子どもたち 働かない若者たち』講談社.
海野道郎，2000,「はしがき」海野道郎編『日本の階層システム 2 公平感と政治意識』東京大学出版会.
Verba, S., K. L. Schlozman and H. E. Brady, 1995, *Voice and Equality: Civic Voluntarism in American Politics*, Harvard University Press.
渡戸一郎，1995,「転換期の都市型社会とボランタリズム」『都市問題研究』47(8).
渡辺和博・タラコプロダクション，1984,『金魂巻――現代人気職業三十一の

金持ちビンボー人の表層と構造』主婦の友社.
Weeden, K. A. and D. B. Grusky, 2005, "The Case for a New Class Map", *American Journal of Sociology*, 111(1).
ウェルマン・B., 1979＝2006,「コミュニティ問題――イースト・ヨーク住民の親密なネットワーク」野沢慎司・立山徳子訳，野沢慎司編・監訳『リーディングス　ネットワーク論――家族・コミュニティ・社会関係資本』勁草書房.
Whitehill, A. M., 1991, *Japanese Management: Tradition and Transition*, Routledge.
Wilson, J. and M. A. Musick, 1999, "Attachment to Volunteering," *Sociological Forum*, 14(2).
ワース，L., 1938＝2011,「生活様式としてのアーバニズム」松本康訳，松本康編『都市社会学セレクション1 近代アーバニズム』日本評論社.
ワークエスィクス調査研究委員会編，1985,『先進国病と労働倫理の変容に関する調査研究』日本生産性本部労働部.
山田昌弘，2004,『希望格差社会――「負け組」の絶望感が日本を引き裂く』筑摩書房.
――――，2009,『なぜ若者は保守化するのか――反転する現実と願望』東洋経済新報社.
山口定，2004,『市民社会論――歴史的遺産と新展開』有斐閣.
山下祐介・菅磨志保，2002,『震災ボランティアの社会学――〈ボランティア＝NPO〉社会の可能性』ミネルヴァ書房.
八代尚宏，1997,『日本的雇用慣行の経済学――労働市場の流動化と日本経済』日本経済新聞社.
安田三郎，1953,「或るサムプリング調査の報告――東京に於ける社会的成層と社会意識の調査研究（一）」『社会学評論』3(4).
――――，1967＝2008,「階級帰属意識と階級意識――尾高論文に対する疑問」盛山和夫編『リーディングス 戦後日本の格差と不平等1――変動する階層構造』日本図書センター.
――――，1971,『社会移動の研究』東京大学出版会.
安田浩一，2012,『ネットと愛国――在特会の「闇」を追いかけて』講談社.
Ye, C., J. Fulton and R. Tourangeau, 2011, "More Positive or More Extreme? A Meta-Analysis of Mode Differences in Response Choice," *Public Opinion Quartely*, 75(2).
横井桃子・川端亮，2013,「宗教性の測定――国際比較研究を目指して」『宗教と社会』19.
米田幸弘，2011,「労働意識の階層分化――仕事のやりがいに注目して」『大阪大学大学院人間科学研究科紀要』37.

与謝野有紀，1996,「階層評価の多様化と階層意識」『理論と方法』11(1).
与謝野有紀・栗田宣義・高田洋・間淵領吾・安田雪編，2006『社会の見方，測り方――計量社会学の招待』勁草書房.
湯浅誠，2008,『反貧困――「すべり台社会」からの脱出』岩波書店.
全国社会福祉協議会，2011,『ボランティア活動年報 2010』社会福祉法人全国社会福祉協議会　全国ボランティア・市民活動振興センター.
――――，2012,「ボランティア活動者数の推移」全社協被災地支援・災害ボランティア情報ウェブサイト，http://www.saigaivc.com/（2012 年 5 月 1 日取得).
善教将大・石橋章市朗・坂本治也，2012,「大阪ダブル選挙の分析――有権者の選択と大阪維新の会支持基盤の解明」『関西大学法学論集』62(3).